全球价值链分工、
增加值贸易与产品竞争力研究

Research on Global Value Chain Specialization,
Value Added Trade and Product Competitiveness

幸炜 著

江苏人民出版社

图书在版编目(CIP)数据

全球价值链分工、增加值贸易与产品竞争力研究/
幸炜著. 一南京:江苏人民出版社,2021.11
ISBN 978-7-214-26636-1

Ⅰ.①全… Ⅱ.①幸… Ⅲ.①工业经济—国际分工-
研究②对外贸易-贸易增长-研究③产品竞争力-研究
Ⅳ.①F415.1②F75③F273.2

中国版本图书馆 CIP 数据核字(2021)第 212762 号

书　　名	全球价值链分工、增加值贸易与产品竞争力研究
著　　者	幸　炜
责 任 编 辑	于　辉
装 帧 设 计	许文菲
责 任 监 制	陈晓明
出 版 发 行	江苏人民出版社
地　　址	南京市湖南路 1 号 A 楼,邮编:210009
照　　排	江苏凤凰制版有限公司
印　　刷	南京新洲印刷有限公司
开　　本	652 毫米×960 毫米　1/16
印　　张	17.25　插页 1
字　　数	200 千字
版　　次	2021 年 11 月第 1 版
印　　次	2021 年 11 月第 1 次印刷
标 准 书 号	ISBN 978-7-214-26636-1
定　　价	88.00 元

(江苏人民出版社图书凡印装错误可向承印厂调换)

目 录

前言

从 20 世纪 90 年代以来,全球价值链分工(亦称垂直专业化分工)成为经济全球化的显著特征,为了发挥不同国家的比较优势,产品的生产环节被分散到多个国家进行。在全球分工体系下,发达国家可以利用其他国家劳动力成本和自然资源禀赋的优势,增强其产品竞争力;而发展中国家可以通过全球分工融入全球价值链,并且获得外国投资、先进技术和管理知识,有助于促进本国经济发展。中国参与全球价值链分工的程度在不断加深,中间产品进口量连年攀升。与此同时,中国的出口也经历了长期快速增长,中国 2009 年成为世界第一出口大国,在 2013 年成为世界第一货物贸易大国。中国与部分国家的贸易中出现巨额顺差,也为此受到巨大压力。事实上,中国出口的产品表面上数额巨大,其实包含有越来越多的其他国家的价值成分,片面指责中国巨额贸易顺差是不公平的。

全球价值链分工体系下,一国出口产品中包含他国价值的情况越来越普遍。要想准确地评价一国在全球贸易中获得的实际利益,传统的统计方法已不能满足要求。目前受到广泛关注的增加值贸易统计可以为分析出口产品内包含的多国价值提供帮助,也有助于更准确地评估产品的竞争力。

本书将理论与实证研究相结合,运用投入产出分析法与计量分析方法,通过跨国跨行业横向比较及动态分析,从以下几个方面进行了研究:

第一,基于投入产出法和 WIOD 数据库,研究了中国参与全球价值链分工(或垂直专业化分工)的发展变化情况,涵盖制造业和非制造业。目前大多数相关研究比较关注制造业,较少关注非制造业;而且大多数研究将中国与发达国家作对比,较少将中国与其他发展中国家作对比。因此,本书将研究范围扩展涵盖非制造业和发展中国家。研究表明:在大多数年份,中国各行业的垂直专业化程度是上升的,总的来看,制造业的垂直专业化率高于非制造业,而且技术含量越高的行业垂直专业化率也越高。有的非制造行业垂直专业化率甚至高于某些制造业,例如,航空运输业垂直专业化率高于皮革及鞋类制造、纺织及其制品行业。

本书还进一步将中国垂直专业化率按照来源国和目的国分解,选取了几个主要贸易伙伴作为研究对象。选取美国、日本、德国、韩国、俄罗斯代表经济发展水平相对较高的国家;选取巴西、印度、印度尼西亚(以下简称印尼)代表经济发展水平相对较低的国家。在中国垂直专业化来源国中,日本长期是最大来源国,但逐渐被美国和韩国取代,现在美国已经成为绝大多数行业中的最大来源国。在发展中国家中,印尼过去是几乎所有行业最大来源国,但是到 2011 年,巴西在大多数行业超过印尼,成为最大来源国。不过,印尼在大多数非制造行业仍是最大来源国。

在中国垂直专业化出口的目的国中,美国是最主要目的国,然后是日本和德国。大部分技术含量较高的行业出口目的地是经济发展水平较高的国家。但是,从增长率来看,出口到发展中国家的份额增长较快,中国垂直专业化出口市场出现多元化趋势。在出口到发展中国家的份额中占比最高的是印度,其次是巴西和印尼。在非制造行业,中国垂直专业化出口到发达国家的比例高于到发展中国家的比例,但是,到发展中国家所占比重的增长率超过到发达国家比重的增长率。

第二,随着参与全球分工程度的加深,中国出口产品中包含的外国增加值成分越来越多,而且来源的行业结构也更加复杂。类似地,其他国家出口产品也包含中国的增加值。目前对国家间的增加值贸易关系的研究不多,本书研究了中国本国增加值的出口、中国产品包含的外国增加值、外国产品包含的中国增加值,以及出口对中国本国增加值的拉动效应。

一方面,中国本国增加值出口的主要去向是美国、日本、德国、英国、加拿大等国家,但是有的发达国家,例如日本,吸收的中国增加值在减少;而新兴经济体,例如印度,吸收的中国增加值在增加。另一方面,中国出口产品中包含的外国增加值比例在不断增加,主要的来源国包括日本、美国、韩国、德国、澳大利亚、马来西亚、俄罗斯和巴西等国。来源于日本和韩国的增加值主要分布在制造行业,而来自美国和德国的增加值在商业服务行业的比例最高。来源于俄罗斯、印度和巴西的增加值在采矿采石业的比例较高。

其他国家的出口产品中也会包含来自中国的增加值成分。外国出口产品中包含的中国增加值来源以制造业为主,所占比例较高的是电子与光学设备、化工及非金属矿产品、基本金属与金属制品。来自中国的非制造行业增加值比例最高的是批发零售及旅馆餐饮业。研究发现,大多数行业中中国出口产品包含的日本、美国、德国、俄罗斯的增加值都大于这些国家出口所包含的中国增加值。形成对照的是，大多数行业中中国出口产品包含的韩国、巴西和印度的增加值都小于这些国家出口所包含的中国增加值。值得注意的是，在商业服务行业，中国出口产品包含的其他国家的增加值都大于这些国家出口所包含的中国增加值，并且和美国的差距很大，说明中国在商业服务领域发展水平很低，需要大力发展商业服务行业。

本书还研究了中国出口对国内增加值的拉动效应。单位价值制造业出口中包含的国内增加值比例低于单位价值非制造业出口包含的国内增加值，也就是说，单位价值的制造业出口对国内增加值的拉动效应小于单位价值的非制造业出口。因此，中国应更加重视非制造业出口，充分利用非制造业出口对本国增加值的拉动效应。但是，制造业出口的总量比非制造业大，所以制造业出口拉动的国内增加值总量仍大于非制造业，制造业仍是国内增加值出口的主要支柱。

第三，本书还分别用传统总量贸易数据和增加值贸易数据研究了中国制造业的出口竞争力。基于两种数据的指标测度都显示：中国制造业的整体出口竞争力是上升的，其中传统优势出口行业，例如纺织品和服装行业，仍在国际市场上占据较大优势，但是优势在减弱。与增加值贸易数据的测度结果相比，基于总量贸易数据的测度结果有时候高估，有时候则低估了中国产品的实际竞争力。本书还对中国、美国及印度产品竞争力进行了比较，说明这些国家各有长期占优势的行业。基于传统总量贸易数据测算得到的产业优势在用增加值贸易数据测算时可能根本不存在。

第四，本书研究了全球价值链上国家间增加值关联特征，创造性提出了增加值双边嵌套关联分析框架，对中国与主要贸易伙伴国家或地区的双边产业分工关系进行了深入分析。结果表明总体上中国与主要贸易伙伴之间的嵌套强度不断加深,中国的分工地位在不断提高。特别是在高技术领域,中国逐渐赶超发达国家,正在赢得更多全球价值链分工优势。研究还表明,很多时候贸易伙伴在与中国的分工合作中获得嵌套顺差,各国与中国的分工合作是共赢的。

第五,产品竞争力包括价格竞争力和质量竞争力,但是产品质量缺乏统一的标准,无法直接测度质量竞争力,质量竞争力只能通过其他因素反映出来。本书运用质量调整价格(quality adjusted price)模型,考虑质量和企业能力因素,从产品价格与贸易门槛的关系的角度出发,研究了中国制造业出口产品的价格竞争与质量竞争情况,发现有的行业是以价格竞争为主,能力最强的企业产品价格最低;有的行业以质量竞争为主,能力最强的企业产品价格最高。中国企业除了积极应对外国产品的价格竞争,还需要努力提升产品质量,由低价竞争转向质量竞争,提高产品的增加值。本书还分析了贸易门槛的影响因素,发现:中国贸易伙伴国的制度质量越高,经济规模越大,则贸易门槛越低;如果伙伴国与中国接壤,或与中国同属一个贸易组织成员,与中国贸易的门槛也较低;如果伙伴国人均国民收入较高,或者是内陆国家,则贸易门槛较高。本书按照出口门槛的高低对中国的贸易伙伴国进行了排序。

第 1 章　导论

1.1 ┃ 研究背景与研究意义

　　全球化背景下的国际经济关系是既合作又竞争的关系,二者互相包含,密不可分。一方面,各国在充满激烈竞争的世界市场压力下展开分工合作,争取整体的利益最大化;另一方面,各国在合作中不断提升自身实力,谋求更大的竞争优势,争相占据有利的国际分工地位,扩张自己的经济利益。因此,国际经济合作与竞争成为国际经济学永恒的研究主题。

　　在经济全球化不断深化的今天,一方面全球价值链分工合作成为潮流;另一方面,国际贸易竞争也愈加激烈,在合作与竞争的纷扰之间,增加值贸易统计的新进展为厘清各国的合作与竞争关系以及贸易得失提供了一个更加清晰的视角。全球价值链分工、增加值贸易与产品国际竞争力成为研究当今世界经济贸易发展的重要切入点,这是本书在这三个方面展开研究的直接原因。

　　中国实施改革开放政策以来,实现了国民生产总值年平均9%左右的经济高速增长,取得了举世瞩目的成绩。中国于2009年超越德国成为世界第一出口大国,2010年又超过美国成为世界第一制造业大国，2013 年成为世界第一货物贸易大国。对外贸易，特别是出口的增长成为中国经济腾飞的重要引擎，对中国整体经济的健康和谐发展具有重要战略意义。

同时，中国产品在世界市场具有很强的竞争力，畅销全球的"中国制造"就是明证。同时，中国产品正由原来的低成本、低价格、低档货形象向高品质、高技术含量、高附加值的高档次产品转变。中国企业经过长期不懈的努力，培育出华为、联想、三一重工等一批世界知名品牌，令其他国家刮目相看。中国出口和经济高速增长成为全球经济学家们争相研究的热点。

但是，在获得各种耀眼光环的同时，中国的经济发展也受到来自不同方面的质疑。伴随着中国在世界经济的参与程度不断加深，在国际经济交往中的各种纠纷也日益增多，特别是中国长期巨额贸易顺差受到一些国家的指责，一些出口产品在不少国家或地区持续遭到反倾销诉讼。2008 年金融危机后，据世界贸易组织统计，中国遭到的反倾销诉讼一度占反倾销诉讼总数三分之一以上，对中国出口贸易造成严重不利影响。最近几年，美国多次寻找借口，挥舞贸易制裁大棒，意图打压中国，使得中国不得不积极应对各种无理攻击和贸易壁垒。

实际上，按照新的增加值贸易方法衡量，中国与美国的贸易顺差缩小幅度高达 30%—40%。由于大量的中间产品贸易，中国出口的货物含有大量的国外增加值，致使出口额"虚高"。也就是说，中国在一定程度上可以说是在出口别国的产品，大量高科技产品出口并不一定意味着中国本土的科技水平已经有很大提高，也不一定表明中国高科技产品的竞争力已经很强大。特别是目前发达国家贸易保护主义盛行，有的甚至对中国崛起怀有敌意，夸大中国贸易顺差,鼓吹中国"威胁"论,如何客观地评价中国的国际分工地位和产品的竞争力,更公平地看待中国大量出口和双边贸易中的巨额贸易顺差,成为国内外学者的研究热点,也得到各国政府的极大关注,研究结果对中国制定对外经济贸易政策也将具有较好的参考价值。因此,本书的研究在此背景下展开,具有较强的理论和现实意义。

1.2 │ 研究思路与方法

1.2.1 研究思路

本书研究的全球价值链分工、增加值贸易与产品竞争力三个方面实际上是一个相互紧密联系的有机整体。中国参与全球分工必然需要大量进口中间产品,从而改变了出口产品内部的增加值结构;而出口产品同时含有国外和国内增加值,就需要从本国增加值角度对产品的竞争力进行更准确的评估。全球价值链分工也常被称为垂直专业化分工或全球专业化分工,内涵大致相同。本书以此为主要线索,在对相关文献进行系统梳理和述评的基础上,按照全球价值链分工、增加值贸易与产品国际竞争力的理论发展脉络,分成三个相互关联的主要方向进行研究。

首先对中国参与全球价值链分工的程度进行测度,用Hummels 等学者(2001)的垂直专业化分析方法(由于该法最初由Hummels、Ishii 和 Yi 三人合作而得,故简称 HIY 法)进行测算,评价中国参与全球价值链分工的程度。然后细分行业层面的垂直专业化程度,并按照垂直专业化进口来源地与出口目的地的分解,分析中国垂直专业化的国别结构与产业结构特征。后面再从增加值角度讨论全球价值链分工对中国贸易收益的贡献。

增加值贸易的研究部分,先分析增加值贸易统计的理论基础,主要是Koopman等学者(2010,2014)提出的KWW法(该法由于主要是Koopman,Wang和Wei三人合作建立,故简称KWW法。又由于曾有Powers参与,国外文献有时也称KPWW法),然后对中国与主要贸易伙伴国的出口中互相包含的增加值进行结构分析,并重点研究了出口对增加值的拉动效应。发现制造业参与全球价值链分工程度高,但出口拉动增加值率相对非制造业而言其实并不高,但制造业仍然是拉动国内增加值出口的主力军。

接着对全球价值链分工指标体系展开研究,对中国各产业的全球价值链分工参与度、前后向关联度及其变化趋势进行测度分析,并实证研究中国对外直接投资对各行业全球价值链分工的影响,以及不同行业所受影响的差异等。

在深入研究全球价值链增加值关联基础上,对经典的全球价值链分工分析框架进行拓展,提出分析全球价值链双边嵌套关联特征的理论框架和指标体系。然后对中国与主要贸易伙伴间双边嵌套关联特征和贸易利益进行实证研究,从双边嵌套顺逆差的新视角衡量双边贸易利益分配及变化趋势,为政府制定贸易政策、推进"一带一路"建设和多边贸易发展提供新的思路和方向。

在产品竞争力研究部分,先归纳各种竞争力测度指标,并且对主要的测度指标进行计算,分析中国产品国际竞争力的发展变化。然后,从增加值贸易视角分析中国产品的国际竞争力,并且将中国与美国、印度的产品竞争力进行了对比研究。同时,由于国际市场的产品之间存在激烈的价格竞争和质量竞争,本书从贸易价格与门槛的关系视角出发,运用质量调整价格(quality adjusted price)模型,研究中国制造业出口产品价格竞争与质量竞争的特点,按行业加以分类,并对出口门槛进行排序。

1.2.2 研究方法

1. 理论研究与实证分析相结合

全球价值链分工的成因与产品国际竞争力的来源都有丰富的理论基础,增加值贸易的理论研究进展也很迅速。本书先对相关理论进行梳理,再根据理论方法的指导进行实证研究。研究中还使用了投入产出理论与计量经济学的相关理论。

2. 横向比较与动态研究相结合

在研究中,需要将中国垂直专业化分工程度、国际竞争力指数及增加值贸易的发展情况与其他国家作横向比较,进而明确中国在国际贸易分工中的地位和作用。除了将中国与发达国家贸易伙伴作比较,还要与发展中国家贸易伙伴作比较。同时,还需要对相关各项研究数据的发展变化情况作动态分析,研究相关数据的历史变化过程与特点。

3. 投入产出分析方法

从垂直专业化的测度,到增加值贸易的分析,再到国际竞争力的估计,本书大部分内容都需要运用投入产出分析法。国际贸易中产品增加值的流动关系都需要通过产品间投入产出关系反映出来,使用投入产出表可以分析增加值的构成和流动的轨迹。同时,通过国际投入产出分析还可以反映中国与贸易伙伴国之间以及产业之间的依赖关系,有助于深入分析中国的国际分工地位与实际贸易利得。

1.3 | 研究内容与框架

本书共分为七章:

第1章为导论部分,阐述选题背景与研究意义,以及研究思路、方法、内容以及创新与不足之处。

第2章是文献综述,主要分成三个部分:全球价值链分工、增加值贸易与产品竞争力,为本书提供研究基础与理论依据。

第3章是对全球价值链分工的研究,分为测度、结构分析、对外直接投资对全球化分工的影响三个部分。

第4章主要是对中国出口产品的增加值结构进行研究,先分析了增加值贸易统计的理论基础,然后分析了中国出口产品中包含的国内增加值与外国增加值的结构与特点,以及外国出口产品中包含的中国增加值结构与特点。然后研究了中国出口对增加值的拉动效应,运用投入产出分析法,对各行业拉动效应进行测度与研究。

第5章在经典全球价值链分工测度模型基础上,提出全球价值链双边嵌套特征的分析框架和指标体系,并对中国与主要贸易伙伴的双边关联特征与贸易利益分配进行了测度和研究。

第6章研究产品国际竞争力,先按常见竞争力指标从总量贸易角度对中国产品的国际竞争力进行测度,再从增加值贸易角度进行测度和比较,然后对中国与美国、印度的产品竞争力进行比较研究。接着研究了产品竞争力与贸易门槛的关系。从异质性企业出口选择理论出发,研究了产品质量、价格与贸易门槛关系,从行业层面研究了中国制造业进出口产品的价格竞争与质量竞争的特点。

第 7 章总结全文,得出主要结论,并展望未来的研究方向。

本书的研究框架如下图所示:

```
导论 ┤ ┌ 选题背景与意义
     └ 研究思路与方法

文献综述

全球价值链分工研究 ┤ ┌ 全球价值链分工的测度方法与增加值结构分析
                   └ 全球价值链分工指标测度与对外投资的影响

增加值贸易研究 ┤ ┌ 增加值贸易统计的理论基础
               ├ 出口产品包含的国内外增加值分析
               ├ 外国出口产品中的中国增加值分析
               └ 出口对国内增加值的拉动效应研究

GVC双边嵌套关联研究 ┤ ┌ 双边嵌套分析的理论框架与指标体系
                    └ 主要贸易伙伴的双边嵌套关联特征研究

产品竞争力研究 ┤ ┌ 基于总量和增加值统计的产品竞争力对比研究
               └ 产品竞争力与贸易门槛关系研究

研究结论与展望
```

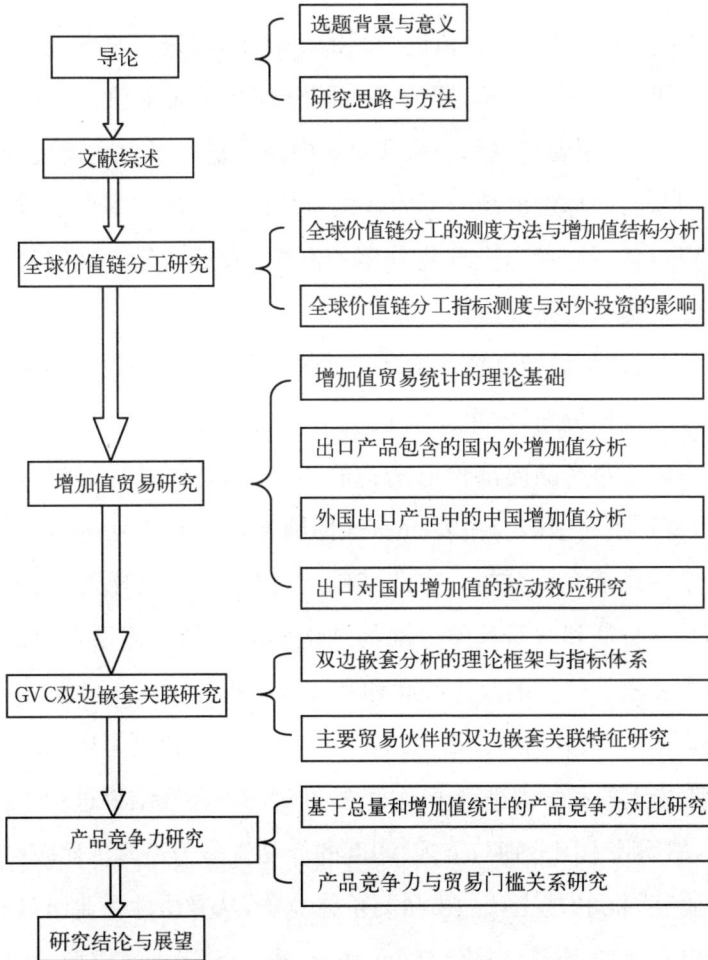

图 1.1 本书研究框架图

1.4 │ 创新之处与不足

创新之处

第一,本书在全球价值链分工的研究中,对进口来源地和出口目的地进行了细致分解,研究了中国全球化分工的价值流动与结构特征,并将中国与发达国家和发展中国家进行了对比研究,明确了中国参与全球价值链分工的地位与特征。还研究了中国对外直接投资对各行业参与全球化分工的影响,为提升分工地位和扩大贸易收益提供思路和途径。

第二,增加值贸易统计方法正式推出的时间还不长,相关的理论与方法也比较新,本书从增加值贸易角度分析了全球价值链分工对中国出口产品内部价值结构的影响,同时还进行了跨国对比分析,特别是对中国与主要贸易伙伴国出口产品中互相包含的增加值结构作了对比分析。在此基础上,提出分析全球价值链双边嵌套关联特征和贸易利益分配的理论框架和指标体系,并且对中国和主要贸易伙伴的双边关联和利益分配进行了深入研究。

第三,本书分别从总量统计和增加值统计的角度对中国产品在国际市场上的竞争力进行了测度,并且对两种测度结果进行了比较分析,然后将中国分别与美国、印度的产品竞争力进行了比较研究。为了研究国际市场上产品质量与价格竞争,从异质性企业出口选择理论出发,引入质量调整价格(quality adjusted price)模型,通过对国家间进出口贸易门槛的分析对中国出口产品的质量竞争与价格竞争情况进行了研究,目前国内的类似研究成果还很少。

不足之处

第一,本书研究受到数据的限制。例如中国投入产出表间隔数年才公布一次,最近数据都较缺乏。虽然国外有些机构,例如经济合作与发展组织(以下简称"经合组织")和世界贸易组织,根据各种资料推算制作了连续的各国投入产出表,但不可避免存在误差。另外,国内外产业分类和统计口径存在差别,虽然国内外学者对数据进行同类归并,仍然存在数据不符或者缺失等现象,影响了研究的深度、广度和准确性。有的数据库虽然推出新版本,但研究发现有的数据与中国统计数据差距较大,带来一定问题。在以后的研究中需要挖掘更细致可靠的数据,尽可能缩小误差。

第二,理论与方法上的约束。理论模型和计量分析都离不开假设,与现实情况会有或多或少的差距。例如,无论是用 HIY 法还是 KWW 法、WWZ 法测度全球化分工程度时,各国都没有中间产品最终用途的详尽资料和数据,必须对中间产品的使用情况做某些假设,否则无法展开分析。本书的部分研究也是在以上方法的基础上展开的,自然也受到这些前提假设的限制。在以后的研究中应追踪学术前沿,努力寻求新办法,减少对前提假设的依赖,提高研究结果的精度。

第三,影响因素的研究尚待深入。本书对于中国出口产品中增加值构成的研究主要是对现实情况的分析与实证,发现了一些较有意义的特点,但对形成其特点的影响因素尚未展开研究。例如中国资本、劳动力、自然资源等要素的变化会对增加值的构成产生怎样的影响等。这类关于影响因素的问题,还有待进一步研究。

另外,由于受到数据、时间和研究条件的限制,本书对产品竞争力与贸易门槛关系的研究,还未深入到产业和企业的微观层面。在以后的研究中,需要挖掘相关数据,进一步分析产业和企业层面竞争特点的形成机理及其影响因素。

第2章 相关文献综述

2.1 │ 相关概念的界定

全球价值链分工与垂直专业化

一般认为全球价值链（Global Value Chain，简称 GVC）分工由波特（1985）在其价值链学说中提出，联合国于 2002 年正式提出了全球价值链的概念，形容跨企业和国界的原材料采集、加工生产、销售运输、消费服务等环节构成的商品和服务价值链。这种全球化分工的环节往往分布于具有不同比较优势的国家和地区，形成垂直专业化的国际合作生产模式。其实垂直专业化（vertical specialization）由 Balassa 于 1967 年提出，是指随着经济全球化和中间产品贸易的迅速增长，商品生产的某个或者某些环节分散在不同国家或者地区进行专业化生产的国际分工现象。大多数情况下，这些国家或者地区之间存在着一定的经济发展水平差距。实际上，只要在某些生产环节一些国家相对于其他国家存在比较优势就会发生专业化分工，并不一定需要国家间的经济发展水平有很大差距。现在的研究中，全球价值链与垂直专业化的内涵基本相同，只不过后者相对更强调上下游的关联性,本书的研究中两者含义也相同。

各国学者对全球价值链分工的含义还有多种表述,例如,Antweiler 和 Trefler(2002)强调全球化分工就是进行中间产品贸易或者将产品的一部分进行外包生产。Jones 和 Kierzkowski (2005)认为垂直化分工就是生产过程在世界范围内的零散分布。随使用的语境不同,垂直专业化有时表述为"外包""生产分割""分散化生产""碎片化生产""产品内分工",等等。"垂直专业化"更强调上下游企业关联的含义,即一国上游企业的产品作为中间产品出口到另一国家的下游企业,经过生产加工后再出口到第三国,形成纵向关联的生产价值链。

Hummels 等人(1998)认为垂直专业化的发生需要满足三个条件:第一,产品有两个以上的生产环节;第二,两个以上国家对其中部分环节进行专业化生产;第三,有一个以上的生产环节的产品需要跨国流动。

增加值贸易

关于增加值贸易在国外研究中实际上有两个相关概念,"value added in trade"和"trade in value added"。前者是指一国出口到其他国家用于其最终消费的产品中直接或者间接包含的本国增加值,后者是指贸易总量中包含的所有增加值(Stehrer,2012),二者有一定差别。一国生产的产品,可以一部分出口,其余部分留在国内作为中间产品用于生产或者最终消费;而出口的部分在目的国一部分用作中间产品用于生产,其余部分用于最终消费。其中中间产品部分还可以循环投入生产使用,两个概念下的计算结果不一样。研究中使用较多的是后者"trade in value added"。国内的研究中常使用"贸易增加值""增加值贸易"

或者"贸易附加值"等名称,没有统一的概念和叫法。一般视具体研究背景和上下文的描述来确定其含义。本书采用目前使用较广泛的"增加值贸易"提法,其中"增加值"指一国出口中的国内增加值部分。

产品竞争力

竞争力是在众多研究文献中被广泛提及的概念,其内涵非常丰富,既包括国家、产业、企业、个人、产品等各个层面,还涉及政治、经济、文化、军事等多个维度,在不同的研究背景下被赋予不同的含义。在国际贸易领域,与竞争力相关联的概念有产品竞争力、国际竞争力,产业竞争力、贸易竞争力,出口竞争力等。

上述概念中覆盖面最宽的当属国际竞争力,目前甚至没有统一的定义,有时候指在一国在世界市场上出售产品的能力,有时候指一个国家生产要素高效组合、财富持续增长,经济社会均衡发展的能力。世界经济论坛从 20 世纪 80 年代开始每年依据一国的国家制度、基础设施、宏观经济环境、健康和基础教育等 12 组宏观数据公布国际竞争力排名。洛桑国际管理学院则依据经济表现、政府效率、商业效率、基础设施等方面数据测度一国竞争力并发布各国国际竞争力指数。相比较而言,国际竞争力比较侧重宏观层面的意义,常用于衡量一国的整体竞争力。

本书研究领域是国际贸易,主要研究产品在国际市场上的竞争力,采用产品竞争力的概念较为适当,而产业竞争力、贸易竞争力、出口竞争力、企业竞争力也都最终体现为产品竞争力。因此,本书研究的产品竞争力定义为一国的产品进入并占领世界市场的能力。本书中如有提到国际竞争力的地方也都是指产品竞争力。

2.2 │ 全球价值链分工研究综述

伴随着经济全球化浪潮席卷全球,产业链在世界范围内不断延伸拓展,国际分工不断细化,从产业间分工、产品间分工逐步过渡到产业内分工、产品内分工。生产出现分散化、碎片化趋势,不同的生产环节和工序安排在不同国家或地区进行专业化生产,垂直专业化成为国际分工的主要趋势和潮流。

2.2.1 全球价值链分工产生的基础与动因

产生垂直专业化国际分工的驱动力主要来自于生产要素禀赋、产品生产规模、交易成本、科学技术水平、贸易体制与制度政策等诸因素。

1. 生产要素禀赋的比较优势

亚当·斯密在其著名的《国富论》中最早提出了绝对比较优势理论,认为不同国家生产不同产品的优势来源于劳动生产率的绝对差异,各个国家逐渐专门化生产本国生产率占绝对优势的产品,各国间开展贸易交换,参与贸易的各国都能获利。但是,随着经济的进一步发展,学者们发现实际情况并非如此,有的国家在某些产品上劳动生产率不占绝对优势,却仍能出口这些产品。后来,李嘉图在其代表作《政治经济学及赋税原理》中提出比较优势贸易理论,认为一国的产品只要具有相对劳动生产率优势,就会专门生产和出口该产品而获利。每个国家都可以在利弊之间权衡轻重,生产和出口本国占相对比较优势的产品,进口本国处于相对比较劣势的产品,各方都可从专业化生产和贸易中获利。但是一旦国家之间出现优势和劣势非常相近甚至完全相同的状况时,贸易就不会发生了,这成为李嘉图相对比较优势的重要缺陷。20 世纪初,赫克歇尔和俄林提出 H－O 要素禀赋理论，该理论认为产品成本的不同是因为产品中生产要素使用的比例不同，最终产品的价格也不同。一国生产要素的价格的优势就是一种比较优势。不同国家生产要素的禀赋是不一样的，不同产品中的生产要素的比例也是不同的，这样不同国家的产品的生产成本不同，国际贸易就会发生。垂直专业化就是各国利用自身的比较优势合作生产的结果，某种程度上是各国优势的加总，可以提高产品整体竞争力，给各国带来利益。

2. 产品生产中的规模经济

规模经济来源于企业对资源的高效组合与充分利用，可以是单个企业对自有资源的高效利用，也可以是多个企业通过资源共享与合理分工实现对资源的高效组合利用。前者被称为"内部规模经济"，后者被称为"外部规模经济"。从"内部规模经济"角度看，每个产品包括不同的部件，有多道生产工序，而一个企业需要全套自行生产，只能在某些部件和工序上实现规模经济，不可能在所有部件和工序上都实现规模经济。通过跨企业分工合作，不同的企业发挥自身的优势，在不同部件和工序上达到最优规模经济，则整体经营效率会大幅度提高，成本会随之降低，企业收益会增加。垂直化专业分工就是把生产过程分解安排在不同地点、不同企业，甚至不同国家进行，实现各个生产环节的规模效应，节约成本，扩大收益。

Amiti(1997,1998)认为本国具有比较劣势的生产环节被外包出去，有利于降低最终产品的成本，弥补比较劣势的不足，提高总体竞争力，对垂直专业分工的双方都有利。而进口中间品的国家可以获得规模效应，扩大生产规模，充分利用比较优势，进行最优规模生产。同时,中间品的投入还会产生技术溢出效应,提高进口国的产品技术含量和劳动力技能水平。Egger 和 Egger(2005)、Amiti 和 Wei(2005)设定不同的生产函数模型进行研究,都认为垂直专业化能提高劳动生产率。国内学者,例如胡昭玲(2007)、徐毅和张二震(2008)、刘庆林等(2010)、姚战琪(2010)通过不同角度和方法也证明中国参与国际垂直化分工是有利于生产率提高的。

从"外部规模经济"角度看,由于生产环节分散化,在某些部件和工序上进行专业化生产的企业会发生"集聚效应",生产活动类似的企业会在同一地区大量聚集,形成产业集聚。而产业集聚又会产生更大的规模效应,使得各个企业的平均生产成本下降。为已形成产业集聚的企业提供零部件和原材料的企业也会产生类似的集聚效应,发生连锁反应,沿着产业链的不同环节形成复杂的关联体系,实现企业间,甚至产业间的外部规模经济。

3. 交易成本的节约

垂直专业化分工有利于降低企业的生产成本,但是,由于企业的边界不断延伸推移到其他国家,产品不断发生空间转移,而且常常是在不同距离、不同文化、不同制度的国家和地区间进出。这又会引致许多原来没有的新的成本,例如信息沟通成本、运输成本、关税成本以及制度成本等。Jones 和 Kierzkowski(2001)认为服务联系成本(service link costs)对垂直专业化分工有重要影响。服务联系成本又可分为贸易成本、投资成本、联系成本和协调成本(Kimura *et al.*, 2004)。企业在内部生产成本比外包生产成本高时,会选择垂直专业化分工,把某些部件的生产外包出去。显然,交易成本越低,企业把生产外包出去的可能性越大。在过去的几十年里,技术的飞速发展降低了信息沟通成本和产品运输成本。

同时,经济全球化促使各国降低关税壁垒,改革经济制度,为商品和服务的跨国流动提供了便利条件。世界贸易组织促成的多次关税减让对中间品贸易产生了巨大的推动力。这些都大大降低了垂直专业化中的交易成本,是垂直专业化分工近年来快速发展的重要原因。

4. 科学技术的发展

制造业技术的进步和信息技术的飞速发展使得全球范围内的国际分工合作成为可能。生产技术的进步促进了生产的国际化、标准化与统一化,使得产品的各个组成部分可以在不同国家和地区按照一致的标准生产组装,每个成品都是国际合作的产物。信息技术革命提高了国际合作的效率,降低了跨国贸易的成本,为国际化生产提供了极大便利。

5. 贸易自由化与多边贸易体制的推动

虽然由于 2008 年金融危机的冲击,全球经济处于低迷状态,贸易保护主义时有抬头,但是经济贸易的全球化与自由化是大势所趋,降低贸易壁垒,进一步开放市场仍是全球经济发展的主流。为了顺应经济全球化的潮流,包括中国在内的许多国家纷纷加大市场开放力度,改革经济体制,为开展国际分工合作提供各种有利条件,经济要素的流动变得更加便利。世界各国对外资的进入都持积极欢迎的态度,发展中国家对本国加工贸易出口提供各种优惠政策,为国际分工提供了良好的制度环境。中国自由贸易区的建立就是中国积极扩大对外开放、参与国际分工的重要标志。

2.2.2 全球价值链分工的测度、影响因素与经济效应研究综述

关于全球价值链分工的研究文献较多,主要是从不同视角进

行研究:有的是从生产工序的空间分布视角出发,根据国际分工与贸易理论,研究全球化分工的成因、模式和特点(例如,Sanyal 和 Jones,1982;Hummels 等学者,2001);有的是从增加值角度进行分析,测度全球化分工对增加值的影响,研究垂直化分工中的贸易利益分配和各国贸易利得的变化情况(例如,Kohler,2004;Egger 和 Egger,2003;唐东波,2012)。本书把全球价值链分工的相关研究分为三大类:一类是对全球价值链分工的地位进行测度的研究;另一类是对全球价值链分工的影响因素的研究;还有一类是对全球价值链分工的经济效应进行研究。

第一类是对全球化分工的地位进行测度的研究。自从 Hummels 等学者(2001)提出国际分工测度方法后,不断有学者探索更为精准的测度方法,其中贡献较大的是 John 和 Noguera (2012)、Koopman 等 (2014)、王直等(2015)。John 和 Noguera (2012)的贡献在于放松了 Hummels 等(2001)提出的假设条件,提出两国互相出口中间产品的增加值率分析框架;Koopman 等 (2014)则提出多国贸易的增加值研究框架,把一国出口分解为 9 个不同的来源,提出了更加细致的增加值分解测度方法。王直等 (2015)则在部门和双边贸易流层面把出口分解为 16 个部分,对出口增加值结构进行了更为详尽的诠释。目前国内外学者绝大多数都是基于上述测度方法开展国际分工研究。

赵明亮、臧旭恒(2011)通过研究国内外文献,分析了垂直专业化分工的测量指标,以及垂直专业化分工对工资、就业、技术溢出和生产率等产生的影响。还有一些学者尝试将加工贸易与一般贸易分开再测度垂直专业化率(Dean 等,2008;Upward 等,2010;唐东波,2013;于津平和邓娟,2014),都认为加工贸易的垂直专业化率远高于一般贸易,但各自运用的假设条件和数据种类的归并方法不同,对两种贸易条件下的垂直专业化率的测度结果并不完全一致。代谦、占超群、何勤英(2014)在 Hummels 等(2001)与 Hummels 和 Klenow(2005)的工作基础上,运用二元边际分析框架,将垂直专业化分工程度的波动分解为集约边际变动和扩展边际变动,发现中国垂直专业化分工的增长主要是数量扩张,集约边际增长为主,扩展边际贡献较小。而且受国际经济因素影响大。刘磊(2014)运用 Hummel 等(2001)的 HIY 方法计算了中国 16个制造行业的垂直专业化指数与净附加值比重,认为中国参与垂直专业化分工的程度持续上升,但净附加值率先增后减。垂直专业化分工促进了产业间升级,但对产业内升级作用不明显。

张咏华(2012)测算了中国参与垂直专业化分工程度,并且从增加值的角度研究认为,垂直专业化分工对中国制造业的地位有提升作用,低技术和中低技术行业在垂直专业化体系中占主导地位,中高与高技术行业的地位有所提升,总的来看都处于价值链低端。类似地,杨高举、周俊子(2012)衡量了中国高技术产业在国际垂直专业化分工中的表现,发现中国高技术产业参与垂直专业化分工的程度得到了提高,且东部参与的深度和广度都高于中西部,参与国际分工提高了生产率,带动了经济发展。王金亮(2014)根据产业上游度测算法对我国制造业的上游度进行了测算,通过国际比较,得出中国产业处于全球价值链低端、东西部发展不平衡、产业升级难度大的结论。周升起、兰珍先、付华(2014)基于世界贸易组织和经合组织发布的增加值贸易统计数据,测算了中国制造业的全球价值链指数,认为目前中国制造业整体及内部各部门在全球价值链中仍处于较低水平,劳动密集型行业的分工地位高于资本技术密集型行业。

还有一些研究者基于产业间关联角度进行测度研究,例如尹伟华(2020)测定了制造业出口服务化水平,认为中国高技术制造业出口服务化水平最高,而低技术制造业最低。韩中(2020)的测度结果显示中国增加值出口主要来源于制造业,服务业主要通过国内产业价值链分工实现增加值出口。

第二类是对全球价值链分工的影响因素的研究。这部分研究比较分散。王中华、赵曙东(2009)研究发现比较优势以及比较优势差异度显著影响中国参与全球专业化分工的程度,关税变动与垂直专业化程度负相关,关税壁垒的降低有利于中国参与国际垂直化专业分工。盛斌、马涛(2008)计算了中国 19 个工业部门的垂直专业化程度。认为贸易壁垒、产品国内技术含量和外商企业的投资国结构对垂直专业化有显著影响,国内技术含量越低的产品垂直专业化程度越高。胡昭玲、宋佳(2013)从出口价格变化的角度分析认为中国国际分工地位有所改善,但仍然较低,规模经济、研发投入、良好的融资和制度条件以及外商直接投资都可以提升中国的国际分工地位。顾磊、杨倩雯(2014)认为中国垂直专业化的分工地位受到金融市场的规模和效率的显著影响,融资瓶颈明显影响垂直专业化分工地位的提升。

郑江淮和郑玉(2020)认为提高国内中间产品研发(R&D)投入强度有利于促进全球价值链地位攀升。李娜娜和杨仁发(2020)研究认为生产性服务业进口复杂度对发达国家全球价值链(GVC)地位有促进作用,而对发展中国家不显著。余海燕和沈桂龙(2020)认为对外直接投资对母国发展中国家全球价值链地位影响有两面性,不一定是促进效应。

第三类是对垂直专业化分工的经济效应的研究。有学者认为垂直专业化分工会促进产业集聚。刘磊、张猛（2014）认为中国垂直专业化程度的提高促进了制造业的集聚效应，同时引起区位基尼系数增大，加剧了东西部集聚的不平衡状态。周政、陈良华（2014）研究发现垂直专业化对生产性服务业的产业集聚存在正向作用，而且垂直专业化对产业集聚的作用存在地域差异，其中对东部地区的影响最显著。

在垂直专业化分工与技术进步的关系上，张纪（2008），刘泉（2013），程盈莹、王洪渊（2014）都认为垂直专业化分工导致的技术溢出效应明显。但是刘磊（2013）研究发现垂直专业化对国内技术提升的作用不明显，中国在垂直专业化分工中处于被动地位。

还有学者研究了垂直专业化对竞争力的影响。王昆（2010）的研究发现垂直专业化对技术密集型产业的竞争力有显著促进作用，但是对于劳动密集型产业的竞争力的提升作用并不明显。唐杰英（2013）发现在垂直专业化程度较高的前提下，外资在分工中的参与程度对贸易竞争力有显著的正相关关系。赵增耀和沈能（2014）认为中国出口产品结构存在"虚高"现象，表面上有大量技术含量高的产品出口，实际上是垂直专业化分工导致的，认为中国被锁定在价值链低端，抑制了价值链升级。

还有学者研究了垂直专业化对工资、贸易与环境等方面的影响。戴魁早（2011）认为垂直专业化有利于行业工资收入提高，在资本强度越高的行业，垂直专业化对工资收入影响越大。赵明亮、臧旭恒（2011）研究认为中国参与垂直专业化分工降低了熟练劳动力和非熟练劳动力的工资收入差距。邓军（2011）认为垂直化专业分工促使企业偏好高技能的劳动力，造成高技能劳动力工资收入增长较快,而低技能劳动力的工资收入增加较慢,使得行业内工资收入差距拉大。

刘磊(2014)的研究认为中国参与垂直专业化不断深入是中美贸易顺差增大的重要原因,中国对美顺差很多来源于东亚其他国家,甚至来自于美国本土。参与垂直分工也使中国更容易受到国际供需变化冲击的影响。杨杰(2014)对中国的垂直专业化系数和环境效率进行了研究,认为垂直专业化分工对中国整体的环境效率影响不显著,但存在地区差异,垂直专业化在东部地区有加速提升环境效率的作用。王文治等(2013)建立环境外包污染系数,测定了外包对中国制造业造成的污染排放数量,认为国际外包业务有助于中国制造业的清洁增长,技术含量较高的加工制造行业污染排放较少,说明中国承接的垂直专业化生产环节并不一定会加重污染,反而可能促进环境的改善。张蕊和李安林(2020)研究了融入全球价值链对中国制造业生产率的影响,认为全球价值链分工参与度对技术进步有负面影响,而分工地位对技术水平有促进作用。李宏等(2020)研究认为参与全球价值链分工促进了中国产业结构合理化。

还有一些研究的结论并不完全一致,例如,戴翔和宋婕(2020)认为中国对外投资会提升价值链关联程度,提高中国分工地位。而余海燕和沈桂龙(2020)认为对外直接投资对母国发展中国家全球价值链地位影响有两面性,不一定是促进效应。因此,全球价值链分工还有很多方面的问题值得继续深入研究。

综合以上文献还可以看出,虽然已有学者从不同角度对中国垂直专业化做了分析,但是对于中国垂直专业化的来源地、目的地的国别与产业结构特征的研究相对缺乏,中国垂直专业化的整体轮廓不够清晰,特别是对发展中国家和非制造业在中国垂直专业化分工中的地位与作用更少有研究。因此,本书将发展中国家贸易伙伴和非制造业,包括资源产业、服务业纳入研究范围,进行研究探索。同时,由于对外直接投资对全球价值链分工的影响存在不同观点,本书拟在此领域进行研究,做出自己的贡献。

2.3 | 增加值贸易的相关研究综述

增加值贸易作为国际贸易领域新的统计分析视角,日益受到国际社会的关注,国内外学者的研究成果迅速增加。Maurer 和 Degain(2010)质疑国际贸易统计中用价值链最终环节总值代表所有增加值的做法,认为这种做法会导致严重偏差,对贸易政策的制定有不利影响。Johnson 和 Noguera(2012)认为中间产品带来的增加值在传统统计方法下严重扭曲了国家之间的贸易利得评价。如果用增加值贸易进行统计,中美贸易失衡的数字将缩减 30%—40%。王岚(2013)分析了垂直专业化指标在全球价值链分工体系下的不足之处,说明了附加值贸易统计更加客观,有利于反应一国的真实贸易地位。

不少学者运用增加值方法核算,发现一直沿用的总量贸易统计结果不能反映中国国际贸易的真实情况。赵玉焕、常润岭(2012)分析了传统的贸易统计方式的局限性,认为不符合我国的实际情况,而贸易增加值统计更适合用作贸易衡量指标。贾怀勤(2012)分析国际贸易增加值统计制度的发展历程和功能变化,指出面对全球化挑战,国际贸易统计方法急需采用增加值贸易核算体系。张咏华(2013)从增加值贸易入手,研究认为传统的总量贸易统计方法夸大了中国制造业出口规模和中美贸易失衡程度,运用增加值贸易方法核算的中国制造业出口规模和中美贸易失衡程度大幅度减小,平均分别减小 50％和 46％,其中,中高和高技术行业减小幅度更大。王岚(2013)通过分析比较以商品总值为统计口径的传统贸易统计体系和新的附加值贸易统计体系——"属地原则"贸易统计体系和"附加值"贸易统计体系,认为传统贸易统计严重高估了中国贸易差额,导致贸易差额和贸易利益的评价严重扭曲。

邓军(2014)发现按增加值统计的进出口额和双边贸易差额比按总贸易额统计的结果小得多。中国出口额中隐含的外国增加值被"重复计算",传统贸易统计夸大了中国实际贸易利得,存在"统计假象"。中国产品中本国增加值比例在上升,表明出口结构有所改善。马涛、陈淑珍(2013)以及陈雯、李强(2014)都认为增加值贸易能更准确地反映出中国对外贸易大而不强的真实情况,加工贸易只是提高了中国的出口贸易量,中国在高技术行业仍严重依赖进口,传统贸易统计扭曲了我国各行业的实际出口规模。

还有一些学者从增加值贸易角度重新审视了中国和世界的贸易格局的发展变化。童伟伟和张建民(2013)考察了中国对美出口产品中的国内外价值含量及其变化趋势。发现国内价值含量持续下降,低技术行业产品包含的国内价值相对较高,而高技术产品包含的国内价值较低,中国仍处在价值链低端。欧盟取代日本、韩国和中国台湾地区成为中国大陆中间投入品进口的主要来源地。江希、刘似臣(2014)研究了中国对美国制造业出口的增加值,认为出口增加值率在 40％—50％之间,影响增加值的因素包括垂直专业化程度、劳动生产率和规模经济,中国仍然处于低附加值的价值链低端。

邓军(2013)从增加值贸易角度分析了中国制造业的出口竞争力,发现出口竞争优势行业主要集中于电气、电子与光学设备,其他工业及回收,纺织品、皮革及制鞋等行业,而且处于价值链低端。徐久香、方齐云(2013)研究认为中国制造业出口的国内增值率较低,而且高技术行业的增值率比其他行业都低,中国是贸易大国但还不是强国。张海燕(2013)也发现中国出口国内附加值率下降,传统方法统计的中国出口规模"虚高",中国作为出口大国实际上并未具有传统贸易统计显示出的巨大优势。

有学者从增加值贸易角度重新评价中国在国际分工中的地位。廖泽芳(2014)构建了附加值贸易网络指数,显示美国是全球附加值贸易的主要核心,中国虽然也处在中心,但对其他经济体依赖性较强。中国在附加值贸易网络中相对较弱。王岚(2014)的研究结果表明,中国制造业的国际分工地位先下降,而后有所上升,但整体仍在下游低位。技术层次不同的行业融入全球价值链的模式不同,导致其国际分工地位也存在差异。周升起、兰珍先、付华(2014)采用全球价值链地位指数测算分析了中国制造业各部门的国际分工地位情况,认为中国制造业的国际分工地位仍较低;劳动密集型行业的国际分工地位高于资本、技术密集型及资源密集型行业。马涛、刘仕国(2013)认为增加值贸易统计有利于衡量中外贸易失衡的真实程度,反映中国在国际分工中的真实地位,中国应该积极参与国际分工价值链的重构,提升在全球价值链中的地位。

刘超(2020)对两岸贸易增加值进行了分解研究,认为两岸贸易重复计算较多,台湾的光电产品相对于大陆仍具有优势。杨继军等(2020)研究认为贸易便利化对企业出口增加值的影响具有异质性,对非国有企业、一般贸易企业和资本密集型企业的影响更大。黎峰(2020)通过国际国内双重价值链的增加值解析认为中国大多数省级区域嵌入全球价值链的程度大于嵌入国家价值链的程度。

虽然增加值贸易的相关文献增长迅速,但不同于以往,近些年的研究主要是把增加值分解后用于其他问题的研究,而较少用在关系最紧密的贸易利益研究上,对国家间双边关联的研究也较少,因此,本书计划在国家间增加值关联特征和贸易利益方面开展研究。

2.4 | 产品竞争力研究文献综述

2.4.1 产品竞争力来源的相关理论

改革开放 40 多年来,中国出口产品的国际市场占有率不断攀升,技术含量得到较大提升,出口商品结构得到了较大改善,技术含量较高的产品在出口总量中所占比例不断提高,整体国际竞争力不断增强。影响出口产品竞争力的因素很多,包括消费者偏好、要素禀赋、规模经济、技术进步、国外投资、制度质量等。其实在国际贸易领域,无论是绝对成本优势理论、比较成本优势理论、要素禀赋理论,还是新新贸易理论,国际竞争力的思想都贯穿其间。关于竞争力的来源有如下一些理论:

1. 竞争优势理论

波特在《国家竞争优势》一书中指出:竞争优势包括四个基本要素、两个辅助要素。其中四个基本要素包括生产要素、需求情况、关联与支持性产业、战略环境,两个辅助要素包括政府与机遇,辅助要素需要通过基本要素起作用。

生产要素包括自然资源、地理位置、基础设施以及各种技术层次的劳动力等要素。高级要素对竞争力的重要性超过初级要素。国际竞争力是满足国际市场需求的能力,产品先要满足国内需求才能转化为满足国际需求。波特认为,如果国内需求有超前性和全球性,加上外部关联产业的良好协作环境,会大大提高产品的国际竞争力,为核心产业国际竞争力提供坚实基础。企业的战略环境包括企业之间的竞争与合作的环境,如果产品市场竞争很激烈或者企业间合作效率较高,都会提升企业的国际竞争力。政府和机会也是影响竞争力的重要因素。政府的产业政策、国民教育、制度环境都能强烈影响企业的竞争力,政府恰当的激励措施可能促使企业积极开拓海外市场、参与国际竞争。重大发明、技术革新可能为一个企业或者产业提供重要的契机,如果企业能抓住机会,就可能引领一个国际产业的发展,在竞争中处于有利地位。所以政府与机会是国际竞争力的重要影响因素。

2. 绝对成本优势、比较成本优势与要素禀赋优势

两个国家生产同一种产品时,每单位产品中包含的劳动成本可能存在差异,其中劳动成本相对较低的国家具有绝对成本优势。亚当•斯密认为绝对成本优势使得国家间交换产品可以获利,从而成为国际分工的源泉和国际贸易的推动力。比较优势不等于竞争优势,但比较优势也是竞争优势的重要基础和来源。比较优势需要得到适当的开发和利用,才会形成竞争优势,进而形成一个国家,一个企业或者一种产品的竞争力。

李嘉图提出的比较成本优势理论则表明两国之间的贸易不一定起源于绝对成本优势。一个国家内部不同产品之间的劳动生产

率有差异,也就是说某些产品相对于其他产品有相对劳动成本优势。不同国家可以专业化生产本国占有相对劳动成本优势的产品,然后互相贸易,结果各方都能获益。

斯密和李嘉图的理论都是基于单一的生产要素劳动之上,劳动生产率成了唯一的竞争力源泉。赫克歇尔-俄林的要素禀赋优势理论认为生产要素多种多样,要素价格取决于各国资源禀赋差异,要素充裕度是国家竞争力的重要来源。

3. 规模经济、技术差距与贸易政策

古典贸易理论假设产品市场是完全竞争的,而且生产规模报酬不变。而克鲁格曼和赫尔普曼等提出规模经济理论,认为国际市场的扩大会带来产量增加和平均生产成本下降,形成规模经济优势,提高产品竞争力。

波斯纳的技术差距理论和弗农的生命周期理论认为发达国家具有人才、技术和资本优势,在产品创新和研发方面比欠发达国家有优势,所以发达国家出口产品到欠发达国家。欠发达国家进口产品,并学习模仿先进技术,改进自己的产品,与发达国家展开竞争。而后,欠发达国家的产品和技术日渐成熟,竞争力越来越强,发达国家则逐渐放弃该产品,转而从欠发达国家进口满足本国的需求。在成熟产品的生产转到欠发达国家后,发达国家转而研制开发新产品,创造出新的技术差距,赢得新的竞争优势。

斯宾塞和布兰德的战略性贸易政策理论认为,国家或者企业可以采取贸易策略为自己赢得优势。大企业可以凭借专利技术和研发优势,占据垄断地位,赚取高额利润。而政府可以设置贸易壁垒、提高关税或者抬高市场准入门槛避免外国竞争者进入本国市场,同时对本国企业提供扶持和补贴,增强其在国际市场的竞争力。例如,美国和欧盟对农产品提供的大量补贴,使得其产品价格低廉,在国际市场上极具竞争力,同时却设置贸易壁垒,阻挠对方在本国销售产品。

另外,以杨小凯为代表的新兴古典经济学贸易理论认为国际分工与专业化生产本身也可以带来内生比较优势。随着国际分工的深化,价值链上各个部分的专业化生产带来规模经济效益和技术外溢,原来成本较高、生产技术落后的国家通过国际分工可以获得规模经济,提升技术水平,逐渐有能力改进成熟产品,自主研发和生产新产品,从而增强自身的竞争力。

2.4.2 产品竞争力的测度与影响因素研究综述

产品竞争力可以表现为多种形式,其评价指标也是种类繁多,不一而足。常用的指标有显示性出口比较优势指数、世界市场占有率指数、贸易竞争力指数、国际市场渗透率指数等。有的指标名称不同,内容相近,研究中一般根据具体需要加以区分。裴长洪(2002)认为大致可以把竞争力指标分为显示性指标和解释性指标,显示性指标反映竞争力强弱,而解释性指标反映竞争力形成的原因;前者包括出口绩效、贸易专业化、显示性比较优势等指标,后者包括劳动生产率、成本、企业规模、品牌商标售后服务等指标。金碚等(2007)将比较优势指数、竞争优势指数结合成竞争力综合指数,研究了中国制造业的国际竞争力,并将中国与其他国家作对比,认为中国制造业国际竞争力在提升,但是民族产业竞争力提升较慢。很多学者直接运用指标对某些具体行业的产品竞争力进行测度分析(谭晶荣,2007;杨金玲,2008 等)。

有的学者则是根据具体研究对象的特点构建竞争力评价指标。Lall 等(2006)构建了产品技术复杂度指标,从产品的技术含量来衡量其竞争力。该指标经过不断的发展演变,逐渐成为测算产品竞争力的重要指标之一。Rodrik(2006)、姚洋(2008)在 Lall 的技术复杂度指标基础上进行调整,研究了中国产品的技术含量和竞争力。姚海棠和方晓丽(2013)构建相对竞争力指标、竞争结构和贸易多样性指标,对"金砖五国"的服务贸易进行了研究,认为中国虽然服务贸易总额较大,竞争力并不强。尹宗成和田甜(2013)基于出口技术复杂度指数分析了中国农产品的国际竞争力,认为中国农产品总体上不具备竞争优势。有的劳动密集型农产品出口技术复杂度指数相对较高,具有较强国际竞争力。

但是,上述竞争力指标反映的是产品已有的竞争力结果,而未涉及形成竞争力的影响因素。很多学者研究了产品竞争力的影响因素,主要包括企业生产率、国际分工、资源禀赋、技术创新、产业集聚等。

研究者一般都认为生产率越高的企业的产品竞争力越强。Clerides 等(1998)认为生产效率较高的企业边际成本较低,可以获得较高利润从而负担出口沉没成本,才能成功出口;出口企业还可以通过学习效应(Learning by Doing)获得先进的知识和经验,更快地提升生产效率。Melitz(2003)进一步结合垄断竞争模型和异质性企业假设,提出新的异质性企业出口选择模型,认为生产效率较高的企业才会选择出口,生产效率较低的企业则会退出出口市场。

既然出口会影响企业的生产率,国际分工的生产与贸易环节也必然会影响生产率。张小蒂和孙景蔚(2006)、胡昭玲(2007)、王中华和梁俊伟(2010)都认为中国参与垂直专业化分工提高了制造业的竞争力,但是对劳动密集型和资本密集型产业的影响有所不同。

文东伟和冼国明(2009)认为中国垂直专业化分工明显提升了海外市场依存度、国内中间投入密集度和研发密集度,从而提高了制造业的贸易竞争力,特别是促使高技术行业出口快速增长,但实际上中国的优势仍然主要来源于低技术制造业,在高技术行业的价值链上仍被锁定在低端。王昆(2010)研究认为垂直专业化虽然对中国产业竞争力总体上有提升作用,但是对价值增值的能力提升作用在不同行业有显著差异。垂直专业化通过进口中间投入提升了中国劳动密集型产业价值增值能力,但未能提升技术密集型产业的价值增值能力,主要原因是技术密集型产业处于产业链低端,国内中间投入高而附加值低,未能真正实现产业升级。

聂聆和李三妹(2014)从中国国际分工价值链角度研究了中国制造业竞争力,认为中国制造业竞争力总体上得到提升,但是价值链地位较低,知识密集型产业和服务业贡献较小,中国应该重视人力资源开发、贸易开放和外商投资以提高制造业在全球价值链中的竞争力。任志成、戴翔(2014)以行业进口渗透率表示贸易自由化程度,用出口显示性比较优势指数衡量了中国参与国际分工对产业竞争力的影响,认为贸易自由化可以促进中国积极参与国际垂直专业化分工,显著提升产业出口竞争力。

很多学者认为提高技术创新能力与产品技术含量,会提高产品竞争力。董直庆和陈锐(2013)基于技术水平构建国际竞争力指数,研究结果显示,技术含量不同的出口产品的竞争力和变化趋势不同,低技术含量产品的竞争力在下降,而高中技术含量产品的竞争力在增强。何郁冰和曾益(2013)认为要掌握好"开放式创新"与"自主创新"的平衡,开放式自主创新是提升中国产品国际竞争力的重要途径。孙冰和林婷婷(2012)对技术创新与产业竞争力进行回归分析,认为技术创新能力显著促进产业竞争力,创新研发能力和创新间接产出能力可以提高新产品的效益和产业的成长。储昭昉(2011)测算并分析了中国高技术产品的出口市场占有率、贸易竞争优势指数和显示性比较优势指数,认为中国高技术产品出口结构不平衡,盈利能力较弱,大部分高技术产品来源于外资企业,自主创新少,高技术产品的竞争力还有待提高。

近年来,资源禀赋与环境规制对竞争力的影响越来越受到学者的重视。崔远淼、谢识予(2013)研究了中国区域资源禀赋与制造业出口竞争力之间的关系,认为中国资源禀赋不能为制造业出口竞争力提供长期增长的潜力,甚至可能存在抑制作用,产生"资源诅咒"的负面影响。徐敏燕、左和平(2013)研究了环境规制、产业集聚与产业竞争力之间的关系,认为环境规制对污染产业的影响对不同程度污染的产业是不同的。环境规制会降低重度污染行业的竞争力,增加中度污染产业的竞争力,而对轻度污染产业的影响不显著。王文普(2013)的研究表明,环境规制对产业竞争力的直接影响较为负面,但是考虑空间溢出效应后,会转变为正面影响,促进竞争力的提升。基于碳排放的视角,

还有学者研究了其他因素对产品国际竞争力的影响。例如,产业集聚也被认为是国际竞争力的重要影响因素。杨丹萍和毛江楠(2011)研究了 1999—2008 年间中国 15 个制造业的显示性比较优势指数与行业集聚指数,认为大多数制造业的产业集聚和产品竞争力存在显著正相关关系。朱克朋和樊士德(2017)发现我国制造业产品出口竞争力的变动与制造业单位劳动力成本变动的时间节点一致,工资和劳动力的影响显著。李骥宇和李宏兵(2020)研

究认为中国对高收入和低收入国家直接投资会削弱本国技术密集型产品竞争力,而对中等收入国家直接投资则相反。

值得重视的是产品价格和质量对产品竞争力的影响。产品的价格、质量与产品竞争力有着紧密联系,这方面的研究已经历长时期的发展和积累。Junz 和 Rhomberg(1973)认为工业制成品的出口市场占有率在很大程度上由价格决定的,价格提高必然会导致出口下降,只是贸易量对价格变化的反应需要较长时间。Greehan(1968)研究了产品价格、成本与出口的关系,认为价格是影响产品出口竞争力的重要因素。Irving 和 Lipsey(1982) 研究了机械和运输产品国际贸易中的价格与市场份额的关系,支持了 Junz 和 Rohomberg (1973)的观点。陈丽丽(2013)将国际市场的竞争路径分类,测算了中国出口产品国际竞争路径的动态演进,认为中国产品的国际竞争力很大程度上仍显著依赖于低价竞争。

后来,学者们发现价格本身还受很多因素的影响,例如地理空间距离、经济发展水平、国民经济规模等(Baldwin 和 Harrigan,2011;Hallak,2010,2013)。同时,产品的质量也会影响价格。一般认为较富裕国家对产品质量要求较高,接受的价格也相对较高(Hallak,2006;Bastos 和 Silva,2010)。还有学者将出口增长分解为产品数量、价格与种类三种不同边际进行分析,分别考察三个维度的变化及其对出口增长的贡献(施炳展,2010,2011;钱学锋,2010)。关于产品价格与质量对竞争力的影响将在第 6 章进一步详细分析,此处不再赘述。

从以上综述可以看出,关于中国产品竞争力的文献很多,但是总的来看,从增加值角度对中国产品竞争力进行测度和研究的成果仍然较少。有的结论不一致,例如,很多研究认为生产性服务业有助于提升竞争力,然而王恕立和吴楚豪(2020)的研究认为制造企业服务化水平与企业出口竞争力显著负相关,出口竞争力与企业出口附加值率、产品质量和技术复杂度并不匹配。有的研究表明中国在高科技领域超过美国,而马晶梅和丁一兵(2019)认为中国相对于美国在高技术产业仍然处于劣势,在全球价值链位置上与美国存在巨大差距。因此,从全球价值链和增加值贸易视角下研究产品竞争力具有重要意义。

另外,已有的文献大都关注中国与发达国家的产品竞争力对比,较少关注与发展中国家的产品竞争力对比情况。所以,本书从增加值角度对中国的产品竞争力进行分析,并且将中国与印度的产品竞争力进行对比。另外,本书将运用质量调整价格模型对中国进出口产品竞争力与贸易门槛的关系进行研究,目前类似研究成果还很少,本书在这些方面展开研究是比较有意义的。

第 3 章　全球价值链分工的
测度与结构研究

自 20 世纪 90 年代以来,经济全球化进程不断提速,推动了新一轮的产业转移,主要表现为发达国家通过垂直专业化分工利用发展中国家在某些生产环节的比较优势降低生产成本,提高产品竞争力从而占据并维持在世界市场的优势地位。同时,发展中国家也通过垂直专业化国际分工促进自身产业的快速发展和产业竞争力的提升。中国作为世界上最大的发展国家,在国际分工体系中具有重要地位,中国参与国际垂直专业化的程度在不断加深,随着中国经济的总量扩张和对外贸易的高速增长,中国参与垂直专业化国际分工的状况引起国内外学者的关注,本章在此背景下对中国的垂直专业化分工程度和特点展开研究。

3.1 ｜ 全球价值链分工的测度方法与模型

由于垂直专业化本身涉及产品内不同生产环节,生产形式复杂多样,并且涉及多国之间的贸易,对它进行测度有一定难度,是很多学者努力攻克的难题。国内外学者为度量垂直专业化分工程度设计了各种指标,主要基于零部件贸易数据、中间产品与加工贸易数据以及投入产出表等数据。其实这些方法相互关联,零部件本身就是中间产品,用于加工贸易,而相关数据都反映到了投入产出表中,所以这些方法只是侧重点不同,都能从侧面反映出国际垂直化分工的特点。

3.1.1 全球价值链分工的测度方法

1. 零部件贸易度量法

该法是最早使用的方法,Feenstra 和 Hanson(1996),Yeats(1998)等都用过这种方法。现在可以通过联合国 COMTRADE 数据库 BEC 分类的零部件数据使用该法,但是由于零部件数据不太精确,各国对零部件的认定与统计口径有差别,此法的准确性受到影响,所以目前研究中的应用相对较少。

2. 加工贸易度量法

加工贸易是产品内国际分工的产物,随着国际贸易与投资日趋自由化而蓬勃发展。通常是发达国家跨国公司通过投资方式把部分生产工序转移到发展中国家,或者直接利用发展中国家现有生产条件进行加工组装,再把产品销往其他国家市场。随着改革开放的程度不断加大,中国加工贸易从 20 世纪 80 年代占出口 10% 左右迅速发展到今天占出口大约 50%,标志着中国参与国际分工的程度不断加深,加工贸易已经成为中国对外经济的最重要组成部分之一。下表反映出中国加工贸易发展的概况。虽然人民币升值与金融危机的冲击使得加工贸易出口在总出口中占比稍有下降,但是加工贸易出口的绝对数值仍不断增加。

表 3.1　中国加工贸易出口额以及在外贸出口总额中的比例

(单位:亿美元)

年份	一般贸易	加工贸易	加工贸易所占比重
1986	251	51	16.89%
1990	355	254	41.71%
1995	714	737	50.79%
2000	1 052	1 377	56.69%
2001	1 119	1 474	56.85%
2002	1 362	1 799	56.91%
2003	1 820	2 419	57.07%
2004	2 436	3 280	57.38%
2005	3 151	4 165	56.93%
2006	4 162	5 104	55.08%
2007	5 385	6 176	53.42%
2008	6 626	6 752	50.47%
2009	5 298	5 870	52.56%
2010	7 206	7 403	50.67%
2011	9 170	8 353	47.67%
2012	9 879	8 627	46.62%

数据来源:各年《中国统计年鉴》和《中华人民共和国国民经济和社会发展统计公报》。

　　加工贸易可以在一定程度上反映出国家参与国际分工的程度。但是一国加工贸易不等于该国所有的参与国际分工的产品内贸易。还有很多非加工贸易也进口中间产品进行加工生产出口,并不反映在加工贸易统计数据中,无法反映垂直化国际分工的全貌。目前的加工贸易统计绝大多数局限于制造业,未包括占国民经济与对外贸易比重很大的农业和服务业,覆盖范围受限。另外,各国对加工贸易统计方法和产品门类的认定有差异,导致国家间可比性较差。因此,单纯利用加工贸易来描述垂直化分工程度无法得到满意的结果。

3. 中间产品度量法

中国进口总量在最近十多年间一直处于增长态势,在 2008 年到 2009 年间受世界性的金融危机影响有所下降,但是后来的数据显示进口又恢复了增长的趋势。进口产品,特别是进口的中间产品为中国经济的持久高速增长乃至中国制造业的崛起,都发挥了巨大的作用。根据经合组织 WIOD 数据库提供的数据,笔者绘制出中国 1995—2011 年中间产品的进口趋势图。

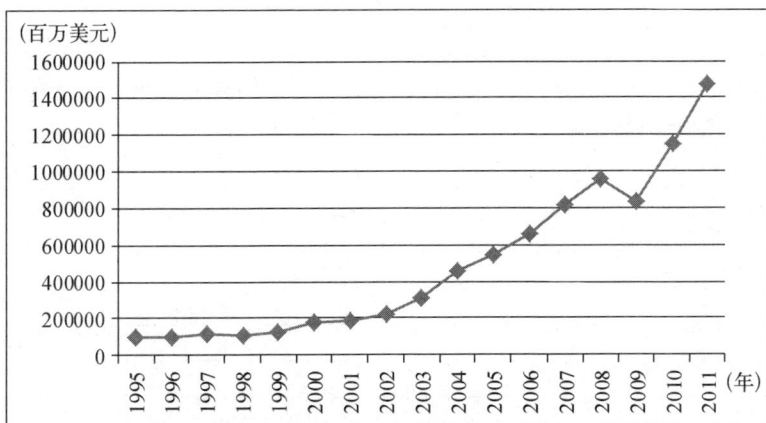

图 3.1　中国进口产品总量增长趋势图

可以看出,中国中间品的进口总体一直呈上升态势,仅在 2008 年后稍有下降,而后又恢复增长。中间品也反映了一国经济对外国产品的依赖性,过分依赖进口中间品显然会影响一国经济的独立性。进口中间品在中国经济运行所需的全部中间品中的比重是多少,可以反映出中国对进口中间品的依赖性。

表 3.2　中国进口中间产品占全部中间产品比重

（单位：百万美元）

年份	进口中间产品总额	全部中间产品总额	占比	年份	进口中间产品总额	全部中间产品总额	占比
1995	99 119.07	1 154 441.01	0.09	2004	456 481.47	3 413 397.83	0.13
1996	101 706.00	1 366 507.24	0.07	2005	547 650.25	4 237 215.55	0.13
1997	116 843.78	1 519 262.57	0.08	2006	661 926.20	5 406 483.52	0.12
1998	107 782.59	1 620 737.40	0.07	2007	816 796.46	7 195 943.31	0.11
1999	128 636.40	1 722 541.12	0.07	2008	958 702.61	9 338 447.32	0.10
2000	175 879.93	1 915 595.97	0.09	2009	838 005.91	10 116 712.00	0.08
2001	184 022.47	2 118 251.74	0.09	2010	1 147 973.18	12 073 176.00	0.10
2002	222 940.66	2 326 930.29	0.10	2011	1 476 574.04	14 884 079.00	0.10
2003	310 641.03	2 797 971.09	0.11				

注：笔者根据 WIOD 数据库中国投入产出表计算而得，其中占比是进口中间产品总额与全
部中间产品总额之比。

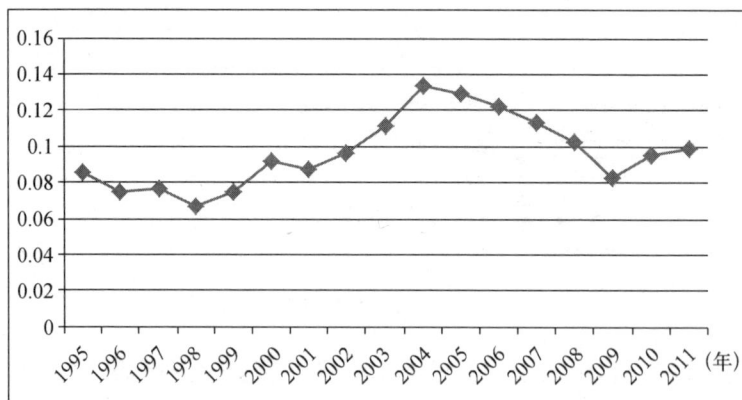

图 3.2　中国进口中间产品占全部中间产品比重

　　可以看出，可以看出进口中间产品占比长期保持上升势头，而
且变化趋势相对平稳，2004 年达到最高值，而后有所下降，总的来

看保持在 10％左右。这说明中间产品中 90％左右都是国产,中国经济所需中间产品绝大部分都可以自给自足,国民经济并未显示出对进口中间产品的过分依赖。

为了与其他发展中国家作对比,笔者分析了印度进口中间品数据,绘制了情况对比图。

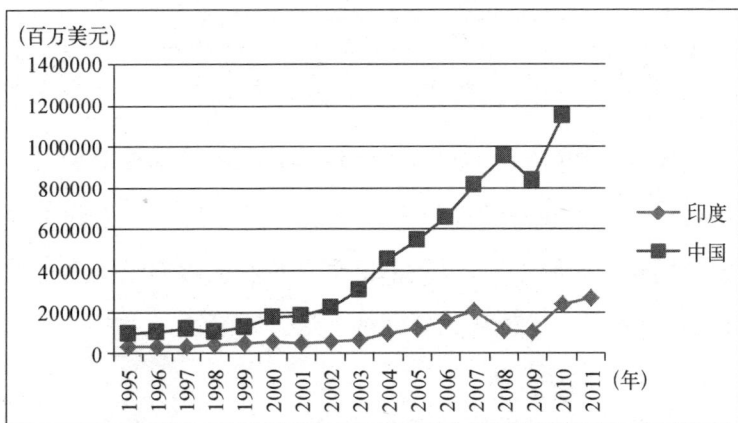

图 3.3　中国与印度进口中间产品增长趋势对比

由图 3.3 可以看出,印度与中国一样中间品进口呈现递增态势,而中国进口中间产品总值增长较快,曲线更陡一些。这说明印度的垂直专业化分工程度也在不断加深,印度进口中间品的价值与中国比相对较小。但是由图 3.4 可以看出,印度进口中间品占其国内所有中间产品的比重较大,大多数时候高于中国。说明印度对进口中间品的依赖程度比中国大。同时可以看出,印度进口中间品占本国全部中间品比重波动幅度比中国大,特别是在 2008 年金融危机期间。说明中国经济运行更平稳,受进口中间品波动影响更小,这从侧面说明中国政府在应对全球金融危机时采取的对策措施是卓有成效的。

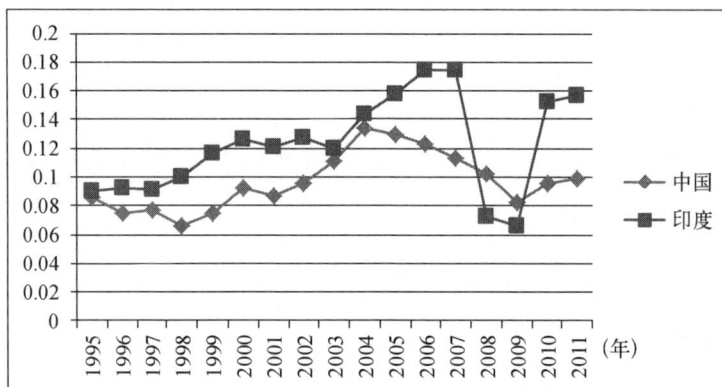

图 3.4　中国与印度进口中间产品占本国中间产品比重对比

可以看出,中间产品进口可以反映一国参与垂直化分工的程度,但数据较为笼统,并且反映不出垂直专业化影响经济运行的内在机制。投入产出分析法正好弥补了这一缺陷。

4. 投入产出分析法

投入产出分析法(Input-Output Analysis)是基于一国或者多国投入产出表的分析方法。该法通过编制投入产出表,建立投入产出模型反映经济系统中产品间、产业间及部门间的经济数量依存关系。在垂直专业化研究中使用该方法可以分析进口中间品在各部门的流转和使用情况,可以体现产品之间、产业之间、国内使用于出口之间的关联,为研究国际分工对经济体系各组成部分的影响提供了有力的分析工具。本书采用该法研究中国垂直专业化分工状况。

3.1.2　基于投入产出法的测度模型

运用投入产出法需要使用投入产出表。投入产出表分为竞争型与非竞争型投入产出表。其中竞争型投入产出表对生产部门消耗的中间产品不区分哪些是国产的中间产品,哪些是进口的中间产品,混合在一起列入表中最终需求象限的进口栏目中。也就是说,竞争型投入产出表假设国产与进口中间产品没有差别,可以完全替代。非竞争型投入产出表则考虑到本国生产的中间产品与进口中间产品存在不完全替代性,把二者分开列于表中。典型的非竞争型投入产出表如下:

表 3.3　非竞争型投入产出表

投入＼产出			中间使用	最终使用			总产出或总进口
				消费	投资	出口	
中间投入	国内产品	部门	$A_{iJ}{}^{D}$	$F_i{}^{D}$			F_i
	进口产品	部门	$A_{iJ}{}^{M}$	$F_i{}^{M}$			F_M
	增加值		AV_J				
	总投入		IT_{iJ}				

注:$A_{iJ}{}^{D}$,$A_{iJ}{}^{M}$ 分别是国内和国外生产的中间投入品;$F_i{}^{D}$,$F_i{}^{M}$ 分别是国内产品和进口产品的最终使用部分;P_i 是总产出,M_i 是总进口;VA_J 是增加值投入,IT_{iJ} 是总投入[①]。

根据非竞争型投入产出表,就可以按照 Hummels 等(2001)提出的 HIY 方法计算一国垂直化专业分工的程度。HIY 法定义垂直化专业分工的份额 VS 为:

$$VS_i = \left(\frac{M_i}{Y_i}\right) \times X_i = \left(\frac{X_i}{Y_i}\right) \times M_i \qquad (3.1)$$

其中,M_i、X_i 和 Y_i 分别代表 i 部门进口的中间产品、出口和产出。上式实际上表示出口产品中所含的进口中间品的价值。进一步可以计算垂直专业化比率 VSS:

---

① 参见:刘遵义等.《非竞争型投入产出占用产出模型及应用-中美贸易顺差透视》,中国社会科学,2007 年第 5 期。

$$VSS_i = \frac{VS}{X} = \frac{\sum_i VS_i}{\sum_i X_i} = \frac{\sum_i (VS_i/X_i) X_i}{\sum_i X_i} = \sum_i \left[\left(\frac{X_i}{X}\right)\left(\frac{VS_i}{X_i}\right) \right]$$

$$(3.2)$$

可以看出： $$VSS_i = \frac{\sum_i VS_i}{X}$$

$$= \frac{1}{X} \sum_{i=1}^{n} \left(\frac{M_i}{Y_i}\right) X_i = \frac{1}{X} \sum_{i=1}^{n} \sum_{j=1}^{n} \frac{X_i}{Y_i} M_{ji}$$

$$= \frac{1}{X} \sum_{j=1}^{n} \sum_{i=1}^{n} \frac{X_j}{Y_j} M_{ij}$$

进一步推导可得：

$$VSS = \frac{1}{X}(1,1,\cdots,1)\begin{pmatrix} a_{11} & \cdots & a_{1n} \\ \vdots & \ddots & \vdots \\ a_{n1} & \cdots & a_{nn} \end{pmatrix}\begin{pmatrix} X_1 \\ \vdots \\ X_n \end{pmatrix} = \frac{1}{X}\mu A^M X^E$$

$$(3.3)$$

其中，a_{ij} 是 j 部门生产单位产品价值所需要使用的 i 部门的进口中间产品价值，X 为总出口；$\mu = (1,1,\cdots,1)$；$A^M = \begin{pmatrix} a_{11} & \cdots & a_{1n} \\ \vdots & \ddots & \vdots \\ a_{n1} & \cdots & a_{nn} \end{pmatrix}$ 是进口中间投入产品的系数矩阵；$X^E = \begin{pmatrix} X_1 \\ \vdots \\ X_n \end{pmatrix}$ 为总出口向量。若运用完全系数矩阵,则可进一步表示为：

$$VSS_i = \frac{1}{X}\mu A^M (I - A^D)^{-1} X^E \qquad (3.4)$$

其中，$A^D = \begin{pmatrix} b_{11} & \cdots & b_{1n} \\ \vdots & \ddots & \vdots \\ b_{n1} & \cdots & b_{nn} \end{pmatrix}$ 为国内消耗系数矩阵；b_{ij} 代表 j 部

门每产出一单位的产品价值,需要用到的国内生产的 i 部门的中间产品价值;$(I-A^D)^{-1}$ 为里昂惕夫逆矩阵,该矩阵反映的是一个部门的最终产品生产形成的对所有部门的中间产品需求的一种放大效应。

3.1.3 全球价值链分工指标测度模型

参照 Koopman 等(2010)的分解方法,先分析两国情况,再推展至多国分析。假设有两个国家 s 和 r,各有 N 个部门,两国总产出可以表示为:

$$\begin{bmatrix} X^s \\ X^r \end{bmatrix} = \begin{bmatrix} A^{ss} & A^{sr} \\ A^{rs} & A^{rr} \end{bmatrix}\begin{bmatrix} Y^s \\ Y^r \end{bmatrix} + \begin{bmatrix} Y^{ss}+Y^{sr} \\ Y^{rs}+Y^{rr} \end{bmatrix} = \begin{bmatrix} I-A^{ss} & -A^{sr} \\ -A^{rs} & I-A^{rr} \end{bmatrix}^{-1}$$

$$\begin{bmatrix} Y^{ss}+Y^{sr} \\ Y^{rs}+Y^{rr} \end{bmatrix} = \begin{bmatrix} B^{ss} & B^{sr} \\ B^{rs} & B^{rr} \end{bmatrix}\begin{bmatrix} Y^s \\ Y^r \end{bmatrix} \tag{3.5}$$

式中 X^s、X^r 分别表示 s 和 r 国总产出,A^{ss} 和 A^{sr} 分别是 s 国对本国以及 r 国的直接投入系数,A^{rr} 和 A^{rs} 的含义与之类似;Y^s 和 Y^r 分别是 s 和 r 两国的最终产出,而 Y^{ss} 和 Y^{sr} 分别是 s 国对本国以及 r 国提供的最终产品,Y^{rr} 和 Y^{rs} 的含义与之类似;B^{ss} 和 B^{sr} 分别是 s 国和 r 国完全消耗的来自于 s 国中间投入的里昂惕夫逆矩阵,B^{rr} 和 B^{rs} 的含义与之类似。两国的完全增加值矩阵可表示为:

$$VB = \begin{bmatrix} V^s & V^r \end{bmatrix}\begin{bmatrix} B^{ss} & B^{sr} \\ B^{rs} & B^{rr} \end{bmatrix} = \begin{bmatrix} V^sB^{ss}+V^rB^{rs} & V^sB^{sr}+V^rB^{rr} \end{bmatrix}$$

$$\tag{3.6}$$

其中 V^s 和 V^r 分别是 s 和 r 两国增加值行向量。参照目前出口分解最为详尽的 Wang 等(2013)的分解方法,进一步假设 E^{sr} 表示 s 国对 r 国出口,有 $E^{sr}=S^{sr}X^r+Y^{sr}$,即 s 对 r 国出口可分解为中间产品和最终产品两部分。如果考虑世界上有 G 个国家,用 t 代表第三国,u 表示除这三国外的任一国家,则出口的中间产品部分可表示为:

$$A^{sr}X^r = A^{sr}B^{rr}Y^{rr} + A^{sr}\sum_{t \neq s,r}^{G} B^{rt}Y^{tt} + A^{sr}B^{rr}\sum_{t \neq s,r}^{G} Y^{rt} + A^{sr}\sum_{t \neq s,r}^{G} B^{rt}$$

$$\sum_{u \neq s,t}^{G} Y^{tu} + A^{sr}B^{rr}Y^{rs} + A^{sr}\sum_{t \neq s,r}^{G} B^{rt}Y^{ts} + A^{sr}B^{rs}Y^{ss} + A^{sr}B^{rs}\sum_{t \neq s}^{G} Y^{st}$$

$$(3.7)$$

同时,在单国投入产出模型下,出口的中间产品部分还可以表示为:

$$A^{sr}X^r = A\,srL\,rrY\,rr + A^{sr}L^{rr}E^{r*} \qquad (3.8)$$

其中,$L^{rr} = (I - A^{rr})^{-1}$ 是本国国内里昂惕夫逆矩阵,E^{r*} 是 r 国对其他国家出口。s 国产品包括的国内外增加值系数存在以下关系:

$$V^s B^{ss} + V^r B^{rs} + \sum_{t \neq s,r}^{G} V^t B^{ts} = u \qquad (3.9)$$

式中 u 是行向量,元素都为 1。那么 s 国对 r 国出口的最终产品部分可表示为:

$$Y^{sr} = (V^s B^{ss})^T \# Y^{sr} + (V^r B^{rs}) \# Y^{sr} + (\sum_{t \neq s,r}^{G} V^t B^{ts})^T \# Y^{sr}$$

$$(3.10)$$

式中 T 表示转置矩阵,♯表示矩阵点乘。出口的中间产品也可以类似地表示为:

$$A^{sr}X^r = ({}^{V^s}B^{ss})T \# A^{sr}X^r + (V^r B^{rs}) \# A^{sr}X^r + (\sum_{t \neq s,r}^{G} V^t B^{ts})^T \# A^{sr}X^r =$$

$$(^{V^s}L^{ss})T \sharp A^{sr}X^r + (^{V^s}B^{ss} - ^{V^s}L^{ss})T \sharp A^{sr}X^r + (^{V^r}B^{rs}) \sharp A^{sr}X^r +$$

$$(\sum_{t \neq s,r}^{G} V^t B^{ts})^T \sharp A^{sr}X^r \tag{3.11}$$

综合公式(3)、(4)、(6)、(7),假设 r 和 s 代表中国和美国,t 代表第三国,全世界共有 G 个国家,各有 N 个部门,则两国出口可以分解为:

$$E^{sr} = (^{V^s}B^{ss})T \sharp Y^{sr} + (^{V^s}L^{ss})T \sharp (A^{sr}B^{rr}Y^{rr}) +$$

$$(^{V^s}L^{ss})T \sharp (A^{sr}\sum_{t \neq s,r}^{G}B^{rt}Y^{tt}) + (^{V^s}L^{ss})T \sharp (A^{sr}B^{rr}\sum_{t \neq s,r}^{G}Y^{rt}) +$$

$$(^{V^s}L^{ss})T \sharp (A^{sr}\sum_{t \neq s,r}^{G}B^{rt}\sum_{u \neq s,t}^{G}Y^{tu}) + (^{V^s}L^{ss})T \sharp (A^{sr}B^{rr}Y^{rs}) +$$

$$(^{V^s}L^{ss})T \sharp (A^{sr}\sum_{t \neq s,r}^{G}B^{rt}Y^{ts}) + (^{V^s}L^{ss})T \sharp (A^{sr}B^{rs}Y^{ss}) +$$

$$(^{V^s}L^{ss})T \sharp (A^{sr}B^{rs}\sum_{t \neq s}^{G}Y^{st}) + (^{V^s}L^{ss}\sum_{t \neq s}^{G}A^{st}B^{ts})T \sharp (A^{sr}X^r) +$$

$$(^{V^r}B^{rs})T \sharp Y^{sr} + (\sum_{t \neq s,r}^{G}V^t B^{ts})^T \sharp Y^{sr} + (^{V^r}B^{rs})T \sharp (A^{sr}L^{rr}Y^{rr}) +$$

$$(\sum_{t \neq s,r}^{G}V^t B^{ts})^T \sharp (A^{sr}L^{rr}Y^{rr}) + (^{V^r}B^{rs})T \sharp (A^{sr}L^{rr}E^{r*}) + \sum_{t \neq s,r}^{G}$$

$$(V^t B^{ts})^T \sharp (A^{sr}L^{rr}E^{r*}) \tag{3.12}$$

式中共有 16 项,前面 10 项是出口中来源于国内的增加值,最后 6 项是来源于外国的增加值。其中第 9 和第 10 项为出口国本国增加值重复统计项,第 15 和第 16 项是外国增加值重复统计项,即外国增加值通过中间产品流动先进后出形成的重复统计。从单纯统计学角度,确实属于重复统计。但是,这部分所谓重复统计的增加值代表的经济活动却不可忽略,实际上对贸易利益分配有重要影响。

基于出口产品的增加值分解,s 国在全球价值链的参与度与分工地位的指标如下:

参与度指标：

$$GVC\_Participation_s = \frac{IV_s}{E_s} + \frac{FV_s}{E_s} \qquad (3.13)$$

分工地位指标：

$$GVC\_Position_s = \ln(1 + \frac{IV_s}{E_s}) - \ln(1 + \frac{FV_s}{E_s}) \qquad (3.14)$$

参与度指标还可以进一步分解为前向关联度和后向关联度两个部分，表示一国出口中为别国出口提供的增加值比例和出口中包含的来自其他国家的增加值比例。测度前向和后向关联度的公式分别为：

$$GVCFL_s = \frac{IV_s}{E_s} \qquad (3.15)$$

$$GVCBL_s = \frac{FV_s}{E_s} \quad (3.16)$$

其中 $GVCFL^R_{ij}$ 和 $GVCBL^R_{ij}$ 分别表示前向关联度和后向关联度。而 $IV_s = \sum_{s \neq r} V_s B_{sr} E_r$ ，表示通过国际投入产出关联 B_{sr} ，其他国家 r 进口 s 国中间产品加工生产出口而实现的 s 国增加值出口的总和；$IV_s = \sum_{s \neq r} V_r B_{rs} E_s$ 则表示 s 国进口其他国家 r 中间产品加工出口而实现的 r 国增加值出口的总和。E_s 和 E_r 分别表示 s 国和 r 国出口。根据以上指标体系，可以对一国参与国际分工的强度和分工地位进行测度和分析。

3.2 │ 中国参与全球价值链分工的增加值结构研究

全球价值链分工的增加值结构是目前研究的热点，这类研究也被称为垂直专业化分工结构研究，常用的测度指标是垂直专业化率,本节的研究也从这里展开。

本节测度所用数据库是经合组织的 WIOD 数据库,目前该数据库提供了 1995—2011 年 41 个国家和 35 个部门的投入产出数据(各部门名称参见附录一)。该数据库把中间投入品和最终使用品都分成国产和进口两部分,同时按进口来源国和来源产业进行分类,这样可以计算垂直专业化比率并进行国别及产业分解。本书计算了中国 33 个行业的垂直专业化率,结果列于表 3.4①。

从总体上看,所有行业的垂直专业化比率在 2005 年前都呈现上升趋势,表明中国经济参与国际垂直分工的程度在不断加深,出口中所含进口中间品成分不断增加。2005 年推出汇率改革,人民币开始升值,在一定程度上影响了垂直专业化的发展,暂时稍有下降。将 2005 年以后的各年数据作比较,制造业的垂直专业化率到 2008 年金融危机爆发时跌到最低点,非制造业的垂直专业化率在 2009 年到达最低点,而后都出现反弹回升。制造业垂直专业化率 2010 年再次下降,2011 年有所回升。但是,无论制造业还是非制造业的垂直专业化率都未恢复到 2005 年的水平。目前世界经济仍在努力摆脱金融危机的消极影响,如果全球经济能够较快复苏,可以预见中国出口的垂直专业化率会进一步回升。

为了对比各行业垂直专业化率的高低,计算可得 2002 年到 2011 年十年间各行业垂直专业化率均值,排名见列表 3.5。

---

① 由于数据库中"机动车和摩托车的销售、维修,以及燃料零售"和"雇人的家政服务"两个行业无数据,故未列入本书研究范围。

表 3.4　1995—2011 年各行业垂直专业化率 VSS

(单位：%)

年份	农林牧渔	采矿采石	食品饮料与烟草	纺织业及其制品	皮革及鞋类制造	木材及木制品	纸张及印刷业	焦炭精炼石油产品及核燃料	化学品及化学制品	橡胶与塑料制品	其他非金属矿物制品
1995	5.807	9.327	8.382	17.842	18.919	16.138	14.436	20.677	15.353	18.055	10.870
1996	5.240	8.315	7.095	15.799	16.009	12.794	12.750	19.857	14.380	16.720	9.888
1997	5.555	8.658	7.103	15.626	15.698	11.658	12.805	19.881	15.049	17.327	10.546
1998	4.797	7.091	6.167	14.604	14.494	10.403	11.752	14.567	13.602	15.612	9.118
1999	5.166	7.596	6.547	16.181	15.791	11.912	13.041	17.239	14.982	16.854	10.164
2000	6.047	8.252	7.720	17.861	17.773	13.100	14.118	29.714	17.329	18.469	11.277
2001	5.832	8.328	7.533	17.390	17.298	12.292	13.297	24.004	16.829	17.518	11.434
2002	6.101	8.665	7.779	17.987	17.911	13.224	13.953	24.181	18.011	18.516	12.386
2003	7.194	10.778	9.480	18.849	18.660	15.118	16.098	29.895	20.970	21.536	14.330
2004	8.262	13.413	11.169	20.644	20.740	17.158	18.612	33.616	24.207	25.150	16.693
2005	8.123	14.064	11.114	19.403	19.252	17.634	18.756	36.105	24.841	25.713	16.949
2006	7.994	14.827	11.270	18.200	18.109	17.841	19.576	40.632	25.665	25.875	17.371
2007	7.698	15.013	11.137	16.888	16.898	18.057	19.946	37.844	24.668	25.190	17.106
2008	7.676	14.285	11.520	15.591	16.231	16.181	18.520	42.495	24.512	23.688	16.435
2009	6.335	11.940	9.538	12.887	13.324	13.595	16.102	32.779	19.986	20.045	13.821
2010	7.241	13.624	10.977	14.399	14.953	15.712	17.968	38.488	22.765	22.509	15.710
2011	7.497	14.870	11.271	14.682	14.724	16.858	18.769	43.544	24.352	23.378	16.922

续表

年份	基本金属及金属制品	其他机械制造业	电子与光学制造	交通设备制品	其他制造及回收	电、煤气和水的供应	建筑业	批发贸易和经纪贸易	零售贸易个人和家庭用品的修理	住宿和餐饮业	内陆运输
1995	15.516	14.851	22.251	16.315	15.469	9.377	12.509	8.487	8.487	6.886	8.715
1996	14.333	13.256	20.571	14.775	12.886	8.683	11.060	7.413	7.413	5.841	7.824
1997	14.746	14.644	20.461	15.885	12.072	9.259	11.570	7.373	7.373	5.927	7.975
1998	13.111	12.356	19.143	13.077	10.894	7.382	10.521	6.271	6.271	5.163	5.867
1999	13.942	13.562	22.047	14.191	11.925	8.008	11.890	6.942	6.942	5.375	6.548
2000	15.752	15.535	25.889	15.693	13.136	8.988	13.916	7.926	7.926	6.063	8.079
2001	16.132	15.801	25.828	15.711	12.502	9.111	14.011	7.799	7.799	6.145	7.870
2002	17.278	17.391	28.778	16.737	13.189	9.728	15.334	8.311	8.311	6.502	8.402
2003	20.599	20.643	33.665	20.737	14.656	12.328	17.610	9.147	9.147	7.918	10.086
2004	24.497	26.071	38.658	25.747	16.436	14.823	20.064	10.055	10.055	9.382	12.007
2005	25.386	25.898	38.940	25.475	16.330	15.838	19.852	9.558	9.558	9.277	12.284
2006	24.903	25.439	37.556	25.580	15.984	17.856	19.609	9.138	9.138	9.389	12.757
2007	25.939	25.345	36.373	24.883	15.771	17.605	19.127	8.321	8.321	9.316	11.966
2008	25.853	22.167	32.682	22.219	14.653	17.359	18.023	7.828	7.828	9.586	12.003
2009	22.140	19.231	28.077	19.492	12.511	14.472	15.359	6.384	6.383	7.808	9.485
2010	25.261	21.305	30.830	21.616	14.149	16.600	17.237	7.170	7.170	8.861	10.874
2011	27.315	23.459	30.370	22.918	14.773	17.807	18.328	7.443	7.445	9.024	11.846

续表

年份	水陆运输	航空运输	辅助性和附属交通及旅行社活动	邮政和电信	金融中介	房地产业	租赁	公共管理和国防、强制性社会保障	教育	卫生和社会工作	其他社区社会和个人服务活动
1995	12.898	12.437	8.476	9.488	6.248	3.389	15.845	9.510	7.436	14.859	10.318
1996	13.000	11.495	8.215	8.859	5.222	2.875	13.879	8.163	6.880	14.096	9.337
1997	14.733	12.211	8.926	9.472	4.851	2.877	13.370	8.148	7.203	15.451	9.687
1998	9.228	9.231	6.081	8.860	4.175	2.564	10.911	6.270	6.012	13.597	8.497
1999	10.331	10.507	6.646	10.295	4.638	2.935	11.918	6.726	6.477	14.214	9.532
2000	13.258	12.681	7.876	12.060	5.213	3.291	13.531	7.369	6.638	15.117	10.884
2001	12.006	12.355	7.877	12.506	5.216	3.589	13.228	7.219	6.826	13.896	10.789
2002	12.291	12.970	8.515	13.870	5.530	3.970	13.917	7.450	7.063	13.739	11.629
2003	14.310	16.527	11.893	14.746	6.183	4.829	16.291	8.602	8.800	15.946	12.969
2004	16.704	20.676	14.351	15.772	6.936	5.536	19.067	9.906	10.379	19.278	14.749
2005	16.893	22.255	14.576	14.777	6.668	5.229	19.103	9.903	10.619	19.778	14.521
2006	17.461	24.054	14.778	13.870	6.329	4.738	19.075	9.931	10.890	19.895	14.304
2007	16.235	23.317	13.994	12.451	5.736	4.001	18.003	9.660	10.739	19.453	13.603
2008	16.487	23.152	13.971	11.245	5.388	3.755	16.560	9.085	10.024	17.984	12.705
2009	13.006	18.587	11.022	9.181	4.305	3.038	13.254	7.350	8.223	15.090	10.453
2010	14.825	21.046	12.636	10.167	4.832	3.415	14.816	8.336	9.291	16.865	11.705
2011	16.432	23.113	13.701	10.197	5.023	3.541	15.121	8.684	9.571	17.719	12.020

注:由笔者根据 WIOD 数据库计算而得。

表 3.5 2002—2011 年各行业垂直专业化率均值排名

1	焦炭、精炼石油产品及核燃料	12	皮革及鞋类制造	23	邮政和电信
2	电子与光学制造	13	纺织及其制品	24	内陆运输
3	基本金属及金属制品	14	租赁	25	食品、饮料与烟草
4	橡胶与塑料制品	15	木材及木制品	26	教育
5	化学品及化学制品	16	其他非金属矿物制品	27	公共管理和国防,强制性社会保障
6	其他机械制造业	17	水陆运输	28	住宿和餐饮业
7	交通设备制品	18	电、煤气和水的供应	29	个人和家庭用品的修理
8	航空运输	19	其他制造及回收	30	批发贸易和经纪贸易
9	建筑业	20	采矿采石	31	农林牧渔
10	纸张及印刷业	21	辅助性和附属交通及旅行社活动	32	金融中介
11	卫生和社会工作	22	其他社区、社会和个人服务活动	33	房地产业

　　制造业中垂直专业化率最高的是焦炭、精炼石油产品及核燃料,该行业的原材料需要大量进口。制造业中垂直专业化率最低的是食品、饮料与烟草。而非制造业中垂直专业化率最高的是航空运输,最低的是房地产业。从垂直专业化率的变化趋势看,图3.5 显示非制造业与制造业的垂直专业化率变化基本同步,制造业的垂直专业化率高于非制造业。1998—2008 年间制造业垂直专业化率上升速度也快于非制造业。随着中国改革开放程度的加大,非制造业会进一步开放,非制造业的垂直专业化率可能会以更快的速度上升。

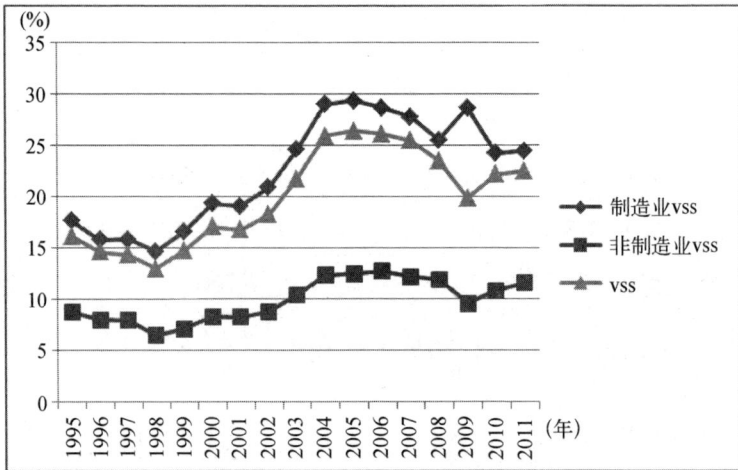

图 3.5　1995—2011 年中国制造业、非制造业及总的垂直专业化率趋势

　　经合组织的 WIOD 数据库将制造业分为中高与高技术、中低技术及低技术三大类,本书按照技术类别分别计算垂直专业化率,结果见表 3.6(三大类包含的行业名称参见附录一)。

表 3.6　1995—2011 年按技术层次分类的垂直专业化率

(单位:%)

年份	中高与高技术	中低技术	低技术	年份	中高与高技术	中低技术	低技术
1995	20.522	15.709	16.360	2004	35.138	24.759	18.930
1996	18.613	14.524	14.155	2005	35.430	25.449	18.035
1997	18.517	15.028	13.842	2006	34.511	25.226	17.127
1998	17.129	13.273	12.824	2007	33.025	25.510	16.196
1999	19.641	14.383	14.200	2008	29.576	25.467	15.148
2000	23.109	16.945	15.822	2009	25.484	21.145	12.577
2001	22.972	16.592	15.292	2010	24.157	24.145	14.143
2002	25.608	17.720	15.776	2011	28.127	25.936	14.447
2003	30.124	21.080	16.993				

数据来源:根据 WIOD 数据库计算而得。

　　表中数据显示,在绝大多数年份制造业中技术层次越高的行业垂直专业化率越高。中国在中高和高技术领域和发达国家还有较大差距,很多技术含量高的中间产品还需要进口。特别是出口到发达国家市场的产品对技术和质量要求较高,甚至还在贸易中设置技术壁垒,导致很多时候只能从发达国家进口中间产品才能达到要求。在低技术行业,中国本国产品一般能达到国际市场要求,对进口中间产品依赖就较少,垂直专业化率相应较低。

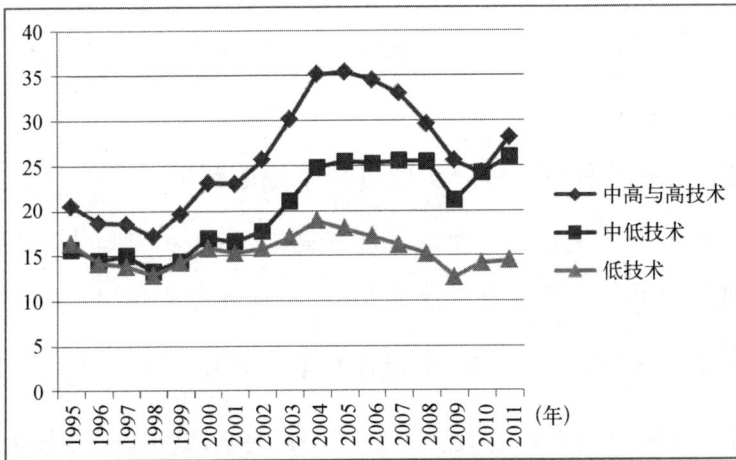

图 3.6　按技术层次分类的制造业垂直专业化率变化趋势

　　由图 3.6 可以看出,中高和高技术行业波动最大,在 2005 年垂直专业化率达到最高点,而后下滑直到 2010 年开始回升。中低技术行业波动幅度相对较小,在 2005—2008 年间基本稳定在最高水平,2009 年稍有下降而后回升。低技术行业的垂直专业化率相对较稳定,但在 2004 年达到最高点后连续下降直到 2009 年后开始回升。技术层次越高的行业对外国中间产品的依赖相对越大,受世界经济变化的影响较大,垂直专业化率的波动幅度也越大。中低技术行业和低技术行业的垂直专业化率相对稳定一些,受国外经济变化冲击较小,波动也较小。

以上部分测度了中国垂直专业化比率,考察了各行业垂直专业化程度。但是为了探寻中国垂直专业化的来源与结构,需要进一步对垂直专业化按照进口来源地和出口目的地进行细分。以下部分按中国垂直专业化来源地和目的地进行分解。在胡昭玲、张咏华(2012)的做法基础上,把研究范围扩大到所有行业,包括非制造业;同时,在按目的国分解时,对制造业按照中高与高技术、中低技术与低技术归类再分解,得到各技术层次的制造行业垂直专业化出口特征。

3.2.1 中国参与全球分工的进口来源地解析

为了分析垂直专业化的不同来源国,需要将进口中间产品按来源国拆分计算垂直专业化率,由于垂直专业化出口额可以表示为:$VS_i = (\frac{X_i}{Y_i}) x M_i$,则垂直专业化率为 $VSS_i = \frac{M_i}{Y_i}$,再假设 i 国来源于 s 国的中间品进口额用 M_{is} 表示,则来自于 s 国的垂直专业化出口率表示为 $VSS_{is} = \frac{M_{is}}{Y_i}$,根据此式可以将中国垂直专业化率按进口来源国进行分解,见表 3.7。表 3.7 中斜体字是该年该行业垂直专业化率的最大值。表 3.7 分为两部分,第一部分(I)研究对象是经济发展水平相对靠前的国家;第二部分(II)研究对象是经济发展水平相对靠后的国家,都是中国的主要贸易伙伴国。

（单位：%）

表 3.7(I)　按进口来源国分解的中国各行业垂直专业化率

	行业	2001 年					2011 年				
		日本	德国	美国	韩国	俄罗斯	日本	德国	美国	韩国	俄罗斯
制造业	食品、饮料与烟草	0.79	0.29	0.66	0.66	0.13	0.57	0.4	1.51	0.61	0.28
	纺织业及其制品	3.16	0.47	0.8	3.22	0.16	1.41	0.62	1.42	1.41	0.42
	皮革及鞋类制造	1.57	0.42	1.31	3.2	0.15	0.99	0.56	1.48	1.20	0.40
	木材及木制品	1.26	0.63	0.83	1.06	0.44	0.95	0.61	1.71	1.00	0.96
	纸张及印刷业	1.61	0.6	1.07	1.55	0.46	1.24	0.75	3.7	1.27	0.73
	焦炭、精炼石油产品及核燃料	1.14	0.39	0.54	0.96	1.14	0.66	0.45	0.79	0.68	4.99
	化学品及化学制品	2.08	0.67	1.11	2.03	0.41	1.59	0.90	1.66	2.04	1.30
	橡胶与塑料制品	2.34	0.75	1.18	2.2	0.44	2.16	1.05	2.03	2.4	0.90
	其他非金属矿产物制品	1.64	0.52	0.75	1.23	0.24	1.31	0.79	1.65	1.22	0.72
	基本金属及金属制品	2.49	0.67	0.84	1.5	0.37	1.64	0.88	2.31	1.32	1.19
	其他机械制造业	2.9	0.93	1.08	1.59	0.29	2.63	1.77	2.29	2.04	0.66
	电子与光学制造	4.33	1.08	2.2	2.61	0.24	3.1	1.24	2.66	3.46	0.56
	交通设备制品	2.84	1.26	1.18	1.43	0.28	3.21	2.25	1.98	2.2	0.56
	其他制造及回收	1.78	0.53	0.81	1.54	0.26	1.13	0.6	2.06	1.08	0.56

续表

行业	2001年					2011年				
	日本	德国	美国	韩国	俄罗斯	日本	德国	美国	韩国	俄罗斯
农林牧渔	0.65	0.23	0.46	0.6	0.12	0.45	0.31	0.81	0.55	0.23
采矿采石	1.25	0.42	0.57	0.83	0.16	1.22	0.84	1.06	1.07	0.65
电、煤气和水的供应	1.45	0.48	0.69	0.92	0.17	1.42	0.91	1.09	1.35	0.88
建筑业	2.28	0.71	0.95	1.37	0.3	1.7	0.95	1.57	1.51	0.7
批发贸易和经纪贸易	1.11	0.41	0.61	0.78	0.12	0.56	0.48	1.03	0.62	0.21
零售贸易,个人和家庭用品的修理	1.11	0.41	0.61	0.78	0.12	0.56	0.48	1.03	0.62	0.21
住宿和餐饮业	0.68	0.24	0.52	0.55	0.1	0.5	0.36	1.07	0.55	0.25
内陆运输	0.88	0.36	0.47	0.87	0.18	0.88	0.57	0.75	0.96	0.71
水路运输	1.07	0.4	0.72	1.48	0.32	0.98	0.68	0.87	1.35	1.13
航空运输	1.22	0.53	1.15	1.18	0.25	1.52	1.12	1.9	2.07	1.33
辅助性和附属交通及旅行社活动	1.02	0.35	0.68	0.8	0.13	0.85	0.55	1.1	1.07	0.74
邮政和电信	2.27	0.67	1.15	1.17	0.12	1.06	0.62	1.15	1.17	0.21
金融中介	0.71	0.24	0.46	0.48	0.07	0.34	0.31	0.76	0.37	0.14
房地产业	0.52	0.19	0.26	0.33	0.05	0.3	0.22	0.41	0.31	0.1
租赁	2.1	0.65	1.07	1.15	0.16	1.59	0.93	1.6	1.52	0.41
公共管理和国防,强制性社会保障	1.04	0.33	0.56	0.87	0.11	0.68	0.44	0.97	0.77	0.3
教育	0.99	0.35	0.6	0.68	0.13	0.89	0.64	1.15	0.83	0.27
卫生和社会工作	1.93	0.64	1.05	1.76	0.3	1.52	0.93	1.47	1.83	0.65
其他社区,社会和个人服务活动	1.56	0.43	0.75	1.35	0.17	1.07	0.63	1.24	1.16	0.35

表 3.7　(II)按进口来源国分解的中国各行业垂直专业化率

(单位：%)

行业		2001			2011		
		巴西	印度	印尼	巴西	印度	印尼
制造业	食品,饮料与烟草	0.15	0.074	*0.166*	*0.894*	0.311	0.299
	纺织业及其制品	0.083	0.374	*0.585*	*0.521*	0.26	0.323
	皮革及鞋类制造	0.347	*0.446*	0.295	*0.871*	0.316	0.331
	木材及木制品	0.111	0.112	*0.825*	0.29	0.13	*0.496*
	纸张及印刷业	0.143	0.142	*0.634*	*0.544*	0.148	0.477
	焦炭,精炼石油产品及及核燃料	0.047	0.09	*0.548*	*0.909*	0.061	0.541
	化学品及化学制品	0.085	0.215	*0.348*	0.442	0.206	*0.493*
	橡胶与塑料制品	0.075	0.223	*0.425*	0.325	0.203	*0.468*
	其他非金属矿物制品	0.078	0.176	*0.255*	0.297	0.23	*0.567*
	基本金属及金属制品	*0.316*	0.268	0.204	*1.025*	0.244	0.767
	其他机械制造业	0.124	0.158	*0.194*	*0.43*	0.207	0.411
	电子与光学制造	0.092	0.138	*0.268*	0.348	0.22	*0.355*
	交通设备制造	0.134	0.146	*0.181*	*0.36*	0.2	0.343
	其他制造及回收	0.107	0.212	*0.45*	*0.356*	0.211	0.327

续表

行业	2001			2011		
	巴西	印度	印尼	巴西	印度	印尼
农林牧渔	0.075	0.064	0.125	0.414	0.156	0.179
采矿采石	0.074	0.106	0.138	0.315	0.122	0.436
电,煤气和水的供应	0.04	0.079	0.168	0.25	0.083	0.768
建筑业	0.109	0.16	0.285	0.374	0.202	0.4
批发贸易和经纪贸易	0.04	0.086	0.137	0.108	0.066	0.113
零售贸易,个人和家庭用品的修理	0.04	0.086	0.137	0.108	0.066	0.113
住宿和餐饮业	0.083	0.068	0.134	0.522	0.187	0.293
内陆运输	0.035	0.066	0.153	0.194	0.068	0.206
水陆运输	0.034	0.081	0.252	0.268	0.068	0.245
航空运输	0.043	0.086	0.188	0.366	0.103	0.35
辅助性和附属交通及旅行社活动	0.064	0.08	0.132	0.334	0.116	0.242
邮政和电信	0.043	0.073	0.136	0.108	0.068	0.12
金融中介	0.023	0.053	0.078	0.078	0.049	0.079
房地产业	0.018	0.038	0.05	0.052	0.03	0.052
租赁	0.061	0.102	0.179	0.246	0.133	0.231
公共管理和国防,强制性社会保障	0.043	0.119	0.167	0.162	0.113	0.174
教育	0.044	0.09	0.17	0.152	0.109	0.17
卫生和社会工作	0.054	0.181	0.263	0.261	0.177	0.331
其他社区,社会和个人服务活动	0.057	0.199	0.28	0.227	0.145	0.216

（非制造业）

由表中数据可以看出,中国垂直专业化中来自于经济发展水平较高国家的份额十年间最醒目的变化是日本的份额几乎全面下降。在 2001 年在制造业和非制造业日本都占据绝对优势地位,但是到了 2011 年,美国在大多数行业的优势超过日本。在制造业门类中,日本在 2011 年仅在机械制造业和交通设备行业还保有最大份额;在非制造业门类中,日本的最大优势仅存于采矿采石,电、煤气和水的供应以及建筑业三个行业,其他行业优势都相对下降,这与日本近些年经济处于低迷状态相关,表明日本在许多行业的竞争力已有所下降,原有的一些优势地位已被美国取代。2011 年美国在大多数中国非制造行业垂直专业化进口来源地中所占份额最大,优势明显。笔者计算了 2001—2011 年来源于各国的制造业与非制造业的平均年增长率,结果显示来源于美国的垂直专业化进口中,制造业年平均增长 96%,非制造业年平均增长62%;来自日本的年均增长率则分别是 -25% 和 -24%。

来源于德国的制造行业垂直专业化率最高的三个行业一直是交通设备制品、机械制造和电子与光学制造行业,反映出德国在这些行业长期占有优势。中国垂直专业化来源于德国的制造业与非制造业份额的平均年增长率分别是 35% 和 49%,增长幅度较大。再看韩国,韩国在中国垂直专业化进口的大多数行业所占份额高于日本,但是制造业份额年均增长率却是 -7%,而非制造业份额年均增长率为 8%。制造行业中,2001 年韩国在纺织业及其制品中所占比例最大,2011 年已转变为在电子与光学制造行业比例最大;非制造行业中,2001 年韩国在水陆运输占比例最大,2011 年变为航空运输占比最大,可见韩国在中国垂直专业化进口中的优势行业有所转换。

俄罗斯在中国垂直专业化进口中所占比例和前述国家相比，其绝对值小得多，但是增长率很高，制造业和非制造业年均增长率分别为 156％和 191％。制造业中从俄罗斯进口的最大比例的行业是焦炭、精炼石油产品及核燃料行业，体现了俄罗斯在能源和石化产品行业的优势。2011 年俄罗斯在中国垂直专业化进口中所占比例的前三名是焦炭、精炼石油产品及核燃料、化学品及化学制品和基本金属及金属制品行业。非制造业中占比最大的是航空运输，其次是水陆运输和电、煤气和水的供应。总的来看，来源于俄罗斯的比例较小，但从高增长速度来看，俄罗斯占比将会有较大增长。

与前述国家相比较而言，发展中国家在中国垂直专业化分工的参与程度较低，占进口比例较小。巴西在中国制造业垂直专业化进口中比例最高的前三位是电子与光学制造、橡胶与塑料制品、皮革及鞋类制造；在非制造业中进口比例最高的前三位行业是住宿和餐饮业、建筑业、航空运输。从 2001 年到 2011 年，巴西在中国制造业和非制造业垂直专业化进口中占比的年均增长率分别为428％和 388％，在本书研究的发展中国家中是最高的。印尼的年均增长率则分别是 60％和 41％，低于巴西而高于印度。印尼在中国制造业垂直专业化进口中比例最高的前三位是电子与光学制造、机械制造业、橡胶与塑料制品；在非制造业中进口比例最高的前三位行业是电、煤气和水的供应、建筑业、航空运输。与巴西和印尼相比，印度在中国制造业垂直专业化进口中比例最低，制造业中排前三名的行业是纸张及印刷业、皮革及鞋类制造业、木材及木制品业;在非制造业中进口比例最高的前三位行业是采矿采石业、建筑业、农林牧渔行业。印度在中国制造业和非制造业垂直专业化进口中占比的年均增长率分别为 36% 和 12%。

由表中数据还可以看出,在 2001 年印尼在几乎所有行业全面占据优势地位,但是,2011 年数据显示很多行业的优势已转移到了巴西。特别是制造业行业,巴西在 9 个行业所占份额最高,印尼仅在 5 个行业占据最高份额。其中巴西在食品、饮料与烟草,皮革与鞋类制造两个行业所占份额是印尼的 2 倍以上,优势非常明显。在非制造业行业,印尼还具有一定的优势,在 12 个行业份额最大,巴西份额最大的行业有 7 个,相对较少。从份额的增长率来看,2011 年巴西在很多行业所占份额是 2001 年的数倍,远远超过印尼。可见中国与巴西的分工合作发展非常迅速,有良好合作前景。印尼的份额的增长率虽然较小,但是大多数行业都处于缓慢小幅增长中,仍具有深入开展合作的潜力。

3.2.2　中国参与全球分工的出口目的地解析

类似前面的方法,可以将中国垂直专业化按照目的地分解。假设 i 国到 d 国的出口额为 X_{id} ,则 i 国垂直专业化出口到 d 国的垂直专业化率表示为:

$$VSS_i = \frac{M_i}{Y_i} x \frac{X_{id}}{X_i}$$,由此可将中国垂直专业化出口按目的国分

解,仍以前面研究的国家为研究对象,分析结果见表 3.8。由于关于制造业出口的研究常以技术层次高低分类,所以表 3.8 分为两部分,第一部分(I)是制造业的垂直专业化率,分为中高与高技术、中低技术和低技术;第二部分(II)是非制造业的垂直专业化率。

表 3.8(I)　按出口目的国分解的中国制造业垂直专业化率

（单位：%）

年份	日本			美国		
	中高与高技术	中低技术	低技术	中高与高技术	中低技术	低技术
1996	2.240	2.104	3.501	5.722	3.772	5.184
2001	3.287	2.541	3.416	7.109	4.307	6.041
2005	3.471	3.074	3.107	10.461	5.801	5.986
2009	1.884	1.960	1.595	6.542	3.880	3.094
2011	2.930	2.660	1.764	6.633	4.105	2.973

年份	德国			韩国		
	中高与高技术	中低技术	低技术	中高与高技术	中低技术	低技术
1996	1.230	0.909	0.825	0.714	0.927	0.745
2001	1.576	0.931	0.702	1.220	1.228	0.891
2005	2.105	1.116	0.963	1.604	2.473	0.729
2009	1.645	0.971	0.681	1.142	1.855	0.381
2011	1.961	1.262	0.736	1.354	2.669	0.906

年份	俄罗斯			印度		
	中高与高技术	中低技术	低技术	中高与高技术	中低技术	低技术
1996	0.074	0.043	0.257	0.221	0.145	0.143
2001	0.099	0.251	0.443	0.298	1.058	0.823
2005	0.279	0.175	0.531	0.730	0.579	0.380
2009	0.359	0.168	1.143	0.839	0.686	0.216
2011	0.743	0.349	1.536	1.036	1.073	0.378

年份	巴西			印尼		
	中高与高技术	中低技术	低技术	中高与高技术	中低技术	低技术
1996	0.184	0.110	0.087	0.268	0.201	0.129
2001	0.193	0.311	0.234	0.283	0.372	0.281
2005	0.364	0.191	0.141	0.314	0.460	0.270
2009	0.474	0.218	0.117	0.312	0.401	0.249
2011	0.413	0.440	0.233	0.487	0.595	0.462

表 3.8(II)　按出口目的国分解的中国非制造业垂直专业化率

（单位：%）

	日本	美国	德国	韩国	俄罗斯	印度	巴西	印尼
1996	2.228	0.431	0.940	0.945	0.426	0.235	0.044	0.169
2001	1.613	0.104	2.134	0.814	0.288	0.266	0.027	0.297
2005	1.548	0.119	3.063	2.151	0.779	0.209	0.013	0.382
2009	1.657	0.072	0.779	1.284	0.160	0.219	0.025	0.370
2011	1.720	0.041	1.014	1.949	0.165	0.392	0.128	0.519

在高中低所有技术层次的类别上，美国都是中国最大的垂直专业化出口目的地。其次是日本，中国垂直专业化出口到日本的比例仅低于到美国比例而高于到其他国家。再次是德国，中国垂直专业化出口到德国的比例低于到日本比例，而高于到韩国和俄罗斯比例。而到韩国的比例又高于到俄罗斯比例。还可以看出，技术含量较高的行业出口到较发达国家的比例高于出口到欠发达国家比例，因为较发达国家市场对技术含量较高的产品需求较大。大多数行业中出口到发达国家的垂直专业化比例在 2005 年后下降，2011 年还未恢复到原来最高水平，而出口到发展中国家的垂直专业化比例却大都一直持续上升，说明中国垂直专业化中越来越多的产品流向了发展中国家，在一定程度上体现了中国出口市场的多元化趋势，有利于减少中国对发达国家市场的依赖。类似于发达国家情况，中国出口到发展中国家的行业中，技术含量越高的行业的垂直专业化程度也越高。中国制造业出口到印度的垂直专业化率高于巴西和印尼。

既然无论是出口到发达国家还是发展中国家，技术含量越高的行业的垂直专业化程度越高，那么中国不断增长的中高和高技术产品出口并不一定能说明本土产品的技术含量在提高。中国高科技产品出口的增长和国际市场占有率的提高是否真正意味着中国技术能力的提升还值得商榷。

在非制造行业,中国垂直专业化出口到较发达国家的比例明显高于到发展中国家比例。从出口到各国比例的绝对值平均数来看,排在前三位的是日本、德国和韩国,发展中国家排序是印尼、印度和巴西。但是,非制造业垂直专业化出口到发展中国家的年均增长率比到发达国家的年均增长率高,出口到巴西的年均增长率在发展中国家中是最高的,超过印度和印尼。出口到发达国家比例绝对数值虽然较大,但是增长率却较低,出口到美国的比例甚至在 2005 年后出现负增长。总之,目前中国垂直专业化出口到发达国家的比例高于到发展中国家的比例,但是出口到发达国家的比例的增长率低于到发展中国家比例的增长率。在非制造业,中国垂直专业化出口也出现多元化趋势,可以在一定程度上降低对发达国家市场的依赖。

3.3 | 中国参与全球价值链分工的指标测度

根据前述全球价值链分工指标体系,基于 WIOD 数据库测算中国全球价值链分工地位结果如下表。

表 3.9 2000—2014 年中国全球价值链分工的参与度指数

年份	资源产业	制造业	服务业	总体
2000	0.296	0.362	0.208	0.329
2001	0.288	0.359	0.195	0.322
2002	0.317	0.377	0.198	0.337
2003	0.354	0.393	0.219	0.361
2004	0.468	0.415	0.240	0.389

年份	资源产业	制造业	服务业	总体
2005	0.539	0.405	0.246	0.385
2006	0.743	0.410	0.249	0.393
2007	0.930	0.405	0.252	0.389
2008	1.044	0.399	0.244	0.383
2009	0.982	0.352	0.206	0.334
2010	1.062	0.387	0.221	0.366
2011	1.222	0.400	0.220	0.378
2012	1.407	0.379	0.211	0.360
2013	1.295	0.376	0.228	0.361
2014	1.371	0.361	0.230	0.350

注：根据 WIOD 数据库资料计算而得。

可以看出，中国总体参与国际分工的强度大体上经历了先上升后下降的过程。2001 年加入世界贸易组织后，中国加快了参与全球价值链分工的步伐，参与度指数在 2006 年达到最大值 0.393，而后在 2008 年金融危机前后开始下降，2009 年降至 0.334，而后有所上升，2011 年恢复到 0.378 后又开始第二次下降，2014 年降至 0.350。第一次下降与金融危机相关，国外来华投资生产下降，国际市场疲软，出口受到影响。第二次下降与中国自身综合实力上升有关，原来需要进口的重要元器件逐步实现国产化，同时随着国内市场消费能力上升，很多出口产品转为内销，参与国外分工的领域有所缩减。随着中国崛起，国外反倾销、配额等非关税壁垒不断增加，也会导致国际分工参与度有所下降。根据结果可以绘制相关产业的全球价值链参与度变化趋势图如图 3.7：

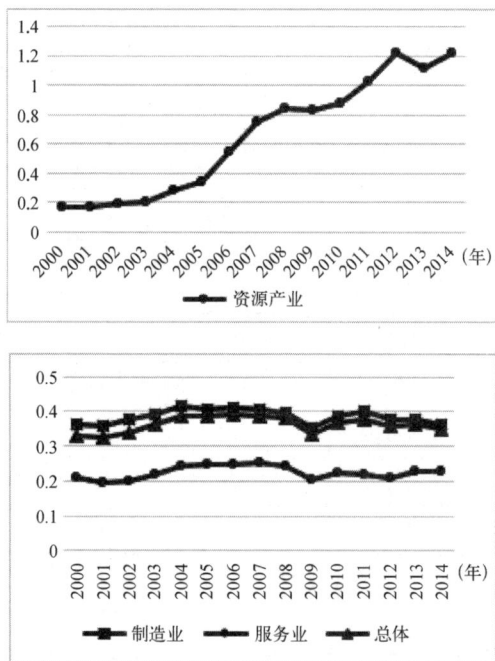

图 3.7　中国各产业全球价值链参与度变化趋势图

可以看出,制造业和服务业的参与度与所有产业总体参与度升降趋势变化基本相似,经历了先升后降,而后再上升接着再下降的情况,大致呈现 M 型。但资源产业却大相径庭,资源产业的全球价值链参与度一路上扬,除了 2009 年和 2012 年短暂下降外,都呈现持续上升趋势。2014 年参与度 1.371 比 2000 年 0.296 升幅近 4 倍。产业间存在直接或间接投入产出关系,参与度指数值可能大于 1,显然中国资源产业参与度不断上升,最终超过了制造业和服务业。不过全面衡量产业的国际分工程度,除了参与程度,还要考虑参与规模。资源产业参与国际分工的规模远远小于制造业和服务业,因此,总体上讲,制造业仍然是参与国际分工最多的产业。

再看中国的国际分工地位指数情况,总体分工地位呈 U 形,

2000 年到 2002 年为正值,而 2003 年至 2010 年为负值,2010 年开始
又成为正值。成为负值的原因是加入世界贸易组织后,加工贸易快
速增长,中国出口包含的国外增加值日益增多,比外国出口包含的
中国的增加值增加得快,也就是后向关联增长快于前向增长,从而
拉低了分工地位指数。金融危机以后,加工贸易缩减,中国出口包
含的国外增加值减少,同时中国自身的科技和经济实力增长,很多
高技术含量产品开始逐渐国产化,出口产品采用进口零部件情况逐
渐减少,后向关联逐渐减少,所以国际分工地位逐渐上升,在 2011 年
开始变为正值,并且继续持续升高,表明中国总体分工地位在提升。

表 3.10　2000—2014 年中国全球价值链分工地位指数

年份	资源产业	制造业	服务业	总体
2000	0.171	0.002	0.006	0.009
2001	0.165	0.013	0.006	0.017
2002	0.185	−0.004	0.001	0.004
2003	0.197	−0.050	0.000	−0.033
2004	0.279	−0.076	−0.004	−0.056
2005	0.340	−0.086	0.005	−0.063
2006	0.550	−0.077	0.003	−0.055
2007	0.749	−0.083	0.002	−0.058
2008	0.846	−0.057	0.016	−0.031
2009	0.830	−0.030	0.027	−0.008
2010	0.881	−0.037	0.027	−0.014
2011	1.024	−0.019	0.026	0.003
2012	1.223	−0.013	0.037	0.011
2013	1.123	−0.007	0.060	0.017
2014	1.218	0.017	0.080	0.040

　　进一步分析可以看到,如图 3.8 所示,资源产业分工地位持续升高,而制造业分工地位与总体分工地位变化情况近似,先降而后升。服务业从 2009 年开始呈持续上升趋势,这主要是中国积极扶持服务业,金融危机后服务业有了长足进展。

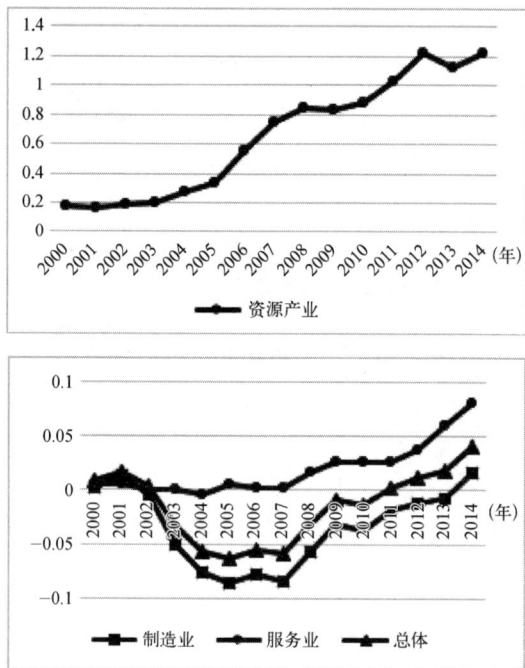

图 3.8　中国各产业分工地位变化趋势图

　　全球价值链参与度可以分解为前向参与度和后向参与度,也被分别称为前向关联度和后向关联度。根据前述公式可计算得到中国各行业前向关联度变化趋势图。如图 3.9 所示,2000 年到 2014 年间,各行业前向关联度都有不同程度上升,总体前向关联度从 2000 年0.169 逐渐上升到 2014 年0.195,升幅约 16%。服务业前向关联度从 2000 年0.107升至 2014 年 0.155,升幅约 45%。制造业前向关联度变化大致呈 U 型,2000 年到 2002 年间处于上升状态,但 2003

年到 2005 年下降到 0.160,并在 0.160 到 0.170 左右徘徊,形成"谷底"。2011 年开始大幅攀升到 0.190,而后又微降到 0.18 左右直到 2014 年。制造业前向关联度变化情形与总体前向关联度变化情形相似,这主要是中国制造业在出口中所占比重远超资源产业和服务业,主导总体的前向关联度变化趋势。再看资源产业前向关联度上升趋势显著,15 年间从 0.233 升至 1.061,上升约 4 倍。可见资源产业出口中为国外提供中间产品的比例是中国各行业最高的。

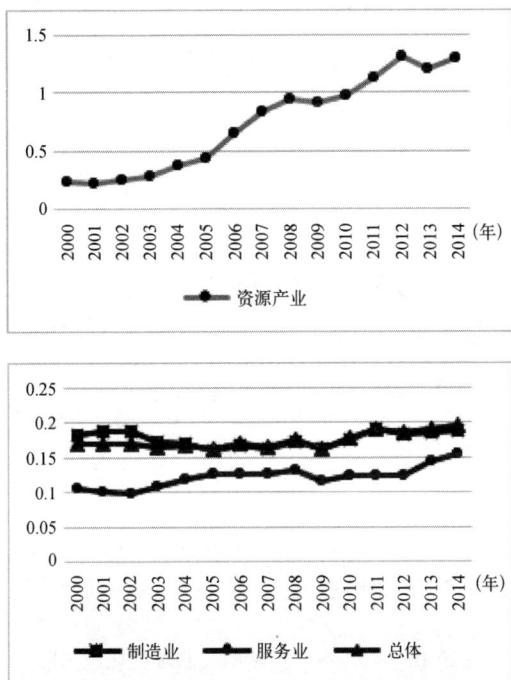

图 3.9　中国各产业前向关联度变化趋势图

再看中国产业后向关联度的变化情况,如下图所示,各产业变化情况基本类似,大致呈 M 型,主要的时间转折点也一致,2000 年到 2004 年无论总体情况还是各大类行业的前向关联度都呈升势,2005 年到 2008 年大致平稳,金融危机后都下降,主要是加工贸易

大幅度下降,包含外国增加值的产品出口减少。2010 年到 2011 年
前向关联度都转降为升,但 2012 年开始又开始下降,并且下降趋
势一直持续到 2014 年。截至 2014 年,中国后向关联度最高的仍
然是制造业 0.172,其次是资源产业 0.077,然后是服务业 0.075,
总体后向关联度是 0.155。由于发达国家经济复苏乏力,加上以美
国等国家提出制造业回流战略,并提高各种贸易壁垒,预计来华加
工贸易会进一步减少。同时,由于中国综合实力增长,技术水平提
高,原来受制于人的产品和产业将增强独立自主,采用外国元器件
的情况会逐步减少,所以,综合来看未来中国后向关联度整体上会
进一步下降。

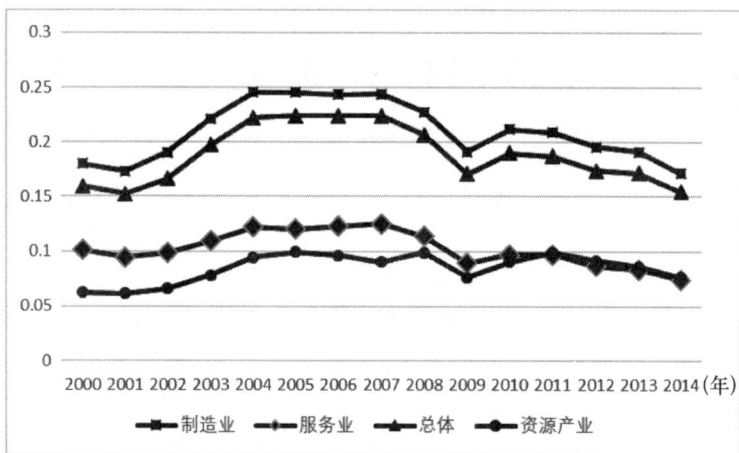

图 3.10　中国各产业后向关联度变化趋势图

3.4 │ 中国对外直接投资对中国参与全球价值链分工的影响研究

随着中国实力不断增长,中国逐渐鼓励企业"走出去",积极对

外投资,打造中国主导的全球价值链。因此,在过去的十多年里,中国对外直接投资增长迅猛,取得的成果举世瞩目,近年来在"一带一路"倡议指引下更是发展迅猛。因此,对外直接投资(以下简称对外投资)对中国全球价值链分工有些什么样的影响成为值得深入研究的领域,本书对此展开研究。

本节以全球价值链指标为因变量,中国对外投资为自变量建立计量模型如下,其中因变量 $GVCIndex$ 代表四个全球价值链分工指数,包括参与度($GVCParticipation$)、分工地位($GVCPosition$)、前向关联度($GVCFL$)和后向关联度($GVCBL$)四个指标。自变量 $\ln OFDI$ 是中国直接投资的对数, ε 是干扰项。接下来分别用每个全球价值链分工指标与对外投资进行回归分析。

$$GVCIndex = \alpha_0 + \ln OFDI + \varepsilon$$

研究所用的中国对外投资数据来源于商务部历年发布的《中国对外直接投资公报》,回归分析结果列于表 3.11。接下来,分行业考察对外投资对国际分工指标的影响。

从三大类行业来看,对外投资显著促进了资源产业的国际分工参与度,而对制造业和服务业都有一定程度负向作用,尽管不是很显著。为探究其原因,需要分析前向关联度和后向关联度。参与全球价值链分工主要看一国出口中被用于其他国家出口的本国增加值和产品中包含的国外增加值,即前向和后向关联度。

由于资源产业作为初级产业,其产品大量用于其他行业产品出口,所以中国在资源产业领域的对外投资相对更容易包含在东道国出口产品中,从而提升了前向关联度。中国近年来对境外自然资源的直接投资巨大,资源行业的跨国并购数量也在增加,必然使得外国出口产品包括更多中国增加值。因此,对外投资与资源

表 3.11 中国对外直接投资对全球价值链分工指标的影响

	参与度 GVCparticipation				分工地位 GVCPosition			
	资源产业	制造业	服务业	总体	资源产业	制造业	服务业	总体
lnOFDI	0.323***	−0.008	−0.002	−0.004	0.321***	0.017*	0.019***	0.020**
P-Value	0.000	0.073	0.732	0.496	0.000	0.034	0.00005	0.009
Adj. R²	0.961	0.195	−0.079	−0.044	0.969	0.290	0.767	0.434
显著性	显著	不显著	不显著	不显著	显著	显著	显著	显著

	前向关联度 GVCFL				后向关联度 GVCBL			
	资源产业	制造业	服务业	总体	资源产业	制造业	服务业	总体
lnOFDI	0.322***	0.004	0.009**	0.008***	0.001	−0.013*	−0.011**	−0.012
P-Value	0.000	0.111	0.003	0.001	0.698	0.033	0.005	0.052
Adj. R2	0.966	0.143	0.519	0.637	−0.075	0.290	0.484	0.237
显著性	显著	不显著	显著	显著	不显著	显著	显著	不显著

产业前向关联度显著正相关。后向关联度反映的是中国出口包含的外国增加值，受来华投资的影响大，而不会受到中国对外投资太大的影响。并且来华直接投资大都在制造业领域，到资源产业领域的相对较少，因此，中国对外直接投资与资源产业后向关联度的关联性不大，回归结果不显著。由上一节分析可知，资源产业前向关联度持续升高，而后向关联度处于低迷稳定状态，资源行业总体参与度受前向关联度影响更大。分析结果显示，中国对外投资对资源行业参与度有显著正向促进用。从国际分工地位来看，对外投资促进资源产业前向关联度的提升，而对后向关联度影响不大，前后向关联度差别不断拉大，分工地位上升，因此，对外投资与资源产业国际分工地位正相关。

对外直接投资对制造业前向关联度的促进作用有限，因为在东道国投资建厂后很多产品是进入当地最终消费市场而不再出口，不会提升前向关联度。再看后向关联度方面，原来很多加工贸易产品出口必然包含很多外国增加值，随着中国实力增强，通过对外投资可以获取更多核心技术，对国外关键零部件依赖逐渐减弱，国产化率提高，所以对外投资引起制造业后向关联度下降，回归分析显示中国对外投资对制造业后向关联度有显著抑制作用。分析结果还显示参与度对外投资是负相关关系，表明中国对外投资与制造业参与国际分工的总体关系是负向的。对外投资对制造业分工地位有显著正向提升作用，这表明制造业领域对外投资对前向关联度提升作用较大，并且制造业后向关联度呈下降趋势，拉锯加大，对外直接投资有利于提升国际分工地位。

对外直接投资对服务业前向关联度有显著正向促进作用，也就是说，对外投资提升了别国服务业出口包含的中国增加值比例，提高了前向关联度。同时,服务业对外投资对后向关联度有显著负向抑制作用,表明服务业对外投资减少了中国服务业出口包含的外国增加值比例。这也比较容易理解,例如主动在东道国投资设立服务网络,必然提升自主出口能力,减少原来服务业出口时对东道国服务网络支撑的需求,存在替代效应。结果还显示,对外投资对服务业的国际分工参与度有微弱负向效应。这表明综合服务业前后向关联度来看,由于对外投资对后向关联度负向抑制效应较大,出口包含的外国增加值减少较多,大于前向关联度的增长效应,从而整体上对外投资对服务业的国际分工参与度稍显负向抑制作用。在国际分工地位方面,由于服务业前向关联度增长,而后向关联度略有下降,二者差距日益扩大,结果显示,对外投资显著促进了服务业国际分工地位的提高。

综合资源产业、制造业和服务业来看,总体上对外投资显著提高了中国参与国际分工的前向关联度,而对后向关联度有一定抑制作用。正如上一节研究所示,中国出口的后向关联度基本平稳并略有下降,所以回归中显示出一定负向作用。在参与度方面,对外投资对中国参与国际分工显示出一定的负向抑制作用,主要是因为后向关联度下降所致。对外投资对中国的整体国际分工地位显示出显著促进作用,主要是因为前向关联度增长较快,与后向关联度差距不断拉大。

3.5 ︱ 本章小结

本章根据投入产出法和经合组织 WIOD 数据库对中国各行业的垂直专业化程度进行了测度和结构分析。研究的行业包括制造

业和非制造业,研究的中国贸易伙伴国包括发达国家和发展中国家。研究发现:

(1) 无论制造业还是非制造业的垂直专业化水平,总的来看都是增加的。总的垂直专业化率在 2005 年以前一直上升,2005 年我国汇率改革推行后有所下降,2008 年金融危机也导致垂直专业化率下降,2009 年后有所回升。制造业的垂直专业化率高于非制造业。制造业中的中高与高技术行业、中低技术行业和低技术行业的垂直专业化率依次降低,技术含量越高的行业垂直专业化率越高,也越容易受世界经济波动的影响。研究数据显示技术含量越高的行业垂直专业化率的波动也越大。有的非制造业垂直专业化程度实际上还是比较高的,例如,航空运输业平均垂直专业化率高于纸张和印刷业、皮革及鞋类制造业、纺织及其制品业。

(2) 本章对中国垂直专业化率进行来源国分解,结果显示日本长期保持的最大来源国地位被美国和韩国超过。美国比韩国的优势更显著,在绝大多数行业中占据最大份额。美国在中国垂直专业化中的地位上升,而日本的竞争优势地位相对下降。从韩国进口的比例虽然比从日本进口比例高,但是有下降的趋势。制造业中从德国进口比例最高的三个行业是交通设备制品、机械制造和电子与光学制造行业,非制造业从德国进口的比例增长较快。中国从俄罗斯进口的比例最高的是焦炭、精炼石油产品及核燃料行业,体现了俄罗斯在能源和石化产品行业的优势。

在中国主要的发展中国家贸易伙伴中,2001 年时印尼在几乎所有行业占据最大优势。但截止到 2011 年,巴西在很多行业取代印尼成为中国垂直专业化进口中所占比例最大的发展中国家,巴西在中国垂直专业化出口中的地位明显上升。在非制造业印尼仍有较大的优势。印度则相对稳定,多数行业只有小幅增长,在大多数行业所占比例小于巴西和印尼。

(3) 对中国垂直专业化率进行目的国分解,结果显示美国是最大的目的地,其次是日本和德国。技术含量较高的行业出口到较发达国家的比例高于出口到发展中国家的比例。从垂直专业化出口比例增长率来看,出口到发展中国家的比例增长率出现上升趋势,说明中国垂直专业化出口将有越来越多的份额流向发展中国家,出口市场逐渐呈现出多元化趋势。中国制造业出口到印度的垂直专业化率比例在发展中国家中是最高的,其次是巴西和印尼。无论是出口到发达国家还是发展中国家,技术含量越高的制造业的垂直专业化程度越高。

在非制造行业,中国垂直专业化出口到较发达国家的比例高于到发展中国家的比例。但是垂直专业化出口到发展中国家的比例的增长率高于出口到较发达国家比例的增长率。这反映出在非制造行业中,中国垂直专业化出口市场逐渐呈现多元化趋势,有利于开拓发展新兴市场,减少对较发达国家的依赖。

(4) 通过对中国各产业全球价值链指标的分析,发现从所有行业总体上看,中国对全球价值链分工的参与度大体上经历了先上升后下降的过程。制造业和服务业经历了先升后降,而后再上升接着再下降的情况,大致呈现 M 型。而资源产业的参与度处于持续上升状态。中国国际分工地位指数变化总体上呈 U 形,先降而后升。制造业分工地位指数也是先降而后升,服务业和资源产业的分工地位指数整体上处于上升状态。从前后向关联度来看,2000 年到 2014 年间,各行业前向关联度都有不同程度上升,其中资源产业前向关联度上升幅度最大,从 2000 年到 2014 年上升约 4

倍。中国各产业后向关联度的变化情况基本类似,大致呈 M 型,主要的时间转折点也一致,截至 2014 年,中国后向关联度从高到低依次是制造业、资源产业、服务业。由于中国综合实力增长,对国外依赖日趋减少,预计未来中国后向关联度还会继续下降。

(5)中国对外直接投资与资源产业前向关联度显著正相关,与其后向关联度的关联性不大,总体上显著提升了资源产业的国际分工参与度和国际分工地位。对外直接投资对制造业前向关联度没有明显提升作用,对后向关联度有显著的抑制作用。总的来看,中国对外直接投资与制造业参与度是负相关关系,而与其国际分工地位是正相关关系。对外直接投资对服务业前向关联度有显著正向促进作用,对其后向关联度有显著负向抑制作用。对外投资对服务业的国际分工参与度有一定负向抑制作用,而对其国际分工地位有显著提升作用。

第4章 增加值贸易的测度与结构研究

随着国际分工的不断深化,生产工序出现"分散化"和"碎片化"特征,"一国制造"演变为"多国制造","产品贸易"演变为"工序贸易"。以传统货物贸易形态为基础的世界贸易统计体系已经不能充分反应当今"世界共同制造"特征,开发和建立新的贸易统计方法和体系已成大势所趋。以比较典型的 iphone 部件价值构成为例,一部 iphone 出厂价近 200 美元,其中产于日本、德国、韩国的部件价值就占 60% 左右,中国只是得到约 6.5 美元的组装费,不到 iphone 出厂价的 5%(Xing 和 Detert,2010)。然而往往受到关注的都是 200 美元出口总值,忽略了中国实际获利非常微小的事实。

中国已经成为第一出口大国和公认的"世界工厂","中国制造"的产品在海外几乎随处可见。然而,事实上"中国制造"的背后隐藏着巨大的"统计假象"。由于加工过程的专业化与分散化,中间产品贸易和加工贸易出口的数额巨大,导致中国出口规模"虚高",中国饱受争议的巨额贸易顺差很大程度上也是由巨额中间产品贸易造成的。传统的偏重总量贸易的统计方法严重扭曲了国际贸易关系的真实面目,不能适应全球化国际分工对贸易统计提出的新要求。为了应对新的挑战,世界贸易组织(WTO)和经合组织(OECD)于 2013 年正式共同推出了"增加值"(Value Added)贸易测算法。从增加值角度对国际分工格局与全球价值链进行重新审视,将能更准确地衡量各国真实贸易水平与国际分工地位,有利于更加合理地评价各国贸易政策,降低贸易壁垒,建立自由公平的全球多边贸易体系。目前国内文献将 Value Added 一般译作"增加值"或者"附加值",本书统一采用"增加值"的译法。

4.1 │ 增加值贸易统计的理论基础

世贸组织和经合组织联合推出的增加值贸易统计体系是在 Hummels 等(2001)的 HIY 方法基础上做的一系列改进而形成的,影响较大的是 Johnson 和 Noguera(2012)以及 Koopman 等(2008,2014)的改动。Johnson 和 Noguera(2012)放松了 HIY 法关于出口产品都是作为最终产品使用的假设,分析了两个国家之间贸易互相出口中间产品的情形,用跨国投入产出关系研究国家间产出转移,提出了计算增加值的理论框架。Koopman 等(2008,2014)则进一步把 HIY 模型扩展到三国及更多国家的情况,包括 A、B 两国贸易中的进口方 B 国将进口的中间产品加工生产后出口到第三国 C,而再由第三国 C 进一步加工出口到最初的出口国 A。这样就可以深入剖析出口产品在多国转移过程中的增加值流转情况。这种方法被称为 KWW 法。由于此前,还有 William Powers 参加了该方法的研究,并共同发表过论文,所以在国外文献中也被称为 KPWW 法。本书统一简称 KWW 法。

在对垂直专业化分工测度中，Hummels、Ishii 和 Yi（2001）提出的 HIY 法，有两个前提条件：一是国内最终消费品和出口产品包含的进口中间品比例是一样的；二是进口中间品百分之百是国外制造，即全部来源于外国增加值。但事实上，出口产品与国内消费品存在着一定的区别，加工贸易的产品可能需要更多进口中间品。同时，进口的中间产品可能含有多国增加值成分，甚至可能是出口国以前出口的中间产品被进口国加工后返销回原出口国。这样测度的准确性就会下降。Koopman 等（2010）在 HIY 基础上提出的 KWW 法，把增加值贸易统计框架推进了一大步，可以对出口增加值的去向进行更为细致的划分，提供更多的价值流动信息。根据 KWW 法，假设两国 1 和 2 生产 N 类有差异的贸易品。所有产品都可能成为最终消费品被消费，或者成为中间产品进入生产环节继续流转。增加值出口有以下关系[①]：

$$
\hat{VAT} = \hat{V}BY = \begin{bmatrix} \hat{V}_1 & 0 \\ 0 & \hat{V}_2 \end{bmatrix} \begin{bmatrix} B_{11} & B_{12} \\ B_{21} & B_{22} \end{bmatrix} \begin{bmatrix} Y_{11} & Y_{12} \\ Y_{21} & Y_{22} \end{bmatrix} \quad (4.1)
$$

其中 $\hat{V}_1$，$\hat{V}_2$ 是 $N \times N$ 对角矩阵，对角元素表示各国自身的直接增加值系数，B_{11}，B_{12}，B_{21}，B_{22} 是由各国直接消耗系数矩阵推出的里昂惕夫逆矩阵子矩阵，Y_{12} 表示 2 国对 1 国产品的最终需求，Y_{11}，Y_{21}，Y_{22} 是类似含义。$\hat{VAT}$ 矩阵对角线元素是本国生产而在本国消耗吸收的增加值，非对角元素都是各国之间消耗吸收

---

① 详细推导过程参见 Koopman, R., Powers, W., Wang, Z., Wei, S. J. "Give Credit to Where Credit is Due: Tracing Value Added in Global Production." NBER Working Paper No. 16426, 2010.

非本国增加值的系数矩阵。E_1^* 和 E_2^* 是两国的总出口,可以推出各国互相出口中的增加值矩阵。

$$VBE = \begin{bmatrix} V_1 B_{11} E_1^* & V_1 B_{12} E_2^* \\ V_2 B_{21} E_1^* & V_2 B_{22} E_2^* \end{bmatrix} \tag{4.2}$$

该矩阵对角线元素是出口中包含的本国增加值,非对角线元素是出口中包含的别国的增加值。一国出口包含的国外增加值(Foreign Value-added,FV)和国内增加值(Domestic Value-added,DV)可以表示为:

$$FV = \begin{bmatrix} V_2 B_{21} E_1^* \\ V_1 B_{12} E_2^* \end{bmatrix}$$

$$= \begin{bmatrix} u(A_{21} - A_{12} (I - A_{22})^{-1} A_{21}) (I - A_{11} - A_{12} (I - A_{22})^{-1} A_{21})^{-1} E_1^* \\ u(A_{12} - A_{21} (I - A_{11})^{-1} A_{12}) (I - A_{22} - A_{21} (I - A_{11})^{-1} A_{12})^{-1} E_2^* \end{bmatrix}$$

$$DV = \begin{bmatrix} V_1 B_{11} E_1^* \\ V_2 B_{22} E_2^* \end{bmatrix} = \begin{bmatrix} V_1 (I - A_{11} - A_{12} (I - A_{22})^{-1} A_{21})^{-1} E_1^* \\ V_2 (I - A_{22} - A_{21} (I - A_{11})^{-1} A_{12})^{-1} E_2^* \end{bmatrix}$$

其中 A_{11},A_{22} 是国内投入产出矩阵的直接消耗系数,A_{12},A_{21} 是国家间的直接消耗系数矩阵。实际上,HIY 法测度垂直专业化程度 VS 可以表示为:

$$VS = \begin{bmatrix} u A_{21} (I - A_{11})^{-1} E_1^* \\ u A_{12} (I - A_{22})^{-1} E_2^* \end{bmatrix} \tag{4.3}$$

显然,如果 A_{12},或 A_{12} 时,HIY 可以得到准确的结果。但是一旦两国都出口中间品,就会有误差。KWW 法可以更细致地进行测度,同时还能计算出口增加值通过进口国再间接出口到第三国情形。如果考虑三国情形,计算更加复杂一些,三个国家情形下的增加值出口矩阵表示为:

$$VBE = \begin{bmatrix} V_1 B_{11} E_1^* & V_1 B_{12} E_2^* & V_1 B_{13} E_3^* \\ V_2 B_{21} E_1^* & V_2 B_{22} E_2^* & V_2 B_{23} E_3^* \\ V_3 B_{31} E_1^* & V_3 B_{32} E_2^* & V_3 B_{33} E_3^* \end{bmatrix}$$

其中 B_{11}、B_{12}、B_{13}、B_{21} 等 B_{mn} 形式矩阵都是里昂惕夫逆矩阵子矩阵，

$$B_{11} = \{I - A_{11} - A_{12}[I - A_{22} - A_{23}(I - A_{33})^{-1} A_{32}]^{-1}[A_{21} + A_{23}$$
$$(I - A_{33})^{-1} A_{31}] - A_{13}[I - A_{33 - A_{32}(I - A_{22})^{-1} A_{23}}]^{-1}[A_{31} + A_{32}(I - A_{22})^{-1} A_{21}]\} \quad (4.4)$$

最后，一个国家总出口可以分解为五个部分：

$$E_r^* = DV_r + FV_r = \underbrace{V_r B_{rr} \sum_{s \neq r} Y_{rs}}_{(1)} + \underbrace{V_r B_{rr} \sum_{s \neq r} A_{rs} X_{ss}}_{(2)} +$$

$$\underbrace{V_r B_{rr} \sum_{s \neq r} \sum_{t = r,s} A_{rs} X_{st}}_{(3)} + \underbrace{V_r B_{rr} \sum_{s \neq r} A_{rs} X_{sr}}_{(4)} + \underbrace{FV_r}_{(5)} \quad (4.5)$$

其中 r,s 代表不同的两个国家，(1)是出口产品被进口方作为最终产品吸收的增加值；(2)是出口产品被进口方用作中间产品生产其本国消费品的增加值部分；(3)是出口产品被进口方用作中间产品生产产品出口到第三国的增加值部分；(4)是出口产品中被进口方用作中间产品生产产品返销回出口国的增加值部分；(5)是出口产品包含的外国增加值。

Hummels 等(2001)计算的出口中进口成分 VS 是第(5)部分，HIY 法计算的出口产品被进口国用作中间产品再出口到第三国的部分是(3)和(4)部分之和。(1)、(2)、(3)之和是 Johnson 和 Noguera(2012)计算的 VAX 增加值出口部分。传统贸易统计重复计算的是(4)和(5)部分，也是新的国际贸易统计方法需要

去除的部分。

综上所述,基于增加值贸易的新的国际贸易统计方法将更准确地度量各国进出口产品中增加值的流动情况,也为更深入剖析各国间贸易利得提供了新的视角和工具。经合组织与世界贸易组织联合推出了增加值贸易数据库(TiVA),用于研究国家间贸易的增加值流动。该数据库囊括了经济总量占世界 GDP97% 的 58 个国家、37 个行业的全球投入产出表,有利于实现对全球增加值贸易的分析测度。下文基于此数据库进行研究,如无特别说明,本章数据都来源于增加值贸易数据库①。

4.2 | 中国出口产品中的国内增加值分析

本节研究中国出口中的国内(主要是大陆地区,不包括香港、澳门、台湾地区)增加值出口到哪些国家,分布情况如何,主要是哪些国家吸收了中国的增加值。这对衡量中国出口实际利得很有意义。中国出口产品既可能被进口国用于满足本国需求,也可能被用作中间产品生产产品再出口到第三国,后者意味着最初的进口国并未真正吸收中国的增加值,实际上是最终消费国吸收了中国的增加值。所以我们主要研究被对方用来满足自身最终需求的增加值。根据 WTO-OECD 增加值贸易数据库,可以计算整理得到中国大陆出口中满足进口国及地区最终需求的增加值国别及地区分布情况,结果见图 4.1。

---

① 该数据库目前提供较全面的数据是 1995、2000、2005、2008、2009 年的相关数据。本章所用数据都来自世界贸易组织和经合组织的增加值贸易(TiVA)数据库和 WIOD 数据库。

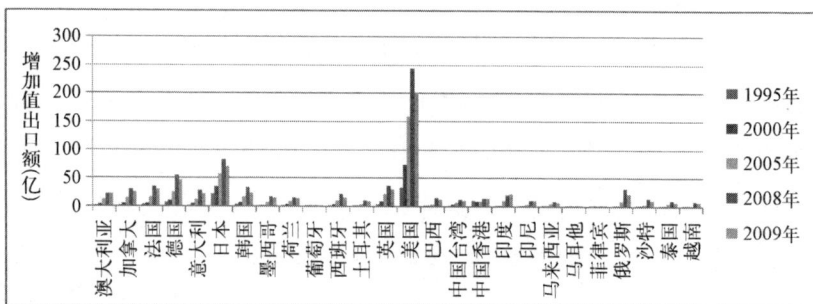

数据来源：笔者根据 WTO-OECD 增加值贸易数据库计算整理而得。

图 4.1 中国大陆增加值出口目的国及地区分布图

可以看出，美国是中国出口增加值的最大吸收国，其次是日本，然后是德国、英国、法国、韩国等经济发达国家。2008 年金融危机后，中国到几乎所有贸易伙伴国家的出口都减少了，中国的增加值出口受到了较大冲击。发达国家一直是中国增加值的主要出口目的国。2009 年，美国、日本、德国、英国、法国、加拿大六个国家就吸收了 63％的中国国内增加值。但是日本吸收的比例已由 1995 年 21％下降到 2009 年的 11％，降幅明显。而一些新兴经济体吸收的中国增加值比例上升，例如印度吸收的中国出口增加值比例由 1995 年的 0.63％上升到 2009 年的 3.24％，几乎原来的 5 倍。这说明新兴经济体市场在中国出口贸易中的地位在上升。

从所有出口产品总量来看，中国出口产品包含的国内增加值在下降，由 1995 年 88.13％下降到 2009 年 67.37％。相对应地，外国增加值则不断上升，随着中国参与国际分工程度的加深，这种现象还会持续下去。

表 4.1　中国出口产品包含的国内增加值比例变化

(单位:%)

	1995 年	2000 年	2005 年	2008 年	2009 年
所有产品	88.13	81.19	63.61	66.73	67.37
农林牧渔	94.63	94.6	93.31	94.45	95.18
采矿采石	91.86	91.08	72.27	74.37	72.03
食品、饮料及烟草	92.26	92.19	74.21	76.11	74.88
纺织品、皮革及制鞋	86.45	84.07	77.23	78.89	79.29
木材、造纸及印刷	87.98	81.86	60.88	62.94	65.17
化工及非金属矿产品	87.08	81.71	57.78	59.73	59.06
基本金属与金属制品	87.66	82.31	61.42	64.16	65.11
其他机械设备	86.11	82.44	64.9	66.37	63.21
电子与光学设备	86.68	70.86	49.47	54.57	57.42
运输设备	87.96	82.92	63.12	66.29	66.52
其他加工及回收	87.62	81.18	77.52	78.57	75.88
建筑业	89.77	85.12	67.37	72.17	74.35
批发零售及旅馆餐饮	92.22	90.68	89.06	90.21	90.66
运输、仓储与通信	92.89	89.65	79.95	81.74	83.45
金融中介	93.24	95.02	91.34	92.14	93.68
商业服务	90.44	86.21	83.65	85.98	88.78
其他服务	90	89.61	81.76	83.59	83.35

注:根据 WTO-OECD 增加值贸易数据库计算整理而得。其中电、气及水供应行业由于数据有缺失,未列入表中。

　　从行业层面看,绝大多数行业的出口包含的国内增加值有下降趋势,2009 年的比例普遍低于 1995 年和 2000 年。制造业的国内增加值比例比非制造业低,这主要和制造业垂直专业化程度较高有关。

　　以上是对中国国内增加值出口总体概况描述,为了更深入分析增加值含量的变化情况,本章将进一步从产业层面进行详细分析,具体分析放在后面"出口对国内增加值的拉动效应研究"部分,在此不再重复。下文对中国出口中的外国增加值结构进行分析。

4.3 | 中国出口产品中的外国增加值分析

国际分工可以在全球范围内进行优势整合,从而提高产品整体竞争力。分散化生产的每个环节都必须安排在具有某些竞争优势的国家。如果一个国家的出口产品包含其他国家的成分,就表示其他国家在某些生产环节更具优势。目前,国家之间出口产品互相包含对方以及其他国家的增加值的情形已经相当普遍。

换言之,如果 A 国出口产品包含 B 国增加值,表明 B 国中间产品占有一定优势或者说有一定的竞争力,否则 A 国出口产品不会包含 B 国成分,A 国可以选择其他国家中间产品甚至本国生产。同理,如果 B 国出口产品也包含 A 国成分,说明 A 国中间产品也有某些优势,否则 B 国不会使用 A 国中间产品。如果 A 国单位出口价值中包含的 B 国增加值比例大于 B 国单位出口价值中包含的 A 国增加值比例,则说明 B 国的优势相对较大,因为 A 国出口产品对 B 国中间产品的依赖程度大于 B 国出口产品对 A 国中间产品的依赖程度。本章将对中国与贸易伙伴国各自出口产品中互相包含对方增加值的情形进行研究。

4.3.1 中国出口产品中的外国增加值的国别结构

中国出口产品中含有大量其他国家的增加值,如果不考虑国内的香港和台湾地区,来自于中国大陆本土的增加值在 1995 年、2000 年、2005 年、2008 年、2009 年分别为 88.13%、81.19%、

66.73%、63.61%和 67.37%,呈下降趋势。可以看出,随着中国经济开放程度的增加,对国际分工的参与不断深化,出口中来自本国的增加值份额下降,而国外的增加值份额不断上升。主要原因是持续增加的加工贸易和国外中间品的进口使得出口中外国增加值成分不断增加。本国增加值份额在 2009 年有所上升,主要原因是金融危机的影响使得加工贸易出现下滑,从而外国增加值份额有所下降。中国出口中含有的外国增加值份额最多的前十名国家如下表所示。其中日本、美国、韩国一直稳居前三名,德国、澳大利亚、俄罗斯一直位列前十名之内。在中国出口包含的所有外国增加值中,这几个国家就占 60%以上。由 2008 年与 2009 年的饼图可以直观看出这些国家所占份额的对比情况(中国出口产品包含的外国增加值比例数据参见附录二)。中国从这些国家进口大量中间产品或者原材料加工后出口到世界各地。

表 4.2　中国出口所含外国增加值百分比前十名国家

(单位:%)

排名	1995 年		2000 年		2005 年		2008 年		2009 年	
1	日本	2.37	日本	3.99	日本	5.72	日本	4.36	日本	4.38
2	美国	1.78	美国	2.46	美国	3.8	美国	3.4	美国	3.64
3	韩国	1.13	韩国	1.76	韩国	3.73	韩国	2.87	韩国	2.93
4	俄罗斯	0.63	德国	0.84	德国	1.78	德国	1.57	德国	1.56
5	澳大利亚	0.37	俄罗斯	0.54	沙特	1.24	沙特	1.43	澳大利亚	1.26
6	德国	0.37	澳大利亚	0.51	俄罗斯	1.22	澳大利亚	1.28	沙特	1.07
7	印尼	0.27	英国	0.43	马来西亚	1.18	俄罗斯	1.21	马来西亚	1.06
8	英国	0.24	法国	0.38	澳大利亚	1.1	马来西亚	1.04	俄罗斯	1.01
9	法国	0.22	印尼	0.35	法国	0.79	巴西	0.88	巴西	0.86
10	加拿大	0.21	马来西亚	0.32	新加坡	0.73	印度	0.71	泰国	0.67

资料来源:根据 WTO-OECD 增加值贸易数据库计算整理而得。

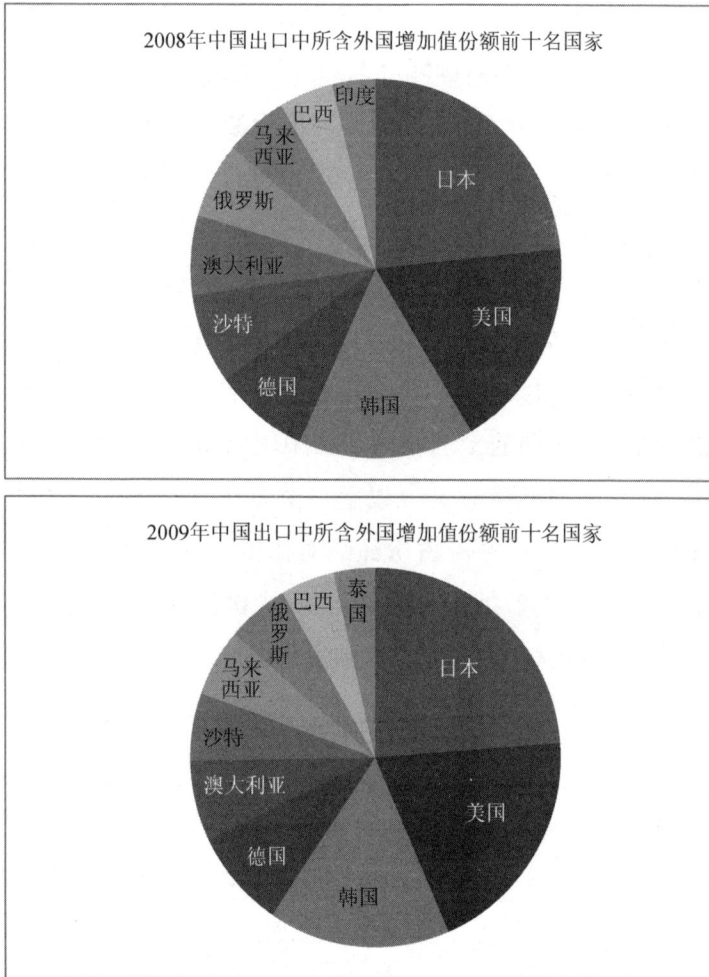

图 4.2　2008 年和 2009 年中国出口中所含外国增加值份额前十名国家

资料来源：根据 WTO-OECD 增加值贸易数据库计算整理而得。

4.3.2　中国出口产品中的外国增加值的行业结构

中国作为出口大国，其实在一定程度上是在出口别国的产品，但是总量统计方法把别国的增加值都算到了中国产品上，显然有失公允。为了分析中国出口各行业包含的国外增加值比例，我们根据 WTO-OECD 数据库计算得出下表。

表 4.3　中国各行业出口所含外国增加值比例

（单位：%）

年份	1995	2000	2005	2008	2009
农林牧渔	0.45	0.52	1.00	0.95	0.9
采矿采石	0.95	1.65	4.65	6.28	5.21
食品、饮料及烟草	0.14	0.15	0.27	0.22	0.21
纺织品、皮革及制鞋	1.08	1.11	0.61	0.5	0.51
木材、造纸及印刷	0.54	0.64	0.91	0.78	0.79
化工及非金属矿产品	2.07	2.56	4.5	3.6	3.49
基本金属与金属制品	0.88	1.53	2.73	2.31	2.08
其他机械设备	0.15	0.54	1.21	1.04	1.06
电子与光学设备	0.9	3.33	6.75	5.16	5.28
运输设备	0.1	0.12	0.63	0.51	0.55
其他加工及回收	0.06	0.15	0.69	0.58	0.55
电、气及水供应	0.31	0.44	0.75	0.55	0.6
建筑业	0.07	0.1	0.15	0.16	0.18
批发零售及旅馆餐饮	0.9	1.71	3.13	2.78	2.69
运输、仓储与通信	0.85	1.17	2.38	2.06	2.19
金融中介	0.66	1.2	1.39	1.11	1.16
商业服务	1.45	1.6	3.96	4.12	4.57
其他服务	0.3	0.29	0.61	0.55	0.58

资料来源：根据 WTO-OECD 增加值贸易数据库计算整理而得。

可以看出大多数行业在 2008 年金融危机前后出现波动，绝大多数行业外国增加值比例出现下降，到 2009 年很多行业仍低于 2005 年的比例，主要原因是金融危机对世界贸易的负面冲击，使得国际垂直专业化分工生产的大幅下降。但各行业出口包含的外

国增加值比例排序总体上仍保持稳定,可以计算平均值得到中国
出口产品包含外国增加值比例的排名,结果见下表。

表 4. 4   中国出口产品包含外国增加值比例的排名

1	电子与光学设备	10	农林牧渔
2	采矿采石	11	纺织品、皮革及制鞋
3	化工及非金属矿产品	12	木材、造纸及印刷
4	商业服务	13	电、气及水供应
5	批发零售及旅馆餐饮	14	其他服务
6	基本金属与金属制品	15	其他加工及回收
7	运输、仓储与通信	16	运输设备
8	金融中介	17	食品、饮料及烟草
9	其他机械设备	18	建筑业

资料来源:根据 WTO-OECD 增加值贸易数据库计算整理而得。

　　表中靠前的行业出口产品包含的外国增加值较高,往往是发达
国家竞争力较强的行业。例如,日本、德国、美国在技术含量较高的
电子与光学设备行业占据优势,中国进口的电子与光学类中间产品
大都来源于这些国家。表中靠后的行业,往往是本国竞争力较强的
产品门类,例如,纺织品、皮革与制鞋是中国传统优势行业,进口的外
国中间产品相对较少,出口产品含有的外国增加值份额也较低。

　　但是这样的结果还比较笼统,无法反映中国出口产品包含的
增加值的全貌。中国的贸易伙伴有发达国家和欠发达国家,双边
出口贸易中的增加值构成应该是有区别的。为了进一步深入研究
中国与主要贸易伙伴的贸易增加值的结构特征,我们选取具有一
定代表性的国家作为研究对象。我们在中国出口产品内包含的外
国增加值排名稳居前十位的国家中选取美国、日本、德国、韩国、俄

罗斯进行分析,其中美国、日本、德国分别代表北美、亚洲和欧洲的发达国家,韩国与俄罗斯代表新兴经济体。同时,发展中国家在中国贸易中也具有非常重要的地位,印度是人口大国,在很多方面与中国有可比性;巴西是中国最大的发展中国家贸易伙伴,于是选取印度、巴西作为发展中国家贸易伙伴代表作为研究对象,考察这些国家附加在中国产品中的增加值结构。需要注意的是,根据KWW 模型,出口的某类产品包含的外国增加值,并不只考虑该类产品的进口,还要考虑该类别出口产品与其他类别产品的投入产出关系。某一类产品包含的外国增加值可以是间接从其他门类的外国产品中转移而来的。所以不能简单地用进口额来衡量外国增加值,不能认为某类产品进口额大,中国出口的该类产品所含外国增加值就多。

中国出口产品中包含的日本增加值

由图 4.3 可以看出,中国制造业出口产品中来源于日本的增加值主要集中在电子与光学设备、基本金属与金属制品、化工及非金属矿产品三个行业,2009 年这三个行业共占来源于日本的总增加值的 41%;非制造业的来源行业集中在批发零售及旅馆餐饮,运输、仓储与通信以及商业服务三个行业,2009 年这三个行业共占来源于日本的总增加值的 29%。大多数行业来源于日本的增加值在 2008 年前逐渐增加,在 2008 年下跌,而后又有所回升。中国进口的日本中间产品很多是用来生产出口到欧美发达国家市场,这些国家由于受到金融危机冲击减少进口消费,从而影响到中国对日本中间产品的进口。另一方面,随着中国自身工业技术的发展,自给自足能力增强,越来越多的日本产品可以用国产产品替代,也会使中国出口产品包含的日本增加值逐渐下降。

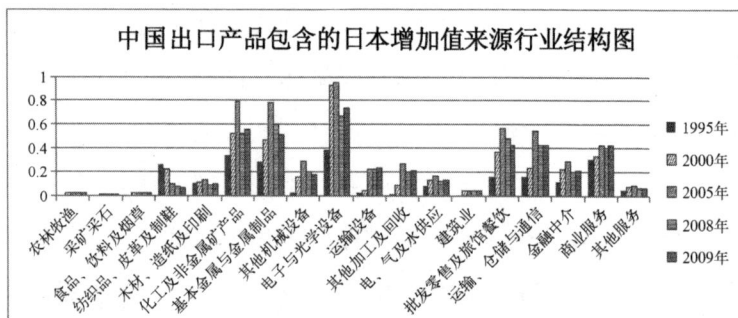

中国出口产品包含的日本增加值来源行业结构图

数据来源:根据 WTO-OECD 增加值贸易数据库数据计算绘制。

图 4.3 中国出口产品包含的日本增加值来源行业结构图

中国出口产品中包含的美国增加值

在中国出口产品包含的美国增加值行业结构图(图 4.4)中,可以看出制造业来自美国的增加值集中于电子与光学设备、化工及非金属矿产品、基本金属与金属制品三个行业,2009 年这三个行业共占来自美国的增加值 37%左右。非制造业中含有美国增加值比例较高的是商业服务业,运输、仓储与通信业,批发零售及旅馆餐饮业。值得注意的是,来自于美国的增加值最多的行业是商业服务业,2009 年占所有美国增加值的 22%,高于任何其他行业,说明美国在商业服务领域竞争力很强。美国服务业在发达国家中居于领先地位,与美国合作可以提高中国服务业出口竞争力。

中国出口产品中包含的德国增加值

中国制造业出口产品包含的德国增加值集中在电子与光学设备、化工及非金属矿产品、基本金属与金属制品、其他机械设备四个行业,2009 年来自德国增加值的 45%分布在这四个行业。非制造业中来自德国的增加值在商业服务行业中最多,该行业占所有来自德国增加值的 24%,甚至高于包括制造业的任

中国出口产品包含的美国增加值行业结构图

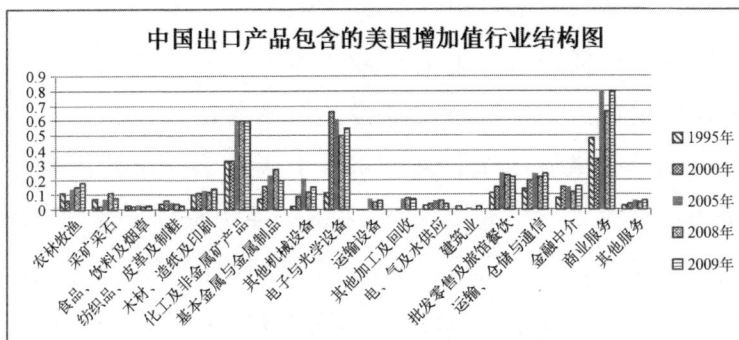

数据来源：根据 WTO-OECD 增加值贸易数据库数据计算绘制。

图 4.4　中国出口产品包含的美国增加值来源行业结构图

何行业。大多数行业来自德国的增加值在 2005 年后都不同程度下降，唯有商业服务业上升。可见德国与美国类似，在商业服务领域竞争力较强，来自德国商业服务行业的增加值未来可能进一步上升。

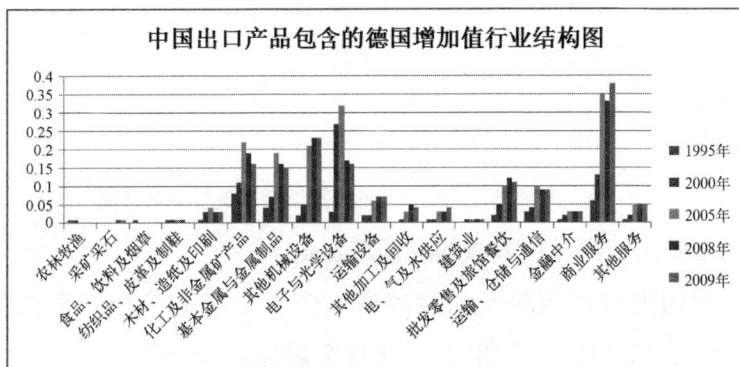

中国出口产品包含的德国增加值行业结构图

数据来源：根据 WTO-OECD 增加值贸易数据库数据计算绘制。

图 4.5　中国出口产品包含的德国增加值行业结构图

中国出口产品中包含的俄罗斯增加值

中国出口产品中包含的俄罗斯增加值主要集中在采矿采石业、化工及非金属矿产品、基本金属与金属制品三个行业，2009

年这三个行业共占来自俄罗斯增加值的 50%，可以看出中国与
俄罗斯在矿产能源方面的合作较为紧密。非制造业中来源于
俄罗斯的增加值集中在批发零售及旅馆餐饮，运输、仓储与通
信，电、气及水供应三个行业，2009 年这三个行业共占来自俄
罗斯增加值的 24%。总的来看，中国产品中来自于俄罗斯的增
加值逐年增加，1995—2009 年的 15 年间增加了 60%，说明中
国与俄罗斯的经济合作关系在不断加强，中俄经贸关系日趋
紧密。

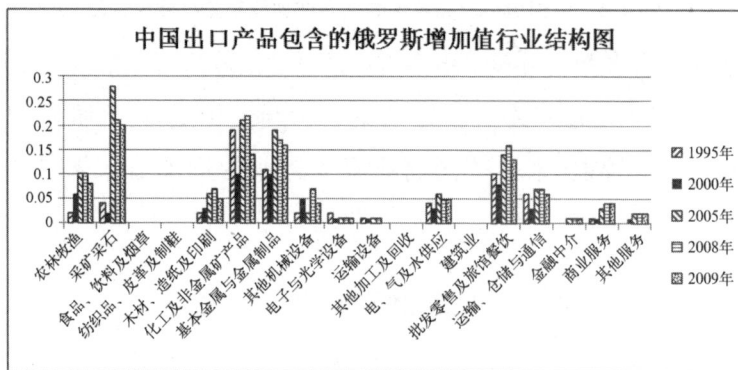

数据来源：根据 WTO-OECD 增加值贸易数据库数据计算绘制。

图 4.6　中国出口产品包含的俄罗斯增加值行业结构图

中国出口产品中包含的韩国增加值

中国出口产品包含的韩国增加值集中在电子与光学设备、
化工及非金属矿产品、基本金属与金属制品三个行业。2009 年
仅电子与光学设备就占来自韩国增加值的 34%，三个行业共占
54%，可见来自韩国的增加值高度集中在这三个行业。非制造
业中占比最高的行业是商业服务业，占所有来自韩国增加值
的 14%。

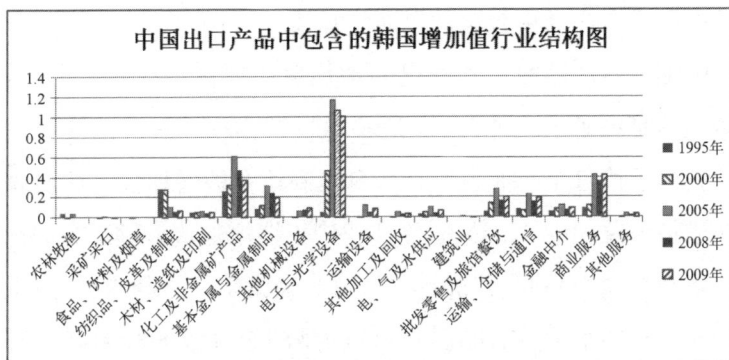

中国出口产品中包含的韩国增加值行业结构图

数据来源:根据 WTO-OECD 增加值贸易数据库数据计算绘制。

图 4.7　中国出口产品包含的韩国增加值行业结构图

中国出口产品中包含的印度增加值

中国出口产品中来自印度的增加值的大部分在非制造业,2009年来自印度非制造业的增加值份额在所有印度增加值中占 67.2%,份额最高的是采矿采石业,其次是商业服务、批发零售及旅馆餐饮两个行业。制造业中印度增加值份额最高的是其他加工及回收,其次是化工及非金属矿产品和基本金属与金属制品,不过化工及非金属矿产品和基本金属与金属制品所占份额在 2005 年后逐年下降。

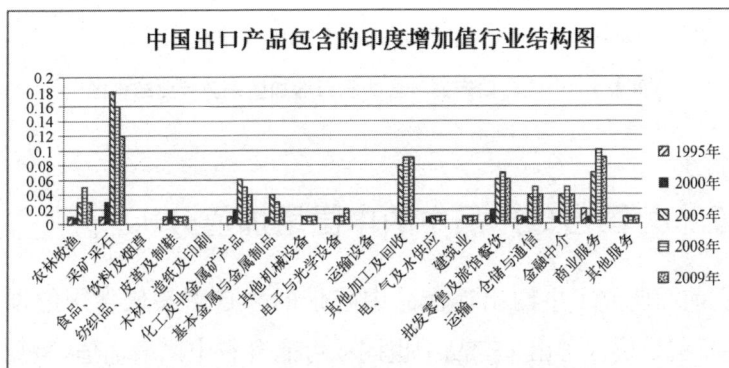

中国出口产品包含的印度增加值行业结构图

数据来源:根据 WTO-OECD 增加值贸易数据库数据计算绘制。

图 4.8　中国出口产品包含的印度增加值来源行业结构图

中国出口产品中包含的巴西增加值

中国出口产品中包含的巴西增加值主要分布在非制造业,份
额最高的是采矿采石业,其次是农林牧渔、商业服务,以及批发零
售及旅馆餐饮三个行业。所有来自非制造业的增加值占所有来自
巴西增加值总额的 67.4%。制造业中巴西增加值份额最高的是基
本金属与金属制品业,其次是化工及非金属矿产品和木材、造纸及
印刷业。总的来看,巴西在资源依赖型的农林牧渔和采矿采石行
业竞争力较强,中国出口产品包含的大部分巴西增加值来自于非
制造业。

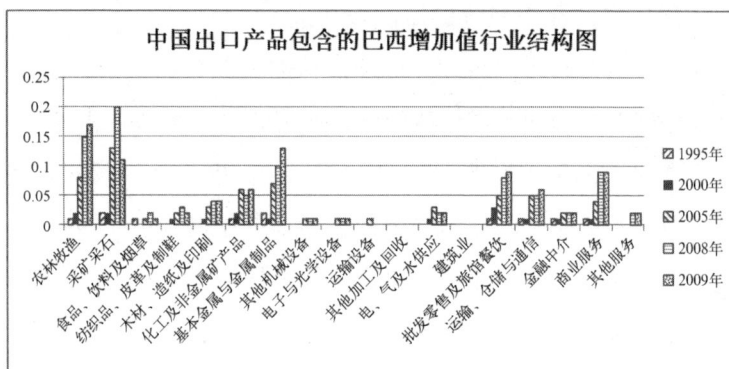

数据来源:根据 WTO-OECD 增加值贸易数据库数据计算绘制。

图 4.9 中国出口产品包含的巴西增加值来源行业结构图

4.4 │ 外国出口产品中的中国增加值分析

前面研究了中国出口产品中附带的来自贸易伙伴国的增加
值,而贸易伙伴国出口产品中也同样可能含有中国增加值,呈现出
"你中有我,我中有你"的贸易局面。贸易双方可以通过对方出口
产品中包含的本国增加值而获得利益,对比这种利益的大小可以

在一个新的角度折射出一国的贸易竞争力状况。本节在分析外国出口产品中的中国增加值的基础上,把中国与贸易伙伴国在对方出口产品中包含的本国增加值进行对比,进而衡量贸易双方通过这种方式获得的贸易利益。

与前面的研究一致,本节选取日本、美国、德国、韩国、俄罗斯、印度和巴西作为研究对象,分析研究这些主要贸易伙伴国出口中包含的中国增加值情况(外国出口产品包含的中国增加值比例数据参见附录三)。

日本出口产品中包含的中国增加值

首先看邻国日本,日本出口产品中本国增加值占比由 1995 年 93.15% 下降到 2009 年 85.21%,外国增加值占比上升大约 8%。来源于中国的增加值占比由 1995 年 0.31% 上升到 2009 年 1.68%,增长近 5 倍,在所有外国增加值中的排名由第四名上升为第二名,仅次于美国,说明中国成分在日本出口中的地位在上升。

再看来自中国增加值的行业构成,主要集中在电子与光学设备、化工及非金属矿产品、基本金属与金属制品三个行业,这三个行业共占所有来自中国增加值的 45%,非制造业中中国增加值占比最高的是批发零售及旅馆餐饮业。有趣的是,中国出口产品中包含的日本增加值份额最高的三个制造业行业也是电子与光学设备、化工及非金属矿产品、基本金属与金属制品,说明中日两国出口产品中含有对方增加值份额较高的行业一定程度上是重合的。日本在这些行业具有技术优势,而中国具有成本优势,双方优势具有一定的互补性。在电子与光学设备、化工及非金属矿产品行业,美国增加值占比最高,中国排名第二。在基本金属与金属制品行业,中国排名第一。在非制造业行业,日本非制造行业出口含有中国增加值比例最高的是批发零售及旅馆餐饮行业。

　　值得注意的是,从各行业中日两国包含的对方增加值份额来看,除去农林牧渔和采矿采石业这些依赖自然资源的行业,在其他所有行业中国出口产品包含的日本增加值份额都大于日本出口产品包含的中国增加值份额,并且差距还较大。这在一定程度上说明,中国对日本在各自出口产品中包含的对方增加值对比上存在"逆差"①,同时也反映出中国产品竞争力仍相对不足,有待继续提高。总的来看,中日增加值份额在非制造业的差距超过制造业,特别是在商业服务行业,日本显示出较大优势,中国需要大力促进服务业的发展以缩小差距。

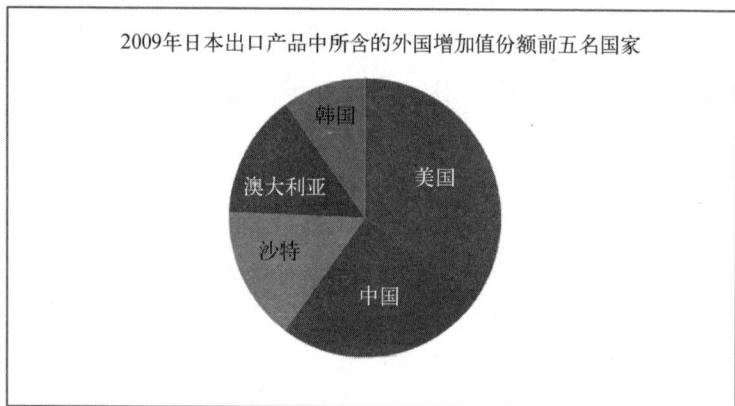

数据来源:根据 WTO-OECD 增加值贸易数据库数据计算绘制。

图 4.10　2009 年日本出口产品中包含的外国增加值份额前五名国家

---

① 这里"逆差"的含义不同于一般的双方商品进出口额的逆差,而是用来描述对两国单位出口商品价值中包含的对方增加值比例的差异。这里不考虑贸易规模影响。例如,A、B 两国的出口都包含对方增加值,如果 A 国单位出口商品价值中含有的 B 国增加值比例大于 B 国单位出口商品价值中含有的 A 国增加值比例,就说 A 国存在"逆差",而 B 国存在"顺差"。

日本出口产品包含的中国增加值行业结构图

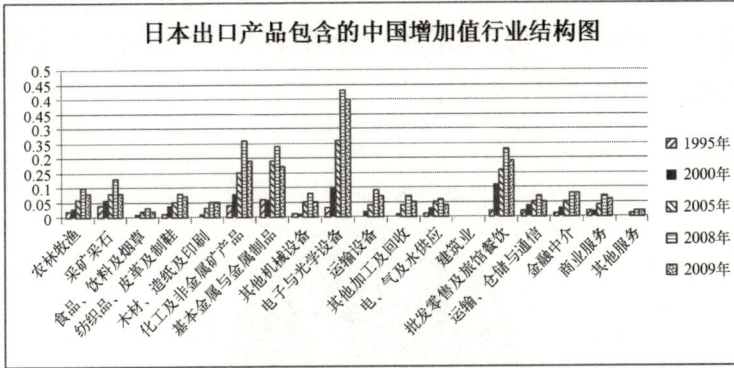

数据来源：根据 WTO-OECD 增加值贸易数据库数据计算绘制。

图 4.11   日本出口产品包含的中国增加值行业结构图

2009年中国与日本出口产品包含的对方增加值份额对比

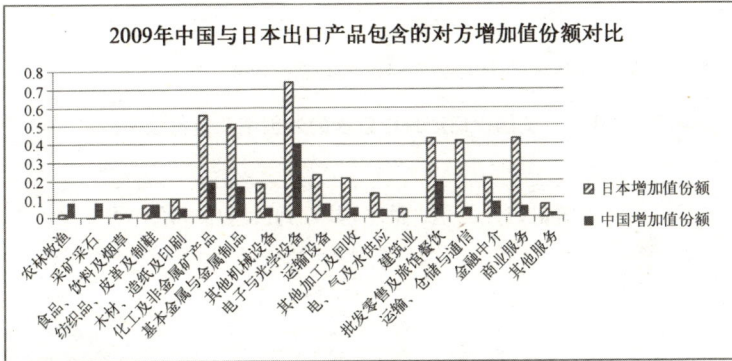

数据来源：根据 WTO-OECD 增加值贸易数据库数据计算绘制。

图 4.12   2009 年中国与日本出口产品包含的对方增加值份额对比图

美国出口产品中包含的中国增加值

美国制造业出口产品中包含的中国增加值份额最高的前三个行业是电子与光学设备、化工及非金属矿产品、基本金属与金属制品行业，与中国出口中包含的美国增加值份额最高的三个行业相同。非制造业中包含中国增加值份额最高的是批发零售及旅馆餐

饮业,而前面的分析结果显示中国出口中包含美国增加值份额最
高的是商业服务业,而且超出其他任何行业的份额,这反映出美国
在商业服务业占据巨大优势。

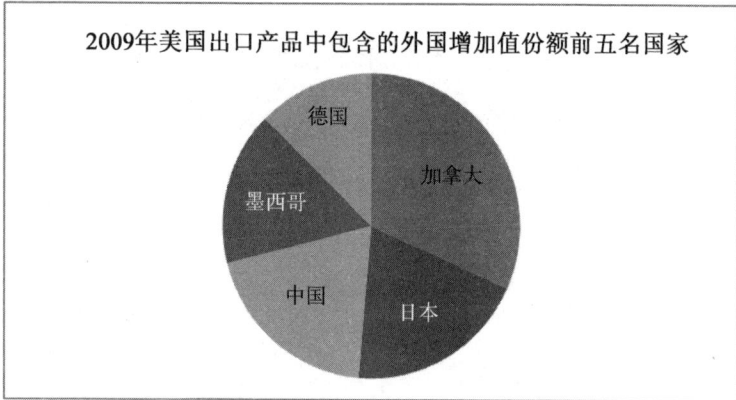

数据来源:根据 WTO-OECD 增加值贸易数据库数据计算绘制。

图 4.13 2009 年美国出口产品中包含的外国增加值份额前五名国家

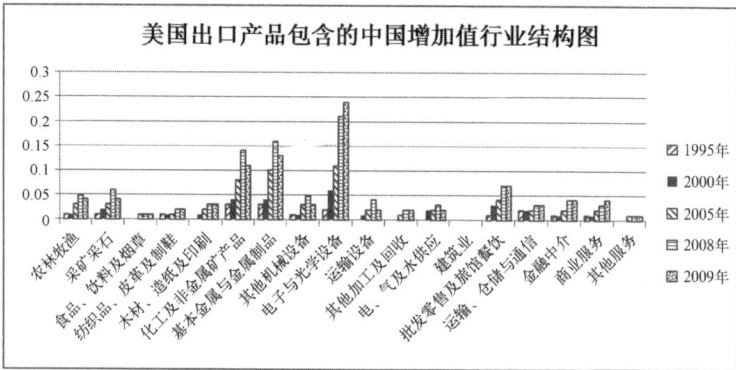

数据来源:根据 WTO-OECD 增加值贸易数据库数据计算绘制。

图 4.14 美国出口产品包含的中国增加值行业结构图

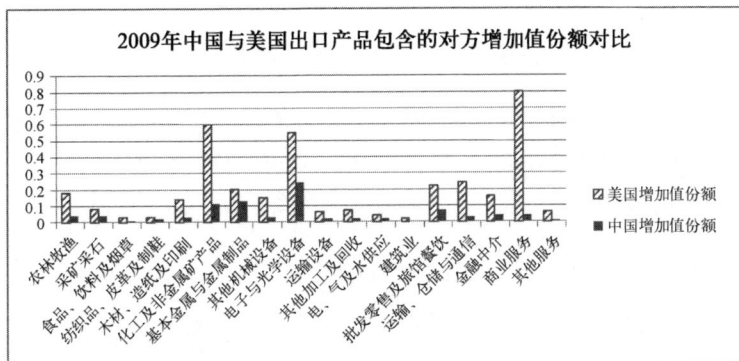

2009年中国与美国出口产品包含的对方增加值份额对比

数据来源：根据 WTO-OECD 增加值贸易数据库数据计算绘制。

图 4.15　2009 年中国与美国出口产品包含的对方增加值份额对比图

来自中国的增加值在美国所有外国增加值份额排名由 1995 年的第十二位上升到 2009 年的第三位[1]，显示出中国在美国出口产品中的分工参与程度有了较大提升。但是，把中国与美国出口产品包含的对方增加值份额作对比就会发现，在所有行业，中国单位出口产品价值包含的美国增加值份额大于美国单位出口产品价值包含的中国增加值，这从一个侧面说明在两国出口中互相包含对方增加值方面中国对美国存在着"逆差"，也就是说，就双方出口包含对方增加值大小而言，美国通过这种方式从中国出口获得的贸易利得大于中国通过美国出口获得的贸易利得。可以看出，这种"逆差"还很大，特别显著的是商业服务行业，美国增加值是中国增加值份额的 20 多倍，说明美国在商业服务行业占据着压倒性优势，中国的服务业与发达国家水平差距较大，发展水平亟需提高。

德国出口产品中包含的中国增加值

德国出口产品中包含的中国增加值排名较低，2009 年在所有

① 排在中国前面的两个国家依次是加拿大和日本。

101

外国增加值中排在第十位,但是与 1995 年的第二十位相比仍是很大的提升。含有中国增加值较高的制造业是电子与光学设备、化工及非金属矿产品、基本金属与金属制品三个行业。非制造业中批发零售及旅馆餐饮行业包含的中国增加值最高,高于其他任何行业,而且其份额逐年增长,显示出中国在该行业的参与程度还在不断加深。把中国与德国出口产品包含的对方增加值份额作对比可发现,在绝大多数行业,中国出口产品包含的德国增加值大于德国出口产品包含的中国增加值,中国处于"逆差"状态。特别是商业服务行业的差距最大,达到 6.3 倍,显示出中国在该行业的产品内分工中处于明显劣势。在其他机械与设备行业"逆差"差距也达到 4.6 倍,中国也处于相对劣势。中国增加值份额占优势的行业是农林牧渔、采矿采石和批发零售及旅馆餐饮业及金融中介行业。从以上对比来看,中国在制造业相对落后,德国出口中吸收的中国增加值份额偏低。在商业服务业,中国与德国差距很大,需要努力缩小差距。

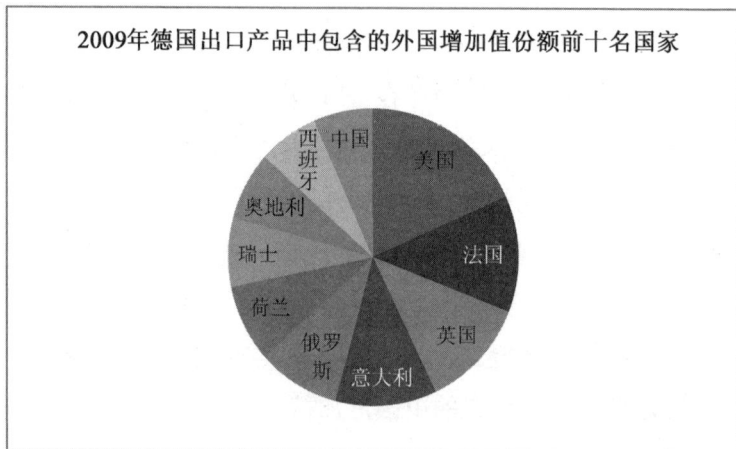

数据来源:根据 WTO-OECD 增加值贸易数据库数据计算绘制。

图 4.16　2009 年德国出口产品中包含的外国增加值份额前十名国家

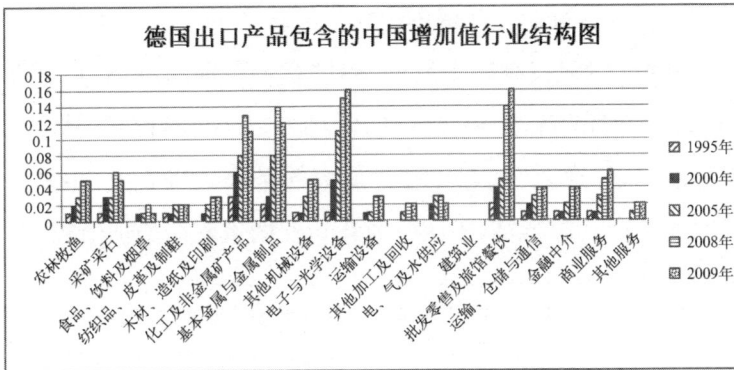

德国出口产品包含的中国增加值行业结构图

数据来源:根据 WTO-OECD 增加值贸易数据库数据计算绘制。

图 4.17　德国出口产品包含的中国增加值行业结构图

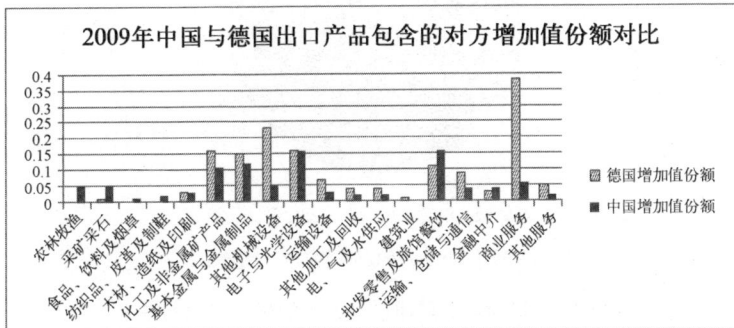

2009年中国与德国出口产品包含的对方增加值份额对比

数据来源:根据 WTO-OECD 增加值贸易数据库数据计算绘制。

图 4.18　2009 年中国与德国出口产品包含的对方增加值份额对比图

俄罗斯出口产品中包含的中国增加值

俄罗斯出口产品中来自中国的增加值排名由 1995 年的第十五名上升到 2009 年的第三名,说明中国增加值在俄罗斯出口中的份额有大幅度提升,但只是排名第一的德国份额的三分之一不到,整体上还偏低。来自中国的增加值份额最高的是批发零售及旅馆餐饮行业,高于所有其他行业。在制造业中,中国增加值份额较高的是化工及非金属矿产品、基本金属与金属制品、其他机械设备和电子与光学设备行业。从两国出口产品包含的对方增加值份额对比情况来看,中国只有四个行业不是"逆差",即纺织品、皮革及制鞋,电子与光学设备,运输设备和其他加工及回收行业。其余行业中国全部处于"逆差"状态。差距最大的是采矿采石业,主要原因是俄罗斯矿产资源丰富,中国吸收该行业的俄罗斯增加值较多。

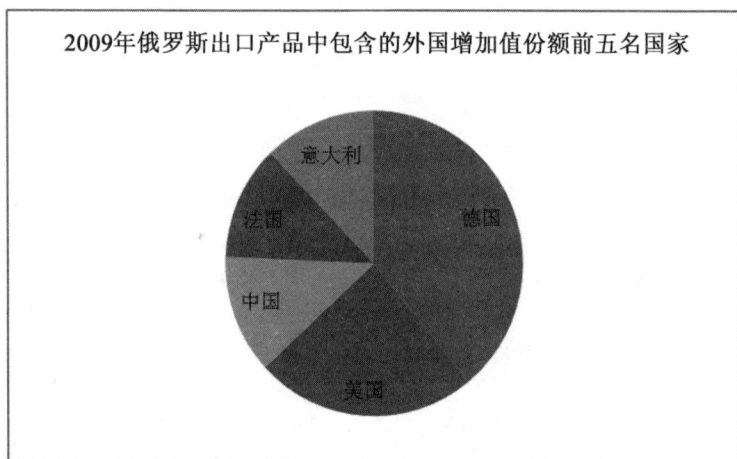

数据来源:根据 WTO-OECD 增加值贸易数据库数据计算绘制。

图 4.19　2009 年俄罗斯出口中包含的外国增加值份额前五名国家

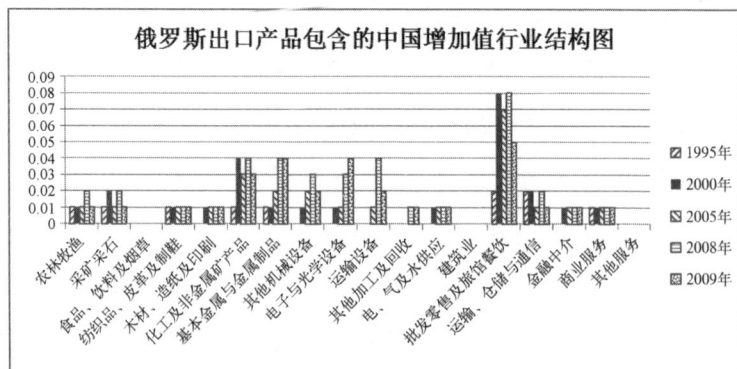

数据来源:根据 WTO-OECD 增加值贸易数据库数据计算绘制。

图 4.20　俄罗斯出口产品包含的中国增加值行业结构图

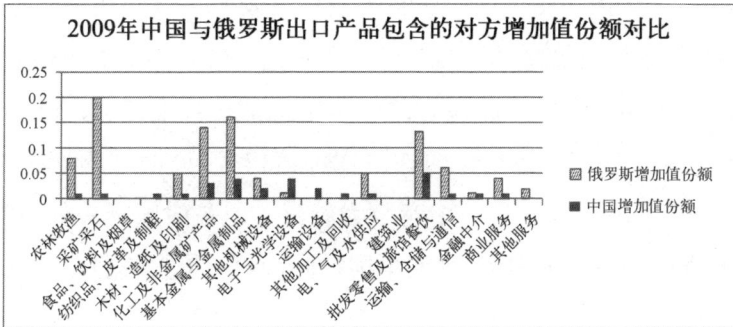

2009年中国与俄罗斯出口产品包含的对方增加值份额对比

数据来源：根据 WTO-OECD 增加值贸易数据库数据计算绘制。

图 4.21 2009 年中国与俄罗斯出口产品包含的对方增加值份额对比图

韩国出口产品中包含的中国增加值

韩国出口产品中包含的外国增加值以日本的份额为最高，其次是中国。中国由 1995 年排名第五位上升到 2009 年的第二位，在韩国出口中的增加值份额显著提升。制造业中包含中国增加值最高的行业是电子与光学设备行业，其次是基本金属与金属制品、

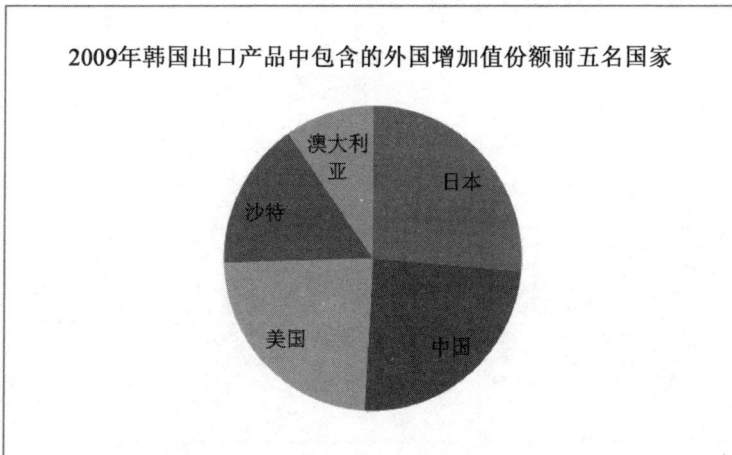

2009年韩国出口产品中包含的外国增加值份额前五名国家

数据来源：根据 WTO-OECD 增加值贸易数据库数据计算绘制。

图 4.22 2009 年韩国出口产品中包含的外国增加值份额前五名国家

化工及非金属矿产品行业,非制造业中批发零售及旅馆餐饮业包含的中国增加值最高。把两国出口产品包含的对方增加值份额作对比,发现韩国出口产品包含的中国增加值份额在绝大多数行业中超过中国出口产品包含的韩国增加值份额,说明中国处于"顺差"状态,中国在这些行业中竞争力较强。但是中国唯一处于"逆差"状态的是商业服务业,说明中国在此行业竞争力较弱。

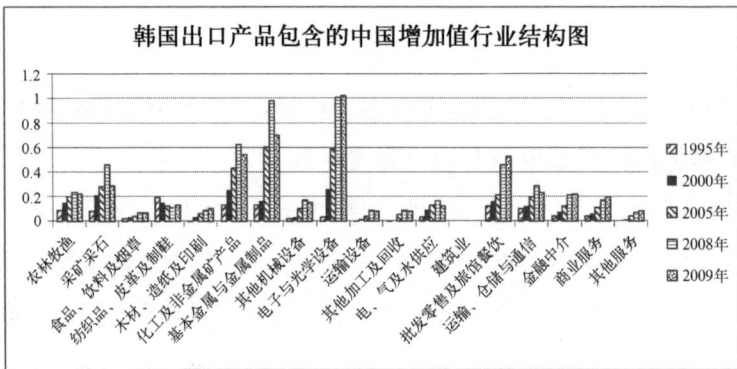

数据来源:根据 WTO-OECD 增加值贸易数据库数据计算绘制。

图 4.23　韩国出口产品包含的中国增加值行业结构图

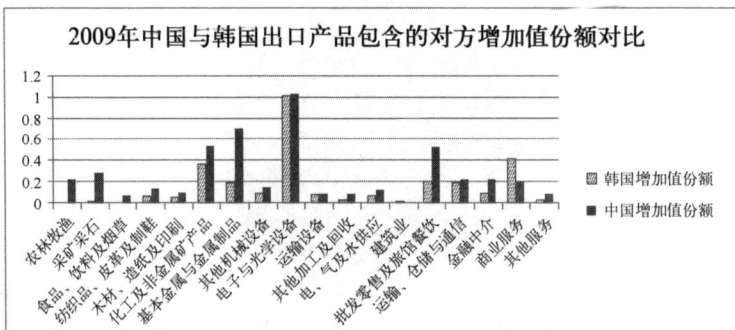

数据来源:根据 WTO-OECD 增加值贸易数据库数据计算绘制。

图 4.24　2009 年中国与韩国出口产品包含的对方增加值份额对比图

印度出口产品中包含的中国增加值

印度出口产品中包含的中国增加值份额在 2009 年所有外国增加值中排名第二位,仅次于美国。所有行业中,中国增加值份额最高的行业是批发零售及旅馆餐饮业,而且总体上处于上升态势,说明中国在该行业竞争力很强。制造业中包含中国增加值份额较高的是化工及非金属矿产品、电子与光学设备,以及基本金属与金属制品三个行业。印度制造业包含的中国增加值份额基本上都处于上升状态,表明中国制造业的竞争力在上升。对比两国出口产品中包含的对方增加值,可以看出中国几乎在所有行业存在"顺差",在有的行业中国的优势较为显著。中国增加值在批发零售及旅馆餐饮业高于印度增加值份额近 5 倍,在其他机械设备行业差距达 7 倍,在电子与光学设备行业的差距更达 10 倍,可见中国的优势相当明显。印度占据优势的是采矿采石和商业服务行业。然而中国在商业服务行业竞争力比印度还弱,可见此行业竞争力亟待提高。

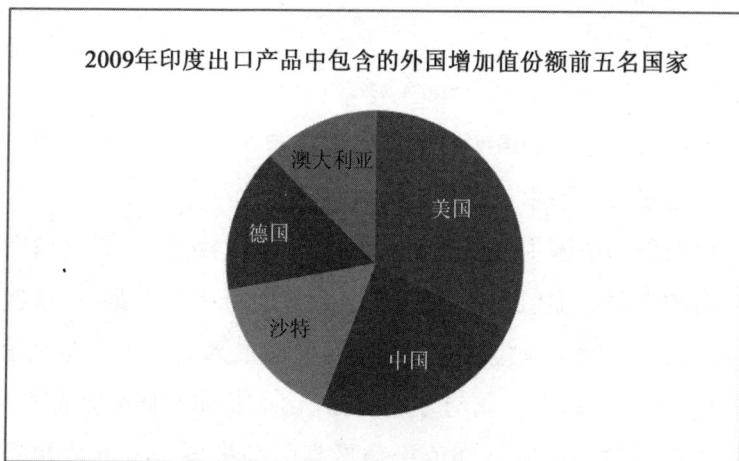

2009年印度出口产品中包含的外国增加值份额前五名国家

数据来源:根据 WTO-OECD 增加值贸易数据库数据计算绘制。

图 4.25　2009 年印度出口产品中包含的外国增加值份额前五名国家

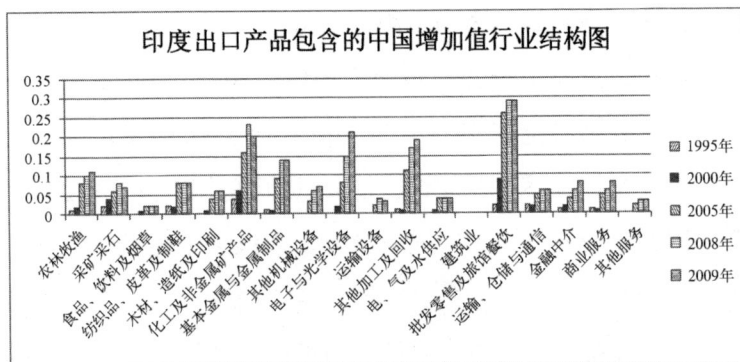

数据来源:根据 WTO-OECD 增加值贸易数据库数据计算绘制。

图 4.26　印度出口产品包含的中国增加值行业结构图

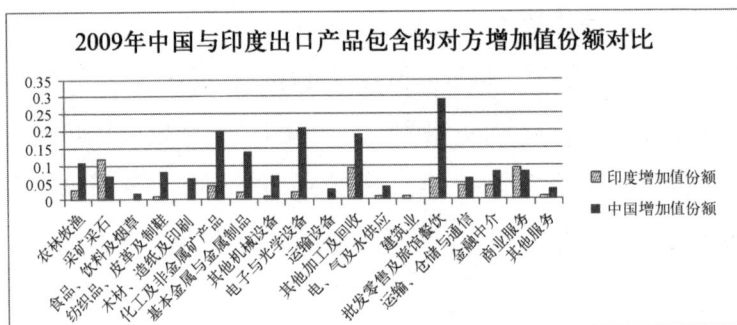

数据来源:根据 WTO-OECD 增加值贸易数据库数据计算绘制。

图 4.27　2009 年中国与印度出口产品包含的对方增加值份额对比图

巴西出口产品中包含的中国增加值

巴西作为中国主要的发展中国家贸易伙伴之一,其出口产品中包含的中国增加值份额在所有外国增加值中排名第三,仅次于美国和德国。制造业包含中国增加值份额最高的是电子与光学设备行业,其次是基本金属与金属制品、化工及非金属矿产品行业。非制造业中包含中国增加值份额最高的是批发零售及旅馆餐饮业。总的来看,中国增加值在巴西出口产品中份额是上升的,2008年金融危机后大多数行业中的份额有所下降,但是电子与光学设

备行业并未受到金融危机太大影响,在 2009 年仍然继续保持上升
势头,可见中国在该行业竞争力很强。对比两国出口产品中包含
的对方增加值,巴西在制造业中只有基本金属与金属制品行业占
优势,其余制造业行业中国都占优势,说明中国制造业竞争力相对
较强。再看非制造业则情况相反,巴西在所有行业存在"顺差"。
农林牧渔行业巴西增加值份额是中国增加值的 8 倍,运输、仓储与
通信业相差 6 倍,采矿采石业相差 5 倍,巴西在商业服务业优势也
近 5 倍,可见巴西在非制造业优势明显。

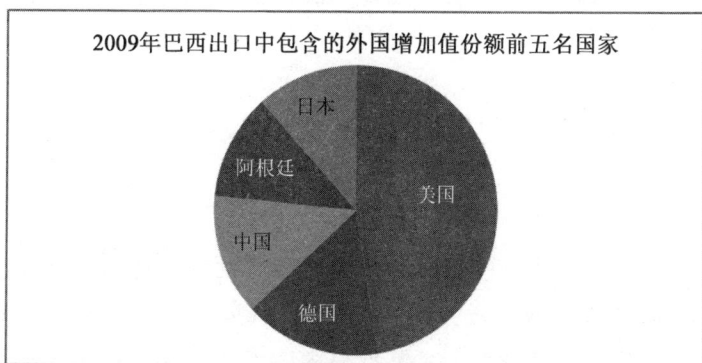

数据来源:根据 WTO-OECD 增加值贸易数据库数据计算绘制。

图 4.28　2009 年巴西出口中包含的外国增加值份额前五名国家

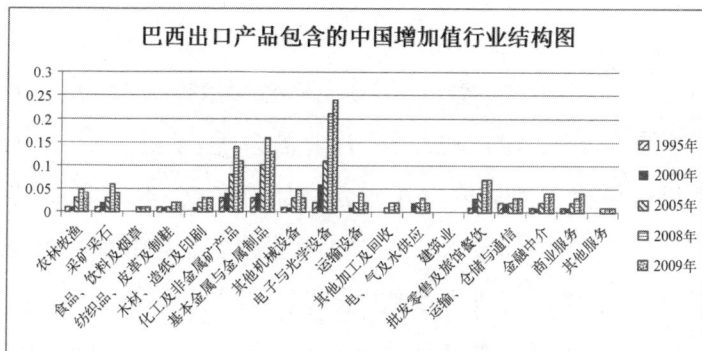

数据来源:根据 WTO-OECD 增加值贸易数据库数据计算绘制。

图 4.29　巴西出口产品包含的中国增加值行业结构图

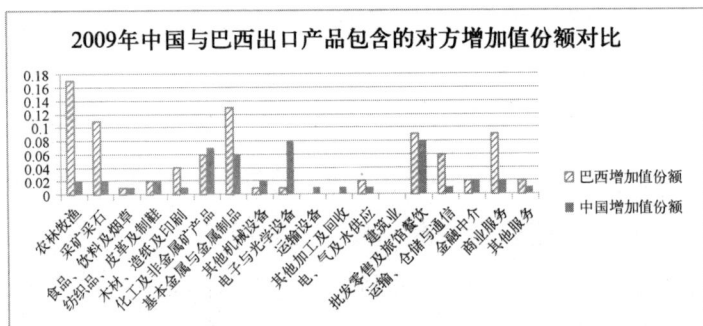

2009年中国与巴西出口产品包含的对方增加值份额对比

数据来源：根据 WTO-OECD 增加值贸易数据库数据计算绘制。

图 4.30　2009 年中国与巴西出口产品包含的对方增加值份额对比图

4.5 ｜中国出口对国内增加值的拉动效应研究

一国出口往往包含进口中间品成分，因此，出口价值不全等于本国增加值。衡量一国出口对其经济发展作出的贡献的最核心部分应该是产品中包含的本国增加值，这部分价值对出口国的经济发展具有更重要的意义。本节部分内容发表在幸炜（2016）对出口拉动效应的文章中，二者结合起来有助于全面理解本节内容。

4.5.1　出口对国内增加值拉动效应的测度方法

本小节通过投入产出法研究中国出口对本国增加值的拉动效应。在投入产出表中，增加值部分又称为初始投入，包含劳动者报酬、固定资产折旧、生产税净额、营业盈余等，实际上就是一种消耗，所以也可称为增加值投入或者增加值消耗，本质含义是一样的。初始投入与中间投入一起构成总投入。根据投入产出表，可以先算出直接增加值投入系数，该系数表示一单位总产出包含的增加值部分。由于各类产品间的互相关联，一种产品的生产还需要别的种类的中间产品，而这些中间产品本身也含有增加值部分，这样一种产品的生产除了本部门自身包含的增加值部分,还会通过其他类别的中间投入品拉动更多地增加值投入。"完全拉动的增加值"或者"完全拉动的初始投入"就是一种产品拉动的所有增加值总和。因此可以通过投入产出分析得到完全增加值系数,也就是一单位总产出包含的增加值,然后即可算得出口拉动的增加值。

定义完全增加值投入系数为 b_{vj},根据投入产出法有以下公式,

$$b_{vj} = a_{vj} + \sum_{i=1}^{n} b_{ui} a_{ij} \ (j=1,2,\cdots,n)$$

式中,a_{vj} 表示 j 产品部门的直接增加值投入系数;b_{ui} 表示 i 产品部门的完全增加值投入系数;a_{ij} 表示 j 产品部门对 i 产品部门的直接消耗系数,也就是生产单位 j 产品需要消耗的 i 产品数量。换句话说,a_{vj} 代表的是生产 j 产品过程中本身直接消耗的增加值投入,而 $\sum_{i=1}^{n} b_{ui} a_{ij}$ 代表的是生产 j 产品过程中间接消耗的增加值投入。二者之和 b_{vj} 就是 j 产品消耗的总的增加值投入。

可以将上式改写成矩阵形式:

$B_v = A_v B = A_v (I+B)$,运用里昂惕夫逆矩阵,可以进一步改写为:

$B_v = A_v (I-A)^{-1} = A_v \overline{B}$

式中,$B_v = (b_{v1} b_{v2} \cdots b_{vn})$ ——完全增加值投入系数行向量;

$A_v = (a_{v1} a_{v2} \cdots a_{vn})$ ——直接增加值投入系数行向量;

$\overline{B}$ ——里昂惕夫逆矩阵

运用投入产出表,计算 A_v,得到完全增加值投入系数矩阵 B_v,再乘上各行业出口向量,即可得到各行业出口拉动的增加值投入份额。

4.5.2　中国出口对国内增加值的拉动效应分析

按照前述方法,笔者计算了1995—2011年中国各行业出口对国内完全增加值投入系数,取各行业平均值并排序。表4.5按照增加值完全投入系数大小,列出前二十名的行业。

表4.5　各行业按出口拉动的增加值完全投入系数排序(前二十名)

1	房地产业	0.959 7	11	辅助性和附属交通及旅行社活动	0.884 7
2	金融中介	0.941 6	12	采矿采石	0.877 7
3	农林牧渔	0.928 5	13	其他社区、社会和个人服务活动	0.874 7
4	住宿和餐饮业	0.917 7	14	邮政和电信	0.873 9
5	除汽车、摩托车外的批发贸易和经纪贸易	0.914 1	15	电、煤气和水的供应	0.861 5
6	除汽车、摩托车外的零售贸易,个人和家庭用品的修理	0.914 1	16	其他非金属矿物制品	0.851 2
7	公共管理和国防,强制性社会保障	0.909 8	17	其他制造及回收	0.849 5
8	教育	0.907 8	18	水陆运输	0.849 0
9	食品、饮料与烟草	0.901 0	19	木材及木制品	0.841 3
10	内陆运输	0.895 4	20	租赁	0.836 4

注:笔者根据WIOD数据库中投入产出表数据计算整理而得。

出口的增加值完全投入系数衡量该行业单位出口价值中包含的国内增加值。由上表可以看出,服务性行业及其他一些非制造行业对国内增加值的出口拉动系数较大,说明对国内增加值的拉动贡献较大。特别是房地产与金融中介服务行业表现突出,列前两位。农林牧渔在很多人印象中是较落后的夕阳产业,但事实上它们对中国国内增加值的贡献是显著的,中国应该支持农林牧渔加速产业升级,发挥其对国内增加值较大的拉动作用。形成对照的是制造业的拉动作用却相对靠后,很难进入前二十名。14 个制造行业中,仅有"其他非金属矿物制品""其他制造及回收""木材及木制品""食品、饮料与烟草"四个行业进入前二十名。这说明中国制造业出口的单位价值中国内增加值的含量偏低,贡献相对较低,反映出制造业出口"量大利薄"的特征。同时,表 4.5 也从另一个侧面显示,服务业及其他非制造行业的发展具有很大的潜力和很广阔的前景,可以为中国国内增加值的出口做出很大贡献。中国在大力发展制造业的同时,也需要注意发展服务业与其他非制造行业,特别是下大力气发展服务业。

表 4.5 是从行业的单位出口价值中包含的国内增加值角度来进行分析,表 4.6 则是从总量角度对出口拉动的国内增加值进行分析。

表 4.6　各行业按出口拉动的增加值总量排序(前二十名)

(单位:百万美元)

1	电子与光学制造	169126.4	11	食品、饮料与烟草	17 839.848
2	纺织及其制品	81 610.48	12	皮革及鞋类制造	17 650.907
3	基本金属及金属制品	37 489.68	13	水陆运输	11 456.198
4	机械制造业	34 818.38	14	其他非金属矿物制品	8 622.345 4
5	化学品及化学制品	27 951.45	15	航空运输	7 952.016 7
6	除汽车、摩托车外的批发贸易和经纪贸易	27 733.67	16	农林牧渔	7 549.956 6
7	其他制造及回收	22 058.21	17	其他社区、社会和个人服务活动	7 292.113 3
8	交通设备制品	21 570.86	18	住宿和餐饮业	6 389.14
9	租赁	18 932.79	19	采矿采石	5 939.257 8
10	橡胶与塑料制品	18 736.55	20	零售贸易,个人和家庭用品的修理	5 737.400 4

注:笔者根据 WIOD 数据库中投入产出表数据计算整理而得。

表 4.6 显示,各行业按出口拉动的国内增加值总量排序,前二十名绝大部分是制造业,与表 4.5 形成鲜明对照。排名显示出中国制造业仍是出口拉动国内增加值总量的主力。从总量角度看,中国增加值出口仍然要靠制造业作为支柱产业。我们再对 14 个制造行业进行分析,对比各行业出口对增加值的拉动作用,按照增加值完全投入系数排序列于表 4.7。

表 4.7　制造业按出口拉动的增加值完全投入系数排序

1	食品、饮料与烟草	0.901 0	8	机械制造业	0.792 0
2	其他非金属矿物制品	0.851 2	9	交通设备制品	0.789 4
3	其他制造及回收	0.849 5	10	化学品及化学制品	0.785 5
4	木材及木制品	0.841 3	11	基本金属及金属制品	0.780 5
5	纸张及印刷业	0.827 9	12	橡胶与塑料制品	0.777 6
6	纺织及其制品	0.820 4	13	电子与光学制造	0.688 6
7	皮革及鞋类制造	0.818 0	14	焦炭、精炼石油产品及核燃料	0.686 6

注:笔者根据 WIOD 数据库中投入产出表数据计算整理而得。

表 4.7 显示,"食品、饮料与烟草""木材及木制品"等传统制造业排名靠前,说明其单位出口价值中包含的国内增加值含量较高,甚至高于一般认为的技术含量较高的制造业,例如电子与光学制造等。中国在发展新兴产业的同时,不能忽视传统制造业的发展,应该采取措施鼓励传统制造业的更新换代,发挥对增加值的拉动作用。

在分析了制造业单位出口价值的增加值含量的基础上,再将 14 个制造行业按照出口拉动的增加值总量进行排序,列于表 4.8。

表 4.8　制造业按出口拉动的增加值总量排序

（单位：百万美元）

1	电子与光学制造	169 126.4	8	橡胶与塑料制品	18 736.55
2	纺织及其制品	81 610.48	9	食品、饮料与烟草	17 839.85
3	基本金属及金属制品	37 489.68	10	皮革及鞋类制造	17 650.91
4	机械制造业	34 818.38	11	其他非金属矿物制品	8 622.345
5	化学品及化学制品	27951.45	12	木材及木制品	4 208.864
6	其他制造及回收	22 058.21	13	焦炭、精炼石油产品及核燃料	3 629.781
7	交通设备制品	21 570.86	14	纸张及印刷业	3 283.587

注：笔者根据 WIOD 数据库中投入产出表数据计算整理而得。

表 4.8 显示，经合组织产业分类中属于中高技术产业的"电子与光学制造""机械制造业""化学品及化学制品"在中国出口增加值总量排名中占有举足轻重的地位，排名都很靠前，从总量上看，技术含量较高的行业逐渐替代传统低技术行业成为增加值出口的主力军。

接下来，我们对非制造行业的出口增加值情况进行研究，将出口拉动增加值完全投入系数与增加值总量排序结果分别列于下面两张表格。

表 4.9　非制造行业按出口拉动的增加值完全投入系数排序

1	房地产业	0.959 7	6	零售贸易，个人和家庭用品的修理	0.914 1
2	金融中介	0.941 6	7	公共管理和国防，强制性社会保障	0.909 8
3	农林牧渔	0.928 5	8	教育	0.907 8
4	住宿和餐饮业	0.917 8	9	内陆运输	0.895 4
5	批发贸易和经纪贸易	0.914 1	10	辅助性和附属交通及旅行社活动	0.884 7

续表

11	采矿采石	0.877 7	15	水陆运输	0.849 0
12	其他社区、社会和个人服务活动	0.874 7	16	租赁	0.836 4
13	邮政和电信	0.873 9	17	建筑业	0.831 0
14	电、煤气和水的供应	0.861 5	18	卫生和社会工作	0.824 9
19	航空运输	0.820 7			

注:笔者根据 WIOD 数据库中投入产出表数据计算整理而得。

表 4.10 非制造业按出口拉动的增加值总量排序

（单位:百万美元）

1	批发贸易和经纪贸易	27 733.67	11	邮政和电信	3 601.68
2	租赁	18 932.79	12	辅助性和附属交通及旅行社活动	2 798.966
3	水陆运输	11 456.2	13	建筑业	2 376.654
4	航空运输	7 952.017	14	电、煤气和水的供应	735.454 7
5	农林牧渔	7 549.957	15	金融中介	630.272
6	其他社区、社会和个人服务活动	7 292.113	16	公共管理和国防,强制性社会保障	348.803 6
7	住宿和餐饮业	6 389.14	17	教育	239.494 8
8	采矿采石	5 939.258	18	卫生和社会工作	188.690 2
9	零售贸易,个人和家庭用品的修理	5 737.4	19	房地产业	0.003 437 98
10	内陆运输	5 545.872			

注:笔者根据 WIOD 数据库中投入产出表数据计算整理而得。

　　表4.9、表4.10结果显示,一些行业出口拉动的增加值投入系数较大,但是总量较小。典型的是房地产业,拉动增加值的完全投入系数最大,而拉动的增加值总量却最小。这与其行业特点有关,

它提供的产品和服务国内增加值高,但是本身具有流动性极差的特点,不动产不能跨越国境,对外出口受到较大约束。所以房地产业出口增加值总量很小,但是单位价值包含的国内增加值很高,随着中国对外开放的不断推进,该行业会有很大发展潜力。另外一些行业则是出口拉动的增加值投入系数较小,但是总量较大,例如"航空运输"的出口拉动增加值投入系数很小,但是拉动的增加值总量却名列第四位。一方面,航空运输业的垂直专业化率比较高,包含国外增加值较多,同时国际航空运输竞争强度高,经常面临激烈价格竞争,压缩了出口国内增加值的空间;另一方面,国际航空运输的业务量巨大,虽然出口拉动的增加值投入系数较小,但出口的增加值总含量仍然较大,所以仍然是拉动国内增加值出口的最重要行业之一。还有一些行业无论是拉动的增加值系数,还是拉动的增加值总量都较小。例如"卫生与社会工作""电、煤气和水的供应"等,都是受空间和地域约束较大的行业,流动性较差,国际竞争力较弱,出口较少。并且有的服务还带有非营利性,所以无论是拉动增加值系数还是拉动增加值总量都较小。但是,随着技术的进步和国家的进一步开放,这些行业出口对拉动国内增加值的贡献会不断增大。

以上是运用各行业 1995—2011 年数据的平均值作的分析。我们又对每个行业进行时间序列考察。结果发现各个行业出口拉动的增加值总额都无一例外地总体呈现上升趋势,有的在 2008 年金融危机后有短暂下降,而后又回归上升趋势。限于篇幅,本节选取有代表性的三个制造业行业的时间序列数据作图,由图 4.31 可以看出,三个制造业行业出口拉动的增加值总额呈上升态势,在 2008 年和 2009 年间有短暂下降,后来又恢复上升趋势。

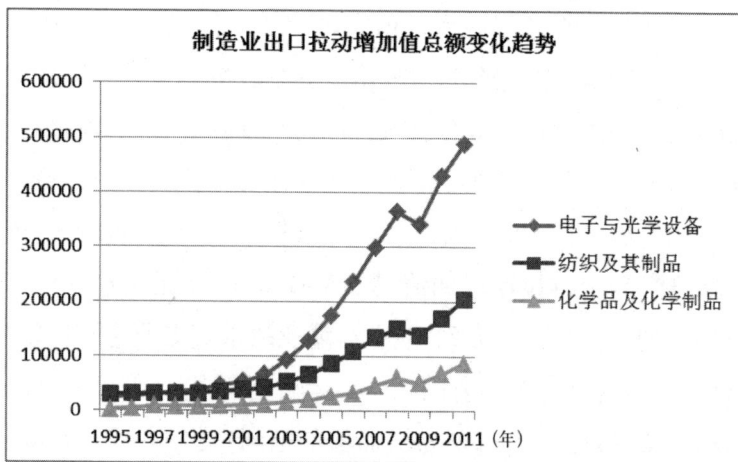

图 4.31　制造业出口拉动增加值总额变化趋势图

值得注意的是,我们分析发现大部分制造行业出口拉动的增加值完全投入系数呈现下降趋势,我们也选取了三个有代表性的行业,如图 4.32 所示。

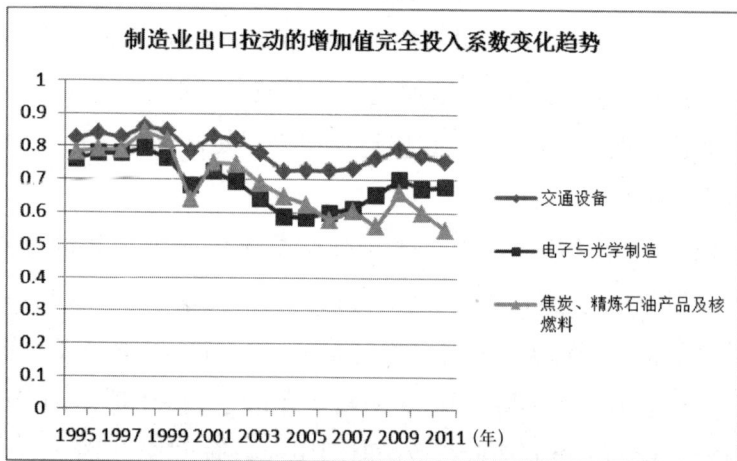

图 4.32　制造业出口拉动的增加值完全投入系数变化趋势图

我们认为有以下几种可能的原因:一是这些产品国际竞争激烈,价格下行压力大,迫使企业压缩本国增加值以获取价格优势,使得单位出口价值的增加值投入系数减小;二是中国参与的国际分工合作越来越深入,进口中间品成分不断增加,而产品中的外国成分增加必然压缩本国增加值的比例,造成增加值完全投入系数减小;三是中国在国际分工中常处于价值链低端的不利地位,大量从事低附加值的加工贸易,这些"量大利小"的出口主要带来规模和数量膨胀,增加值比例并不高,所以导致增加值完全投入系数减小。

结合前面对垂直专业化的研究,我们发现,一方面制造业和其他的行业相比虽然垂直专业化程度高,但是拉动增加值的完全投入系数并不高,也就是说对国内本土增加值的贡献率不高。另一方面,制造业拉动的增加值的总量较大。这说明中国参与垂直化专业分工带来的利益偏重总量效应,对中国实际贸易利得的作用从质量上看还是有待提高。中国还是要自力更生,优化产业结构,提升产业水平,努力占领价值链的高端,提高产品中的增加值率,特别是加强出口的增加值拉动作用,扩大中国在国际分工中的贸易利益。

4.6 | 本章小结

中国出口产品的外国增加值份额在不断攀升,而本国增加值份额在持续下降。本章根据增加值贸易的测度理论方法与增加值贸易数据库,分析了中国出口产品中包含的外国增加值的构成。

(1) 研究表明,中国出口产品包含的本国增加值主要出口目的地集中在美国、日本、德国、英国、加拿大等国家,但是有的发达国家吸收的中国国内增加值份额在减少,最明显的是日本。与之形成对照的是,新兴经济体吸收的中国国内增加值在增加,中国与新兴经济体的贸易地位和重要性在提升。从行业上看,中国制造业包含的外国增加值比例比非制造业高。而中国占优势的传统出口行业,例如纺织品、皮革与制鞋,包含的外国增加值则相对较少。包含外国增加值的多少在一定程度上可以反映出本国在该行业的竞争力。

(2) 本章分析了中国与主要贸易伙伴国各自出口产品中包含的对方增加值的情况。首先分析了中国出口产品包含的外国增加值,中国产品中包含的日本增加值主要在制造业领域,而包含的美国和德国的增加值在商业服务领域的比例最高,显示出这两个国家在商业服务领域占据优势地位。新兴经济体中来自韩国的增加值也主要分布在制造业领域,而来自俄罗斯的增加值在农林牧渔和采矿采石业的比例比较高。在来自印度和巴西的增加值中,与矿产能源有关的采矿采石行业增加值较多,而相对技术含量较高行业的增加值较少。

(3) 本章还分析了贸易伙伴国出口产品中包含的中国增加值,日本出口产品包含的中国增加值主要分布在制造业,非制造业中来自批发零售及旅馆餐饮业的增加值相对较多。研究发现在绝大多数行业,中国单位出口产品价值中包含的日本增加值比例大于日本单位出口产品价值中包含的中国增加值比例,本书用"逆差"来形容这种差别。这从一个侧面说明日本通过中国出口获得的利益大于中国通过日本出口获得的利益。类似情况也出现在美国和德国的出口产品中,这两个国家出口产品包含的中国增加值主要来自制造业,非制造业中来自中国批发零售及旅馆餐饮业的增加值相对较多,然而绝大多数行业,这些国家单位出口价值中包含的中国增加值比例都小于中国单位出口价值中包含的对方的增加值比例,也就是中国存在"逆差"。特别是在商业服务行业,中国的逆差还很大。中国与美国在商业服务行业的逆差最大。俄罗斯出口包含的中国增加值主要分布在制造业和批发零售及旅馆餐饮业,在大多数行业中国单位出口价值中包含的俄罗斯增加值占比大于俄罗斯单位出口价值中包含的中国增加值占比,也就是中国对俄罗斯也存在"逆差"。韩国出口中包含的中国增加值也主要分布在制造业,与前面国家不同的是,在绝大多数行业,中国单位出口产品价值中包含的韩国增加值比例小于韩国单位出口产品价值包含的中国增加值比例,也就是说,中国对韩国存在"顺差"。但在商业服务领域,中国仍是"逆差"。

再看发展中国家贸易伙伴,从贸易双方包含的对方增加值份额角度来衡量,中国对印度和巴西绝大多数行业存在"顺差",特别是制造业优势明显,很多行业顺差较大,说明中国在制造业的竞争力较强。值得注意的是,中国在商业服务行业对印度和巴西仍然是"逆差"。这说明国家应该加大政策扶持力度,大力发展商业服务等服务业,增强出口竞争力,扭转目前的不利形势。

(4)本章研究了出口对中国国内增加值的拉动效应,分析了各行业出口对国内增加值的贡献。制造业的增加值完全投入系数低于非制造业,非制造业单位出口价值包含的国内增加值比例大于制造业单位出口价值包含的国内增加值比例。但是从总量看,制造业出口拉动的国内增加值大于非制造业出口拉动的国内增加值。从绝对数量大小来看,制造业仍是出口拉动国内增加值的主力。随着中国改革开放的进一步扩大,非制造业对国内增加值的总量拉动作用也会不断扩大,政府应该积极鼓励扶持非制造业出口,特别是商业服务类行业的发展。

第5章 全球价值链双边关联特征与贸易利益分配研究

　　前面章节对中外出口产品中增加值互相包含的现象作了分析，并对互含的增加值部分在细分行业层面进行了解析。在此基础上，可以进一步分析全球价值链上国家间双边关联特征与贸易利益分配问题。目前 Koopman 等（2010）提出的参与程度指数和分工地位指标体系虽然在全球价值链与国际分工地位的研究中得到了普遍应用，但这些指数主要是从一国的出口包含的不同国家增加值的构成角度进行解析，得出的结论较为笼统。因为实际贸易环境中，大多数国家考虑得更多的是双边贸易关系，更关心的是本国与每个伙伴国之间的贸易利益分配情况，因此，很有必要将全球价值链研究推进到双边关联的层面上。

　　前面的研究表明中国出口包含的国外增加值有增加的趋势，同时外国出口包含的中国增加值也有增加的趋势。在全球价值链上中国与其他国家出口形成了"你中有我，我中有你"的增加值相互嵌套关系，好像链条上各个环节环环相扣。这种嵌套关系的程度正在不断加大，无论是中国出口包含的国外增加值还是外国出口包含的中国增加值都呈现出迅速增长的态势。对全球价值链上国家间双边嵌套关联进行深入研究的意义主要在以下三个方面：
(1)随着全球价值链分工的不断深化,贸易伙伴出口产品中相互嵌
套的增加值占比总体上不断增长,已经成为不可忽略的重要组成
部分,通过他国出口产品输出本国增加值将是实现贸易利益的一
种重要形式,在世界范围内受到广泛重视。(2)全球价值链相互嵌
套程度可以反映出一国从伙伴国出口中获得的贸易利益的大小,
是从新的角度对国际贸易利益分配的重要诠释。(3)由 Koopman
等(2010)提出的单国指标体系在剖析国家间在全球价值链上的双
边关联和分工关系时受到制约,需要新的适合分析双边关系的指
标体系。因此,本书拟在以上方面展开研究,努力做出自己的
贡献。

幸炜等(2018)、幸炜和李长英(2018)对中国与贸易伙伴之间
制造业和服务业双边嵌套关联特征进行了研究,提出了分析全球
价值链双边嵌套关联特征的指标体系。但已有研究还比较笼统,
局限于产业大类层面,未能深入分析细分行业的双边关联特征与
利益分配,同时也还未对主要贸易伙伴的双边关联特征进行深入
研究。因此,本章将回顾相关研究并对全球价值链上中国与主要
贸易伙伴间的双边嵌套关联特征进行深入研究,选择的行业是制
造业,因为制造业在全球价值链上双边嵌套程度比其他行业更为
突出。

5.1 | 理论框架与指标体系

被广泛应用的全球价值链指标体系最重要的是以下两个
指标：

参与度指标:

$$GVC\_Participation_s = \frac{IV_s}{E_s} + \frac{FV_s}{E_s} \qquad (5.1)$$

分工地位指标:

$$GVC\_Position_s = \ln(1 + \frac{IV_s}{E_s}) - \ln(1 + \frac{FV_s}{E_s}) \qquad (5.2)$$

该指标体系主要用于衡量单国的参与度和分工地位,不能直接用于全球生产网络上贸易伙伴国之间的双边分工关系和地位的测度。因此,参照幸炜等(2018)提出的双边嵌套模型,本章从以下维度衡量贸易伙伴国之间在全球价值链上的双边嵌套关系与分工地位:

(1)全球价值链双边嵌套差额 $GVCBalance$:

$$GVCBalance = EVA_{sr} - EVA_{rs} \qquad (5.3)$$

其中 EVA_{sr} 表示 r 国出口中包含的来自于 s 国的增加值,EVA_{rs} 则表示 s 国出口产品中包含的来自于 r 国的增加值。这个指标反映全球价值链上贸易伙伴国出口包含的对方增加值的差额和嵌套顺(逆)差,显示中美两国从对方出口中的获益情况。

(2)全球价值链双边嵌套强度指数 $GVCNVA\_Linkage$:

$$GVCNVA\_Linkage = \frac{EVA_{sr} + EVA_{rs}}{E_r + E_s} \qquad (5.4)$$

本指数是衡量两国出口中包含的对方增加值的占比,因此用贸易伙伴国包含的对方增加值之和除以两国出口额之和,即双边嵌套总额占总出口的比例,可以反映出两国在对世界出口中的嵌套关联强度。

（3）全球价值链双边嵌套地位指数 $GVCNVA\_Position$：

$$GVCNVA\_Position_{sr} = ln(\frac{EVA_{sr}}{E_r}) - ln(\frac{EVA_{rs}}{E_s}) (5.5)$$

本指数是用两国出口包含的对方增加值比例经对数处理后取差值。如（5.5）式所示，如果大于零，表示 r 国出口中包含的 s 国增加值比例大于 s 国出口包含的本国 r 的增加值比例，则双边嵌套地位中 s 国更占优势，从伙伴国单位出口价值中获利更大，分工地位较高。如果指数小于零，情况则相反。在此处计算分析中，r 代表中国，s 代表伙伴国。

研究数据来源于 WIOD 数据库提供的 1995—2011 年的世界投入产出表。与目前常用的其他数据库相比，该数据库最大的优点是可以计算出相对长期而连续的指标情况，便于对照中国加入世界贸易组织前后的情况。另外，与其他版本（包括更新版本）相比，此版数据中有关的中国与其他国贸易统计数据与中国商务部及海关统计最为接近，因此采用此版数据。该数据库包括 1995—2011 年间 41 个国家和地区、35 个产业部门的世界投入产出数据，其中制造业 14 个部门。为了研究不同技术层次产业的双边嵌套情况，各章节按照 WIOD 数据库分类方法把制造业进一步分解为中高与高技术、中低技术与低技术三大类，分别简称为高技术、中技术与低技术三类。根据计算结果可得 2011 年中国与贸易伙伴双边嵌套特征指标的排序，限于篇幅，仅列出前十名。

表 5.1　2011 年中国与伙伴国双边嵌套指标排序

（单位：百万美元）

中国与伙伴国双边嵌套指标排序							
序号	制造业总体		高技术行业		中技术行业		低技术行业	
1	澳大利亚	25 083.97	日本	17 084.2	澳大利亚	6 703.91	日本	4 527.15
2	日本	21 560.85	澳大利亚	16 230.67	俄罗斯	2 780.88	美国	4 099
3	美国	17 131.37	美国	10 925.88	美国	2 106.49	俄罗斯	2 285.53
4	俄罗斯	13 783.1	俄罗斯	8 716.69	印尼	1 201.88	澳大利亚	2 149.39
5	巴西	5 909.19	印尼	3 633.61	巴西	1 192.3	巴西	1 684.22
6	印尼	3 780.68	巴西	3 032.66	爱尔兰	23.86	韩国	1 257.39
7	芬兰	297.96	加拿大	439.65	马耳他	−0.48	芬兰	107.42
8	希腊	183.73	芬兰	251.78	拉脱维亚	−1.45	瑞典	83.01
9	卢森堡	153.66	卢森堡	189.57	塞浦路斯	−4.74	希腊	15.72
10	马耳他	21.85	希腊	186.14	希腊	−18.14	卢森堡	6.16

中国与伙伴国双边嵌套强度指数排序							
序号	制造业总体		高技术行业		中技术行业		低技术行业	
1	瑞典	0.096 905	韩国	0.031 578	澳大利亚	0.031 001	澳大利亚	0.007 401
2	美国	0.025 918	美国	0.030 773	日本	0.018 799	奥地利	0.001 941
3	韩国	0.025 043	日本	0.030 344	美国	0.018 44	比利时	0.004 241
4	日本	0.025 013	德国	0.021 214	韩国	0.018 241	保加利亚	0.000 15
5	德国	0.017 923	澳大利亚	0.016 293	德国	0.013 968	巴西	0.005 263

序号	中国与伙伴国双边嵌套强度指数排序							
	制造业总体		高技术行业		中技术行业		低技术行业	
6	澳大利亚	0.016 289	墨西哥	0.013 647	俄罗斯	0.012 426	加拿大	0.005 138
7	墨西哥	0.009 768	法国	0.009 141	加拿大	0.011 127	塞浦路斯	0.000 031
8	印度	0.008 734	俄罗斯	0.008 884	印尼	0.008 234	捷克	0.001 361
9	俄罗斯	0.008 728	加拿大	0.008 066	比利时	0.007 813	德国	0.010 756
10	加拿大	0.007 839	英国	0.007 887	巴西	0.006 835	丹麦	0.001 465

序号	2011 年中国与伙伴国双边嵌套地位指数排序							
	制造业总体		高技术行业		中技术行业		低技术行业	
1	美国	0.000 406	日本	−0.000 62	美国	0.008 331	巴西	−0.000 38
2	俄罗斯	−0.001 73	美国	−0.000 66	俄罗斯	0.006 54	美国	−0.001 92
3	日本	−0.004 67	俄罗斯	−0.007 77	澳大利亚	0.005 993	俄罗斯	−0.006 06
4	巴西	−0.005 24	巴西	−0.012 45	巴西	−0.001 64	葡萄牙	−0.008 98
5	希腊	−0.011 07	希腊	−0.012 52	日本	−0.006 02	芬兰	−0.009 55
6	葡萄牙	−0.012 12	拉脱维亚	−0.014 42	印尼	−0.006 88	拉脱维亚	−0.010 05
7	拉脱维亚	−0.012 71	立陶宛	−0.014 61	西班牙	−0.009 07	希腊	−0.010 19
8	澳大利亚	−0.013 39	德国	−0.015 69	英国	−0.009 16	瑞典	−0.011 21
9	立陶宛	−0.013 73	罗马尼亚	−0.016 7	瑞典	−0.009 33	法国	−0.012 25
10	卢森堡	−0.014 66	葡萄牙	−0.017 26	立陶宛	−0.009 38	日本	−0.012 43

注：主要研究国家间双边嵌套关系，因此暂排除中国大陆与台湾地区，以及其他地区 ROW。

接下来分节研究中国与主要贸易伙伴国的双边嵌套特征与贸易利益分配。

5.2 │ 中美全球价值链双边嵌套特征与贸易利益
研究

随着经济全球化和国际分工不断深入,逐渐形成了以产品内
分工和跨国分割生产为特征的全球价值链分工体系。伴随而来的
大量中间产品贸易使得国家间贸易关系变得日益复杂,传统的贸
易总量统计方法已经无法准确衡量国家间的贸易利益。中美贸易
当然也不例外,中国与美国都是经济总量位于世界前列的经济体,
也是彼此极为重要的贸易伙伴,中美贸易关系一直是世界关注的
热点,双方经济贸易合作关系越来越紧密。但是随之而来的贸易
争端也是此起彼伏,很多时候由于各自统计口径和方法的不同而
加大了双方的分歧,不利于贸易争端的解决。

谈及中美贸易关系,则必然涉及美国一直抱怨的对中国的
巨额贸易逆差。据美国商务部统计,2016 年中国对美国出口
4 628 亿美元,进口 1 158 亿美元,美方逆差 3 470 亿美元,虽然比
上年度有所下降,仍是庞大的贸易逆差。可以预料,中美之间的
贸易摩擦仍然不可避免。特朗普上台以后变本加厉地对中国采
用各种贸易打压手段,表面理由就是中美贸易不公平,给美国带
来贸易逆差。中国出口真的对美国是不利的吗？中美之间实际
贸易利益分配格局如何？国内外学者和机构纷纷对中美贸易失
衡进行了研究。

Johnso 和 Noguera (2012)运用两国间增加值贸易模型分析中
美贸易,认为中国对美国贸易顺差在增加值贸易统计方法下比传
统贸易统计结果减少近 40%。刘遵义等(2007)通过构造中美两国
非竞争型投入产出表,发现用国内增加值来衡量的中国对美国贸

易顺差大幅减少。张咏华(2013)认为传统总量贸易统计夸大了中美贸易失衡程度,运用增加值贸易方法得到的中国对美国制造业出口规模缩小50％,中美贸易失衡减少46％。王岚和盛斌(2014)也认为1995—2009年间,传统贸易统计将中美贸易失衡高估了一倍左右,国际分工地位差距导致贸易利益分配对中国不利。葛明等(2015)建立附加值统计模型的研究结果也显示海关统计高估中美贸易顺差,扭曲了各产业的贸易失衡状况。郑丹青和于津平(2016)的研究也表明中美贸易顺差被夸大,中国在增加值贸易统计下的贸易利益明显低于传统贸易统计下的贸易利益。可见,绝大多数研究都认为传统总量贸易统计方法高估了中美贸易的失衡程度,贸易利益分配关系被扭曲。

类似的研究还有很多,但是,这些只是证明了在增加值贸易统计方法下,中国对美国贸易顺差缩小,且研究对象都是以出口包含的本国增加值为主,未能揭示出口包含的外国增加值的演变特征。实际上国际贸易中大量中间产品贸易已形成了"你中有我,我中有你"的增加值互相嵌入的关联体系,没有这种贸易伙伴国增加值相互嵌入的特征,全球价值链也就不复存在。本节的论述中,中国出口包含的伙伴国增加值总额(或比例)高于伙伴国出口包含的中国增加值总额(或比例),则称中国有嵌套逆差,反之,则中国有嵌套顺差,对方处于逆差。以中美双边嵌入的增加值部分为例,除金融危机期间,中美出口包含的对方增加值总额总体上都在不断增加,而且中国基本上处于"嵌套逆差"状态。由下图可见,1995—2011年间,中国对美国都处于嵌套逆差,而且逆差有扩大的趋势,与一般认为的中国对美国出口存在巨额顺差表现出很大差异,因此,对这种贸易利益的嵌套关

系进行研究非常必要。因此,此处从全球价值链上双边嵌套的
视角研究中美贸易地位和利益分配特征。

1. 中美全球价值链双边嵌套指标分析

(1) 双边嵌套差额

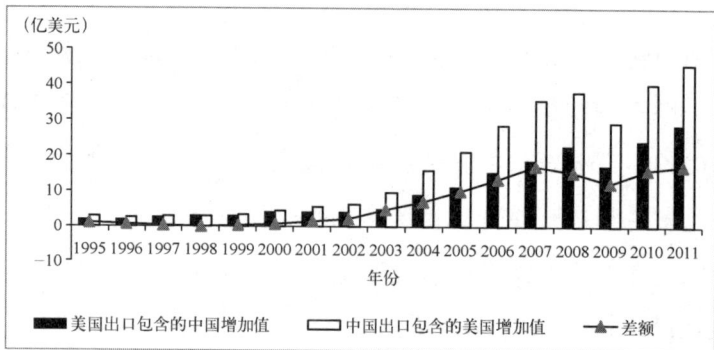

注:图中差额是指用中国出口包含的美国增加值减去美国出口包含的中国增加值的差额。

图 5.1　中美制造业出口中双边嵌套的对方增加值总额对比

　　总的来看,中国对美国制造业存在嵌套逆差,且有扩大的趋势,2001 年中国加入世界贸易组织时嵌套逆差为 1.34 亿美元,2011 年已达约 171 亿美元,增长约 12 倍,显然美国从中国出口中受益超过中国从美国出口中受益。从中美双边嵌套差额的变化趋势可以看出,无论高中低技术层次,中国对美国都是嵌套逆差。在 2008 年金融危机前后有所下降,而后迅速回升,整体上都保持上升趋势,也就是说,美国从全球价值链双边嵌套中获益超过中国的获益,而且这种获益的优势还在扩大。因此,美国片面指责中国出口损害其利益是不正确的,美国从中国出口中实际获利良多。由图 5.2 还可以看到,美国在高技术行业相对获利最大,其次是低技术行业。

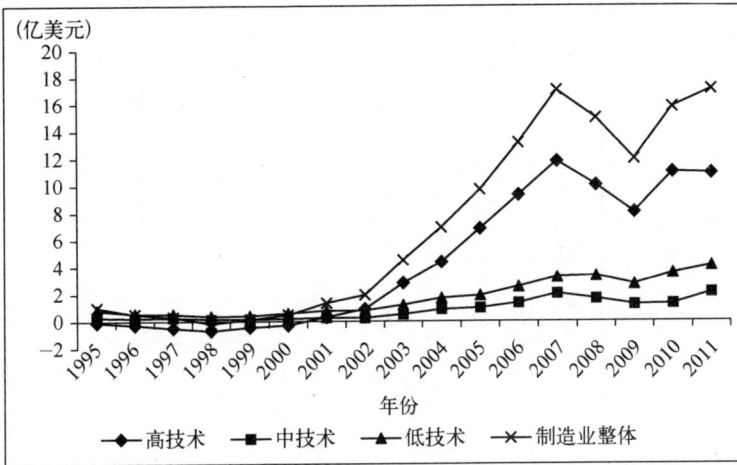

图 5.2 中美双边嵌套差额

进一步从行业层面分析,如下表所示,中国对美国嵌套逆差最大的是高技术行业中的电子与光学制造,2011 年达183.69亿美元。而中国对美国嵌套顺差最大的是交通设备制造行业,2011 年大约为 6.6 亿美元,这也显示出中国在交通设备制造行业已具备竞争优势。中国在高技术领域其实除了电子与光学制造外都是嵌套顺差,显示中国在高技术行业已经显示出一定优势。中技术行业中国逆差最大的是基本金属及其制品行业,而低技术行业中国对美国逆差最大的是纺织及其制品行业。通常认为中国在低技术行业具有传统优势,然而表中显示,中国具有传统优势的纺织及其制品、皮革及其制品行业对美国都是嵌套逆差,在低技术行业有三分之二的行业中国对美国是嵌套逆差,所以美国在低技术行业整体上具有嵌套顺差的优势,贸易获利巨大。

表 5. 2　2011 年中美制造业双边嵌套差额

（单位：百万美元）

高技术行业		中技术行业		低技术行业	
化学品及化学制品	-676.13	焦炭、精炼石油产品及核燃料	-476.16	食品、饮料与烟草	-110.52	纸张及印刷业	-477.90
机械制造业	-150.41	橡胶与塑料制品	922.33	纺织及其制品	3 108.23	其他制造及回收	698.61
电子与光学制造	18 368.65	其他非金属矿物制品	293.64	皮革及鞋类制造	778.50		
交通设备制品	-6 616.21	基本金属及其制品	1 366.68	木材及木制品	102.07		
总计	10 925.88	总计	2 106.49	总计	4 099.005		

（2）双边嵌套关联强度

由图5.3可以看出，中美之间嵌套关联强度持续上升，高技术行业嵌套强度指数最高，高于制造业整体嵌套强度指数，说明中美在高技术领域的分工合作最为紧密，这对中国与科技强国合作，提升高技术领域竞争力，向全球价值链高端攀升具有积极意义。由表5.3可以看出，2011年中美在高技术行业双边嵌套指数是 0.030 773，远高于中技术行业指数0.018 440和低技术行业指数 0.017 612，并且从图 5.3 中可以看出增长也更快，中美在高技术行业有进一步更广泛深入合作的趋势。

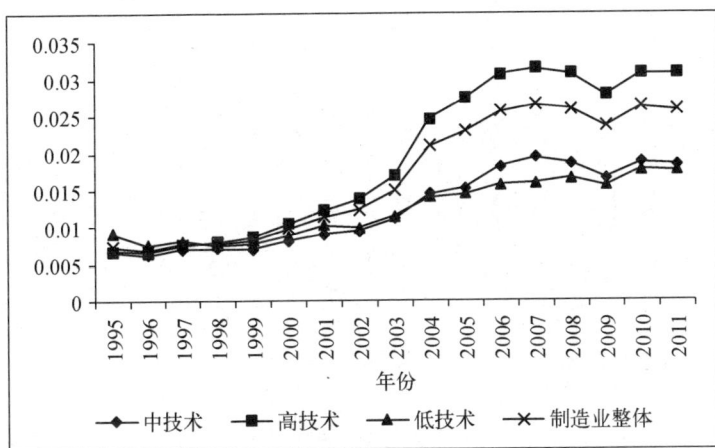

图5.3　中美双边嵌套强度指数

在行业层面看，表 5.3 中显示，高技术行业中嵌套强度最高的是交通设备制造行业，其次是电子与光学产品行业。中技术行业中嵌套强度最高的是橡胶与塑料制品行业，而低技术行业中嵌套强度最高的是其他制造及回收行业。

研究还发现，制造业内绝大多数行业的嵌套强度指数都呈现不同程度上升，唯有电子与光学制造和皮革及鞋类制造业出现了

表 5.3　2011 年中美制造业双边嵌套强度指数

高技术行业		中技术行业		低技术行业	
化学品及化学制品	0.019 6	焦炭、精炼石油产品及核燃料	0.006 5	食品、饮料与烟草	0.014 1
机械制造业	0.026 6	橡胶与塑料制品	0.023 6	纺织及其制品	0.017 1
电子与光学制造	0.033 1	其他非金属矿物制品	0.017 7	皮革及鞋类制造	0.016 8
交通设备制品	0.037 1	基本金属及其制品	0.023 0	木材及木制品	0.017 8
				纸张及印刷业	0.020 8
				其他制造及回收	0.021 0
总计	0.030 7	总计	0.018 4	总计	0.017 0

较明显的下降趋势(如图 5.4 所示),这说明中美在这两个行业的分工合作有所减弱,是什么原因导致的呢? 于是进一步分析了中美在这两个行业出口中包含的对方增加值比例,结果如图 5.4 所示,中国出口包含美国的增加值比例都在下降,而美国出口包含中国的增加值都在上升,说明嵌套强度下降的首要原因是中国出口包含美国的增加值在下降,美国的嵌套强度优势在减弱,中国出口中来源于美国的增加值的占比在下降。

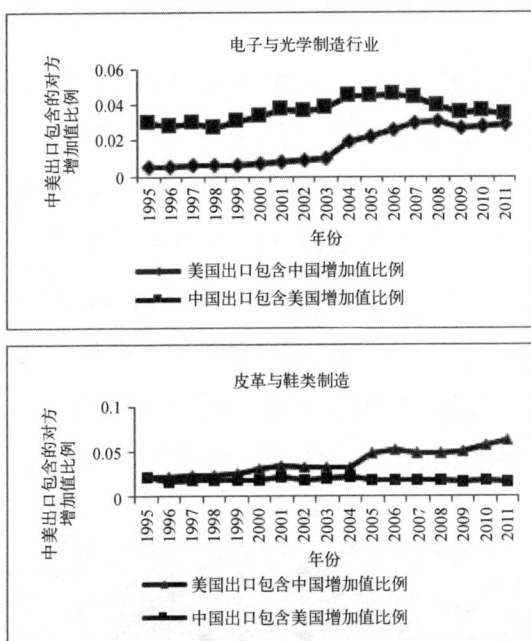

图 5.4 中美出口包含的对方增加值比例变化趋势

(3) 双边嵌套地位

计算了 1995 年到 2011 年间中美双边嵌套地位指数,结果如图 5.5 所示,两国出口包含对方增加值比例都在上升,而美国出口产品中包含中国增加值的比例上升更快,二者之差已经靠近正负转化的临界点,显示中美双边嵌套的分工地位正在发生转变。

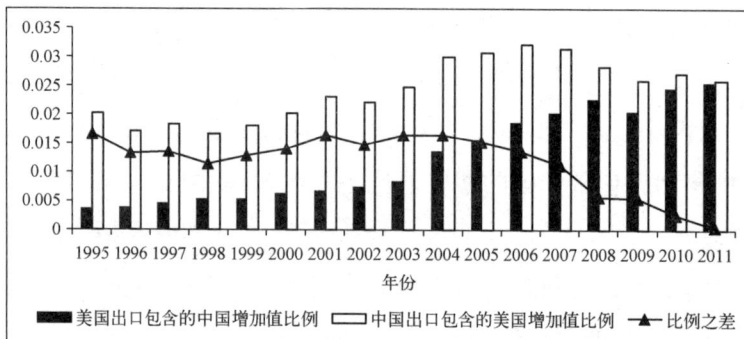

图 5.5　中美制造业出口中双边嵌套的增加值比例对比

由图 5.6 可以看出，制造业整体的嵌套地位指数为正值，表示美国仍然保持着嵌套优势地位。但是将制造业分解成不同技术层次进行考察，美国其实分别于 2010 年和 2011 年先后在低技术行业和高技术行业对中国失去嵌套地位优势，之所以整体上美国仍具优势，主要是因为中技术产品美国仍有很强的优势地位。从图 5.6 中变化趋势来看，高技术和低技术的嵌套地位指数曲线下降趋势明显，然而中技术行业指数除了金融危机期间略有下降外，大致保持平稳，稍有下降也幅度不大，显示出美国在该行业具有雄厚的实力。

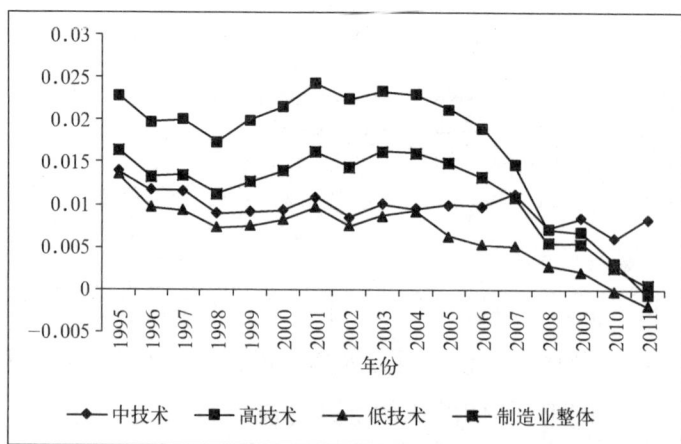

图 5.6　中美制造业双边嵌套地位指数

表 5.4 2011 年中美制造业双边嵌套地位指数

高技术行业		中技术行业		低技术行业			
电子与光学制造	0.005 3	焦炭、精炼石油产品及核燃料	0.006 0	纸张及印刷业	0.018 1	纺织及其制品	−0.024 2
化学品及化学制品	−0.000 7	基本金属及其制品	0.004 0	食品、饮料与烟草	0.002 2	皮革及鞋类制造	−0.044 0
机械制造业	−0.002 3	其他非金属矿物制品	−0.000 2	木材及木制品	0.001 4		
交通设备制品	−0.020 9	橡胶与塑料制品	−0.002 5	其他制造及回收	0.000 1		
总计	−0.000 6	总计	0.008 31	总计		−0.001 9	

  表 5.4 显示,在 2011 年的 14 个制造业行业中,中美两国占据嵌套优势地位的行业数目各占一半,都是 7 个。中国优势最明显的是皮革及鞋类、纺织及其制品和交通设备制品三个行业,而美国优势最明显的是纸张及印刷业,焦炭、精炼石油产品及核燃料和电子与光学制造三个行业。

  有趣的是,结合前面的双边嵌套差额,可以发现,中国占据嵌套优势地位的皮革及鞋类制造、纺织及其制品行业是嵌套逆差,也就是说,在这两个行业的美国出口包含的中国增加值占比高于中国出口包含的美国增加值占比,但结果是美国出口包含的中国增加值小于中国出口包含的美国增加值,美国获得的利益更大。分析发现,这主要是中国庞大的出口规模所导致的。例如,2011 年中国纺织及其制品行业出口约 2 418 亿美元,而美国当年同类出口约 162 亿美元,相差近 14 倍。美国的纸张及印刷业和焦炭、精炼石油产品及核燃料行业也出现类似情况,2011 年美国这两个行业出口额分别是中国同类行业出口的 5 倍和 8 倍,导致中国的嵌套获利大于美国。这说明,在双边嵌套的视角下,即使一国分工地位较低,获得的贸易利益分配仍可能超过分工地位较高的一方。

  图 5.7 中显示出中美各自最占优势的三个行业的变化趋势。可以看出,除了美国占优势的纸张及印刷业和焦炭、精炼石油产品及核燃料行业相对比较平稳外,其余行业的指数都在向有利于中国的方向演变,可以预见中国会获得更大的嵌套地位优势。美国 2005 年以前优势地位最高的电子与光学制造的嵌套地位指数也处于下降趋势中,说明出中国虽然目前嵌套地位较低,但是在该行业的实力在不断增强。

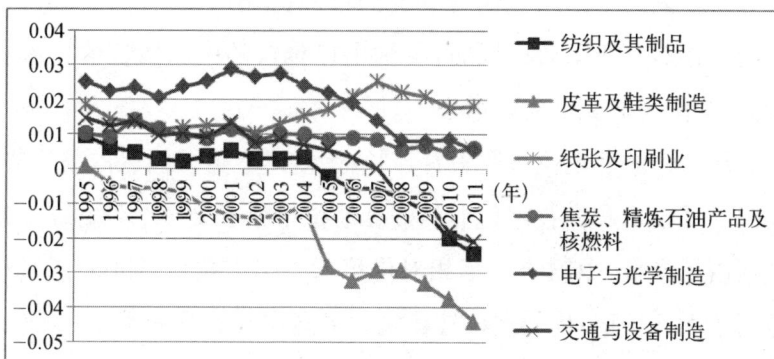

图 5.7 中美各自前三位最占优势的行业的双边嵌套地位变化趋势

2. 主要结论与政策意义

（1）主要结论

通过构建衡量全球价值链国家间双边嵌套关系和贸易利益分配的分析框架，研究了中美在全球价值链上双边嵌套的关系与特点，我们发现从嵌套差额来看，美国从中国出口中获益大于中国从美国出口中的获益，中国对美国存在嵌套逆差，而且还有扩大的趋势。美国片面指责中国大量出口对其造成损害是不公平的，中国出口对美国也是有巨大益处的。美国在高技术行业，特别是电子与光学制造行业的嵌套顺差最大，而中国在交通设备制造行业嵌套顺差最大。我们并非力图用嵌套顺逆差替代普通贸易顺逆差概念，但是从新的角度看待两国出口的利益关联，确实有助于推进加强国际合作，更积极地看待双方经贸关系。

总的来看，中美双边嵌套强度在不断加大，两国间分工合作在不断加强，高技术行业的嵌套强度指数最高，增长也最快。嵌套强度指数最高的是交通设备制品行业，其次是电子与光学制造行业。但是电子与光学制造行业与皮革及鞋类制造行业的嵌套强度指数近年出现明显下降，说明中美在这些领域的分工合作有所减弱。

其首要原因是中国出口包含的美国增加值比例在下降，美国的嵌套能力相对有所下降。同时，美国出口包含的中国增加值比例在上升，中国的嵌套能力在增强。

从双边嵌套地位指数来看，制造业整体上美国仍然占据优势。美国的低技术和高技术行业的嵌套地位指数于 2010 年和 2011 年先后由正变负，中国获得了相对优势。美国中技术行业的嵌套地位指数大致平稳，优势地位较稳定。中国在皮革及鞋类、纺织及其制品和交通设备制品三个行业嵌套地位优势最明显，而美国优势最明显的是纸张及印刷业，焦炭、精炼石油产品及核燃料和电子与光学制造三个行业。进一步研究还发现，由于两国出口规模的不同，嵌套地位较低的国家仍可能由于伙伴国出口规模较大而获得相对较大的利益。总的来看，中美双边嵌套地位指数显示美国总体仍占据优势地位，但中国的分工地位正在提升。

（2）政策意义

研究结果具有重要的政策意义。美国在贸易平衡问题上一向咄咄逼人，对中国的大量出口横加指责，试图采取各种办法限制中国出口。这里的研究表明，美国在中国出口中获益甚多，甚至超过中国从美国出口中的获益，美国享有嵌套顺差，且在持续扩大。美国应该看到中国出口可以"双赢"的事实，停止对中国出口的片面指责，改变对中国出口的不公正立场。也许有人会提出来，中国出口中有一部分出口包含的美国增加值是返回美国的，并且可以举加工贸易为例。但实际上，全球价值链意义上的增加值折返不同于一个物品原封不动地返回。即使是加工贸易，最后产品已经发生了质的变化，加入中国要素使得产品更具竞争力，产品中包含的美国增加值返回美国仍然使得美国获益，而非"无功而返"。

因此,中国应该在贸易谈判中明确指出美方从中国出口中获得的巨大利益,中美完全可能在全球价值链上取得"双方共赢"的局面,减少美国不必要的顾虑。中国崛起和贸易实力增长已是不争的事实,但美国仍然在整体上具有强大的优势,完全可以和中国在全球价值链上进行多形式广泛合作,以新的形式从全球价值链分工中获取更大贸易利益,而不是采取贸易保护的负面态度。这里的研究有利于中国在对美贸易协商谈判中采取更有利、更有效的立场和策略,争取更大的主动权,为中国出口赢得公平的贸易环境和条件。

5.3 | 中日全球价值链双边嵌套特征与贸易利益研究

中国和日本是世界上第二大和第三大经济体,同时又都是世界贸易强国,对世界经济与贸易具有举足轻重的地位。中日两国互为对方的主要贸易伙伴,虽然由于多种原因,中日贸易于 2015 年开始出现下滑,但是 2016 年日本与中国仍是对方重要的贸易伙伴,双方经贸关系非常紧密。

中日贸易也长期存在着不少问题与争议,例如,贸易失衡就是其中之一。由于双方统计口径和方法的不同,中日两国统计结果出现巨大差异。中国海关总署公布的数字显示,2016 年中国对日本贸易逆差约 163 亿美元,而日本海关统计完全相反,认为 2016 年日本对中国出口 1 138.9 亿美元,从中国进口 1 566.1 亿美元,对华贸易逆差 427.1 亿美元,日方把中国列为日本的第一大贸易逆差国。日本认定的所谓巨额逆差一直是中日贸易关系中的障碍,影响双方经贸关系发展,甚至引发贸易争端和摩擦。如何准确地测度中日之间的贸易利益分配是必须解决的重要问题。一国出口总额中到底包含多少本国和其他国家的增加值成分,贸易伙伴国间的贸易顺差或逆差到底有多大,这些问题在总量贸易统计下都无法得到有效解决,增加值贸易统计方法提供了解决这一问题的重要途径。本节从中日双方出口中相互增加值关联的角度,研究两国在全球价值链上的双边嵌套关系与分工地位的特点与变化。

1. 中日全球价值链双边嵌套指标分析

(1) 双边嵌套差额

从嵌套差额来看,日本制造业整体上处于嵌套顺差。如图5.8所示,在所有年份,中国出口所包含的日本增加值都大于日本出口所包含的中国增加值,也就是说中国对日本存在嵌套逆差,并且在金融危机以前逆差整体上一直保持扩大的趋势,金融危机后才稍有降低。可见,日本从双边嵌套中的获利超过中国从日本出口中获利。日本不应该片面指责中国出口扩大对其造成损害,日本从中国出口中获利是巨大的。

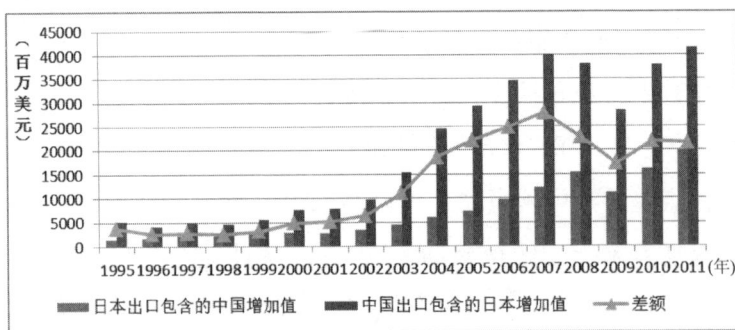

图5.8　中日制造业出口中双边嵌套的对方增加值总额对比

从不同行业来看,日本在高技术和低技术行业一直对中国处于嵌套顺差,日本在中技术行业除了2011年对中国出现嵌套逆差外,在其余年份也都是嵌套顺差,并且在金融危机以前对中国的嵌套顺差都处于上升趋势。如图 5.9 所示,日本在高技术行业的嵌套顺差规模最大,并且上升最快,曲线最为陡峭。嵌套顺差规模第二大的是低技术行业,嵌套差额规模最小的是中技术行业。一般认为,中国在低技术行业占优势,实际上日本从中国低技术行业出口中获利很多,2011 年日本在低技术行业对中国存在 5.8 亿美元嵌套顺差。日本在高技术行业的嵌套顺差最大,增长也最快,在高技术行业日本对中国的嵌套顺差从 2001 年中国加入世界贸易组织时的 25 亿美元增加到金融危机前的 2007 年的 217 亿美元,扩大了大约 8 倍,而同期在低技术行业对中国的嵌套顺差从 2011 年的 21 亿美元到 2007 年的 46 亿美元,扩大仅 1.1 倍。在所有高中低技术行业中,日本对中国都是嵌套顺差。

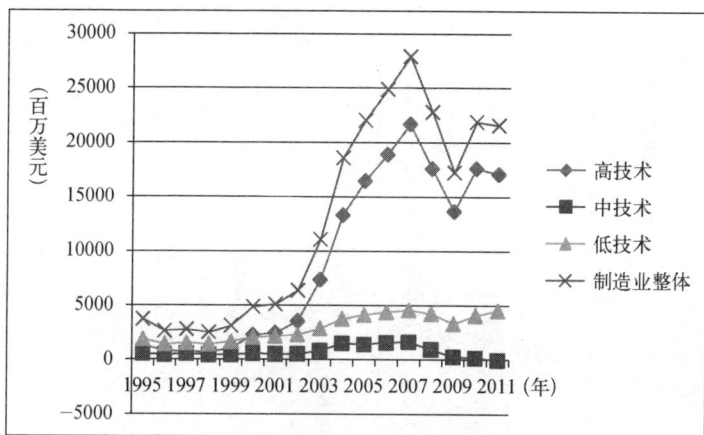

图 5.9　中日双边嵌套差额变化趋势

从细分行业层面看,以 2011 年为例,日本对中国嵌套顺差最大的是电子与光学制造业,达 186 亿美元,比排名第二的纺织及其制品行业嵌套顺差 30 亿美元高出约 6 倍。日本在中技术行业中以橡胶与塑料制品行业的嵌套顺差最大,在低技术行业以纺织及

表 5.5　2011 年中日制造业双边嵌套差额

（单位：百万美元）

高技术行业		中技术行业		低技术行业	
电子与光学制造	18 646.76	橡胶与塑料制品	526.56	纺织及其制品	3 041.09
机械制造业	593.27	其他非金属矿物制品	144.21	其他制造及回收	607.92
化学品及化学制品	393.60	焦炭、精炼石油产品及核燃料	−75.46	皮革及鞋类制造	501.02
交通设备制品	−2 549.44	基本金属及其制品	−645.81	食品、饮料与烟草	234.58
				木材及木制品	78.98
				纸张及印刷业	63.53
总计	17 084.2	总计	−50.49	总计	4 527.15

其制品行业嵌套顺差最大。再看中国对日本处于嵌套顺差的行业,在高技术行业中国对日本嵌套顺差最大的是交通设备制造业,大约 25 亿美元,在中技术行业是基本金属及其制品行业,约 6 亿美元。值得注意的是,2011 年中国在低技术行业对日本没有嵌套顺差,全部是嵌套逆差,以纺织及其制品业的嵌套逆差为最大。可见,低技术行业常被称为中国"传统优势行业",其实从双边嵌套差额来看,日本明显占据嵌套优势,全球价值链上分得的嵌套利益甚多。

(2) 双边嵌套强度

总的来看,中日两国在制造业整体上的嵌套关联强度在上升,金融危机时有所下降,而后恢复上升趋势。高技术行业嵌套强度指数明显高于同期中低技术行业,例如 2011 年高技术行业嵌套强度指数是 0.03,分别是中技术行业和低技术行业嵌套强度指数的大约 2 倍和 3 倍。

值得注意的是,中日两国高技术和中技术行业的嵌套强度总体上都呈现上升趋势,但是低技术行业的嵌套强度却出现明显下降,金融危机后也未出现恢复迹象。分析发现,实际上中日两国在低技术行业的出口规模和所包含的对方增加值规模都在增长,从 2001 年中国加入世界贸易组织到 2011 年间,两国低技术行业出口增长了 353%,而同期双边嵌套的增加值规模增长 133%,说明在低技术行业,两国双边嵌套的增加值规模增长速度与出口规模的增长速度相比较慢,中日双边嵌套的增加值总额在出口中的占比下降,从而导致嵌套强度指数下降。说明中日两国在低技术行业的分工合作相对于出口规模增长明显放缓,嵌套强度低于高中技术行业。这也从侧面反映出中国实施的产业转型升级战略对参与国际分工合作的影响,中日合作方向逐渐转向技术含量和附加值比较高的领域,在低技术行业合作的紧密程度有所下降。

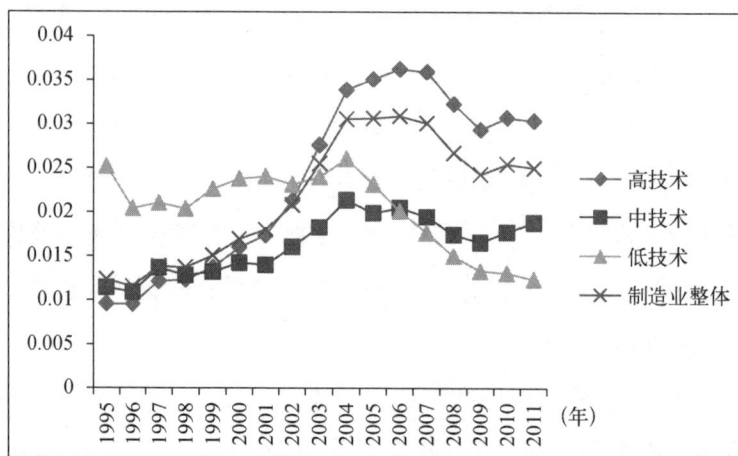

图 5.10 中日双边嵌套强度指数

中日制造业细分行业双边嵌套强度指数列于下表。在细分行业层面来看,2011 年高技术行业双边嵌套关联程度最高的是电子与光学制造业,其次是交通设备制品业。中技术行业和低技术行业嵌套强度最高的分别是橡胶与塑料制品业、纺织及其制品业。

表 5.6 2011 年中日制造业双边嵌套强度指数

高技术行业		中技术行业		低技术行业			
电子与光学制造	0.033	橡胶与塑料制品	0.023	纺织及其制品	0.014	皮革及鞋类制造	0.009
交通设备制品	0.030	基本金属及其制品	0.018	纸张及印刷业	0.012	食品、饮料与烟草	0.006
机械制造业	0.028	其他非金属矿物制品	0.013	其他制造及回收	0.012		
化学品及化学制品	0.017	焦炭、精炼石油产品及核燃料	0.008	木材及木制品	0.010		
总计	0.030	总计	0.018	总计	0.012		

值得注意的是,虽然整体上高技术行业的嵌套强度指数处于上升趋势,并且其中电子与光学制造行业的嵌套强度指数是所有行业最高的,但是它也是唯一在2005年以后嵌套强度指数持续下降的高技术行业。进一步分析发现,在该行业双边嵌套的增加值总额在2005年到2011年增加了43%,而同期出口规模增长了102%,导致嵌套强度下降。由于其余细分行业的嵌套强度指数都处于上升趋势,所以整体上高技术行业的嵌套强度指数仍是上升的。

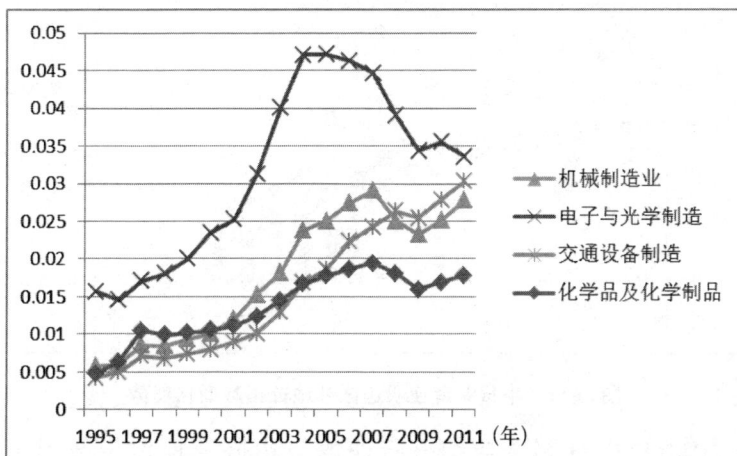

图 5.11 中日高技术细分行业的双边嵌套强度指数变化趋势

(3)双边嵌套地位指数

双边嵌套地位指数取决于双方出口所包含的对方增加值比例的大小对比。根据前面的计算公式,双边嵌套地位指数如果为正值表示日本占据优势地位,如果为负值表示中国占据优势地位。由图5.12可知,日本对中国在大多数年份里占据嵌套优势地位,而且在高技术行业的优势比中低技术行业要大。中日两国制造业整体的双边嵌套地位指数在2011年以前为正值,日本占据嵌套优势地位,但在2005年以后持续下降,表明日本的优势在减弱,到

2011 年变为负值,失去嵌套优势地位,而中国赢得了优势,并且优势还有扩大的趋势。日本分别于 2007 年和 2009 年开始失去在低技术行业和中技术行业的嵌套优势地位,而高技术行业在 2011 年失去嵌套优势地位。从变化趋势可以看出,中国的实力在不断增长,国际分工地位持续提升。

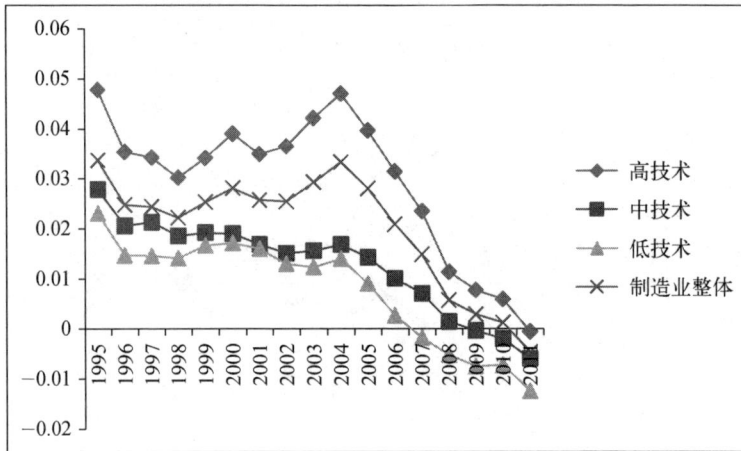

图 5.12　中日制造业双边嵌套地位指数变化趋势

　　2011 年中日制造业细分行业的双边嵌套地位指数列于表 5.7,可以看出,虽然中国已经赢得双边嵌套优势地位,但是优势较弱。尤其是高技术行业嵌套地位指数的绝对值大约只有中技术行业的十分之一,低技术行业的二十分之一。主要是因为中国刚于 2011 年获得高技术行业的嵌套地位优势,两国的嵌套地位仍然十分接近。特别是在电子与光学制造行业,日本在 2011 年仍然拥有微弱优势。从细分行业来看,中国在高技术行业优势最大的是化学品及化学制品行业,在中技术行业优势最大的是橡胶与塑料制品行业,在低技术行业优势最大的是纺织及其制品行业。与高中技术行业相比,中国在低技术行业的嵌套地位优势最大。

表 5.7　2011 年中日制造业双边嵌套地位指数

高技术行业		中技术行业		低技术行业	
电子与光学制造	0.000 113	焦炭、精炼石油产品及核燃料	−0.001 78	纸张及印刷业	−0.000 75
交通设备制造品	−0.000 61	其他非金属矿物制品	−0.004 25	食品、饮料与烟草	−0.006 97
机械制造业	−0.006 76	基本金属及其制品	−0.007 35	木材及木制品	−0.010 31
化学品及化学制品	−0.006 98	橡胶与塑料制品	−0.008 97	皮革及鞋类制造	−0.010 86
总计	−0.000 62	总计	−0.006 02	其他制造及回收	−0.012 58
				纺织及其制品	−0.025 26
				总计	−0.012 43

进一步分别对中国和日本各自最占优势的纺织及其制品行业和电子与光学制造行业进行分析，可以得到出两国出口包含的对方增加值比例变化趋势，由图5.13可以看出，中国在两个行业都是开始处于劣势，而后逐渐改善，缩小差距，直到获得优势或接近获得优势。2005年，中国在纺织及其制品行业就获得双边嵌套优势地位，并且优势还在扩大。2011年，中国在电子与光学制造行业已很接近获得嵌套地位优势。这反映出中国在低技术行业实力比高技术行业相对较强，但在高技术行业的实力正在不断增长，相信终将获得优势地位。这也反映出中国实力不断增长，崛起之势已不可挡。

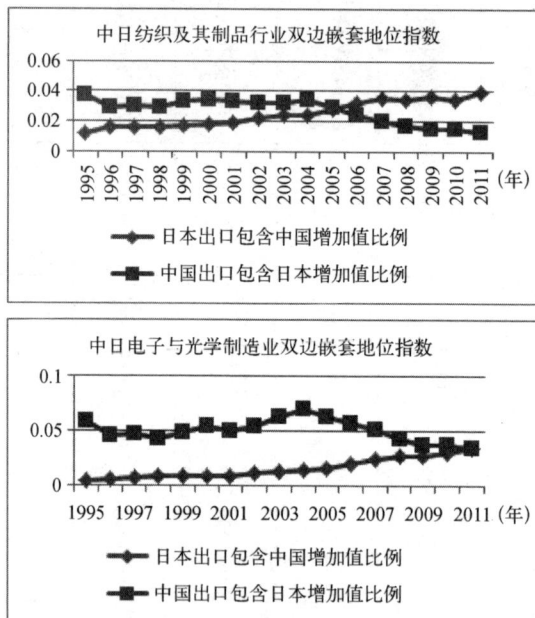

图5.13 中日各自最占优势行业的双边嵌套地位指数变化趋势图

有意思的是，中国在一些行业，例如纺织及其制品行业，对日本具有嵌套地位优势，但是却对日本有嵌套逆差。因为它们是两个不同的维度,中国具有嵌套地位优势,意味着日本出口产品所包含的中国增加值比例高于中国出口所包含的日本增加值比例。但是,由于中国出口规模巨大,有时候中国出口包含的日本增加值总额可能超过日本出口所包含的中国增加值总额。例如,2011 年中国出口的纺织及其制品达 2 418 亿美元,比日本的同行业出口 66 亿美元多出 136 倍,所以尽管日本出口产品所包含的中国增加值比例高于中国出口所包含的日本增加值比例,最终日本对中国存在嵌套顺差 30 亿美元。也就是说,由于出口规模原因,嵌套地位高的国家也可能存在嵌套逆差。无论如何,嵌套差额是顺差的国家获利较多。在此例中,在全球价值链上日本最终获得了更多的嵌套利益。在 2011 年日本从中国制造业出口中获利 415 亿美元,对中国嵌套顺差 216 亿美元。可见中国出口对日本也可以是有利的,日本不应该对中国出口规模扩张横加指责。

2. 结论与启示

在生产网络全球化背景下,出口产品的增加值来源结构日趋复杂,普遍出现一国出口产品包含多国增加值的情况,并且出口产品中外国增加值比例还有不断增加的趋势。中国和日本是彼此重要的贸易伙伴,两国出口包含的对方增加值规模都在不断增加,存在很强的相互嵌套关系。本书的研究发现,实际上 1995—2011 年中国对日本制造业整体上一直是嵌套逆差,日本获益超过中国,从中国出口中获益甚大。2011 年日本对中国嵌套顺差最大的是电子与光学制造行业,而中国对日本嵌套顺差最大的是交通设备制造行业。值得注意的是,在被认为是中国"传统优势行业"的低技术行业,中国全部处于嵌套逆差。制造业 14 个细分行业中,日本处于嵌套顺差的有 11 个,日本从中国出口中获利巨大,日本不应该片面指责中国出口规模的扩张,而无视其通过中国出口实现的巨大的本国利益。

中国与日本的双边嵌套强度总体上是不断增加的,高技术行业的嵌套强度高于中低技术行业。中日两国在低技术行业的双边嵌套强度呈现下降趋势,经分析发现,这是因为在低技术行业双边嵌套的增加值总额增速与出口规模增速相比较为缓慢所导致的。在高技术行业中唯一嵌套强度指数持续下降的行业是电子与光学制造行业,其原因也是双边嵌套的增加值总额增速与出口规模增速相比较缓慢,2005 到 2011 年间,双边嵌套的增加值总额增加43%,而出口增长了102%,造成嵌套强度指数下降,中日在该行业的分工合作有减少的趋势。

在 2011 年以前,日本对中国一直占据双边嵌套优势地位,并且在高技术行业的优势远大于中低技术行业。但优势逐渐减弱,最终在 2011 年失去在制造业整体优势地位。中国在低技术行业的实力最强,与高技术和中技术行业相比最早在 2007 年就获得了嵌套优势地位。日本嵌套地位优势最大的行业是电子与光学制造,中国嵌套地位优势最大的是纺织及其制品。日本的电子与光学制造行业在 2011 年仍然拥有嵌套地位优势。中国虽然于 2011 年在高技术行业获得整体上的嵌套地位优势,但是优势非常弱,还有很大的提升空间。

研究还发现,即使一国在某行业不拥有双边嵌套地位优势,仍有可能存在嵌套顺差,这主要是因为双边嵌套的增加值总额受到出口规模的影响,即使一国嵌套地位较低,由于对方出口规模较大,仍可能出现嵌套顺差。由于中国出口规模庞大,日本即使在一些行业嵌套地位较低,仍得到巨大嵌套顺差,得到更多的贸易利益。

可见,日本通过中国出口增长,获得了巨大的贸易利益,很多时候甚至超过中国从日本出口中获得的利益。日本对中国的出口扩张不应持负面态度,而应转变观念,适应全球价值链分工的发展趋势,开拓新的经贸合作方式,努力建立共赢的贸易格局。中国应该在贸易谈判中,明确指出日本在双边贸易中获取的巨大收益,强调中国出口对日本的巨大贡献,有力回应其对中国出口扩大的不公平指责,推动双方经贸合作的健康发展,为经济新常态的形势下中国对外贸易的发展营造有利的贸易环境和条件。

5.4 | 中俄全球价值链双边嵌套特征与贸易利益研究

俄罗斯一直是中国重要的贸易伙伴,与中国具有较强的要素需求互补性,特别是在能源资源领域有着良好的合作关系,积极发展中俄经贸关系对双方都具有重要的战略意义。2010 年以来,中国也一直是俄罗斯最主要的贸易伙伴国之一,虽然自 2014 年起,双边贸易额受到国际环境变化及经济结构调整等因素影响有所下降,2016 年逐渐恢复正增长。据中国海关统计,2016 年中俄进出口贸易额 695.25 亿美元,同比增长 2.2%,在 2016 年中国前十大贸易伙伴中,中国只有和俄罗斯的贸易是唯一增长的,可见中俄两国贸易合作势头良好。但是,两国经贸合作也存在杂音,经历过一些波折。一方面,由于俄罗斯产业结构调整缓慢,国内政策多变,有时还面临国际制裁等压力,卢布币值不稳,导致很多中国企业和商人蒙受损失;另一方面,由于国际能源市场价格波动,俄罗斯对华输出能源数量上升却收益下降,导致俄罗斯国内有些人认为本国利益受损,甚至还有人认为与中国开展某些高科技领域合作有"丧失主权风险",双方都认为自己利益受损,给两国经贸的发展蒙上了阴影。由于经济全球化的推动和日益细化的国际分工,中俄两国在全球价值链上的合作关系和利益关联变得更加复杂,难以看清与对方合作给本国带来的收益,可能产生更多的误会和障碍。因此,深入分析中俄两国在全球价值链上的贸易利益分配和分工地位具有重要意义。

国内已有不少学者从不同角度研究了中俄经贸关系。杨希燕和王笛(2005)、董锐(2010)经过实证分析都认为中俄各具比较优势,双边贸易有较强的互补性,潜力巨大。郝宇彪(2013)认为相对于伙伴国 GDP 总量而言,中俄两国的贸易合作在总量上已处于较高水平。公丕萍等(2015)分析了中俄两国贸易的空间与产品机构,认为中俄贸易强度增加,互补性强。但这些研究都是基于总量贸易统计进行分析,不能准确反映国家间的贸易地位和利益分配,而新的增加值贸易统计方法则弥补了这一不足。增加值贸易统计方法也被运用到中俄贸易关系的研究中,唐文浩和黎峰(2017)认为在增加值贸易统计下的中俄贸易差额小于总量统计,并且俄罗斯对华出口产品包含的本国增加值比例逐渐高于中国对俄出口包含的本国增加值比例。但在大多数增加值贸易文献中只是作为全球研究中的一个组成部分,未进行专门研究。周升起等(2014)的研究结果显示俄罗斯由于自然资源较为丰裕,其国际分工地位高于中国。尹彦罡和李晓华(2015)的研究结论也显示俄罗斯分工地位高于中国。

总的来看,运用增加值贸易分析中俄贸易关系的文献还不多,其中国际分工地位的文献多基于 Koopman 等(2010)的指标体系,但是该指标体系主要适用于单国情况的分析,不能直接用于双边贸易关系分析。而且,大多数文献侧重出口中本国增加值的研究,还没有对中俄增加值贸易嵌套关系进行分析。因此,本节从全球价值链上增加值双边嵌套关系的新视角分析中俄两国的双边嵌套关系和分工地位的特点和变化趋势。

1. 中俄全球价值链双边嵌套指标分析

(1)双边嵌套差额

如图 5.14 所示,从制造业整体的嵌套差额来看,俄罗斯从中国出口中获益远超中国从俄罗斯出口中的获益。除了金融危机期间稍有下降外,俄罗斯对中国的嵌套顺差一直处于持续扩大的状态。从不同行业来看,俄罗斯在高技术行业的嵌套顺差最大,中技术和低技术行业的嵌套差额相近。还可以看出,与中低技术行业相比,高技术行业的嵌套顺差增长最快。2011 年俄罗斯在高中低技术行业的嵌套顺差分别是 87 亿美元、28 亿美元和 23 亿美元,高技术行业的嵌套顺差最大,大约是中低技术行业的 3 倍多。

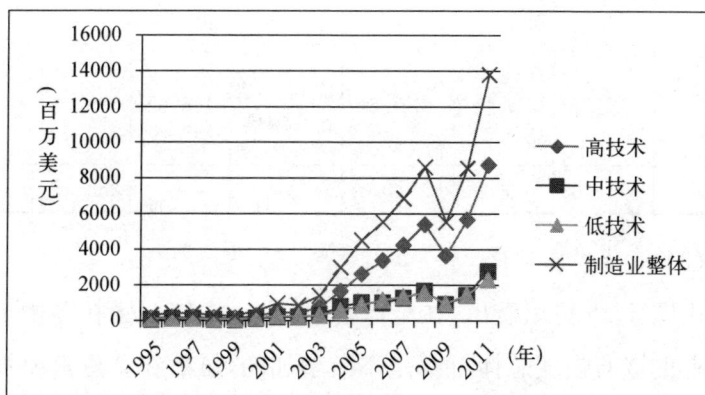

图 5.14　中俄制造业双边嵌套差额变化趋势

在细分行业层面上，表5.8中数据显示，俄罗斯在所有行业对中国都是嵌套顺差，也就是说俄罗斯在所有细分行业中从中国出口的获利超过中国从俄罗斯出口中的获利，中国出口对俄罗斯极为有利。俄罗斯在电子与光学制造行业的嵌套顺差最高，比次高的化学品及化学制品行业嵌套顺差高出近3倍多。在中低技术行业嵌套顺差最高的分别是基本金属及其制品和纺织及其制品行业。即使是中国被称为"传统优势行业"的纺织和鞋类行业，俄罗斯也拥有嵌套顺差，可见全球价值链上中国出口使俄罗斯获得巨大利益。

表5.8　2011年中俄制造业双边嵌套差额

（单位：百万美元）

高技术行业		中技术行业		低技术行业			
电子与光学制造	5 598.97	基本金属及其制品	1 333.63	纺织及其制品	1 295.88	木材及木制品	77.77
化学品及化学制品	1 451.75	橡胶与塑料制品	793.79	其他制造及回收	467.74	纸张及印刷业	29.22
机械制造业	1 040.20	焦炭、精炼石油产品及核燃料	435.82	皮革及鞋类制造	258.27		
交通设备制品	625.75	其他非金属矿物制品	217.62	食品、饮料与烟草	156.62		
总计	8 716.69	总计	2 780.88	总计	2 285.53		

（2）双边嵌套强度

由图5.15可以看出，在全球价值链上，中俄两国在高中低技术行业的嵌套强度总体上都是不断增加的，虽然在金融危机期间有所下降，但随后又恢复上升趋势，两国经济关联程度不断加强。两国在中技术行业的嵌套强度显著高于高技术和低技术行业，低技术行业的嵌套强度最低。制造业整体嵌套强度与高技术行业嵌套强度接近。中技术行业大都与能源资源相关,而中俄两国在能源资源的相关领域有广泛合作,是嵌套强度较高的重要原因。嵌套强度指数较高的前五个细分行业依次是焦炭、精炼石油产品及核燃料,化学品及化学制品,基本金属及其制品,橡胶与塑料制品,木材及木制品行业,其中三个属于中技术行业。

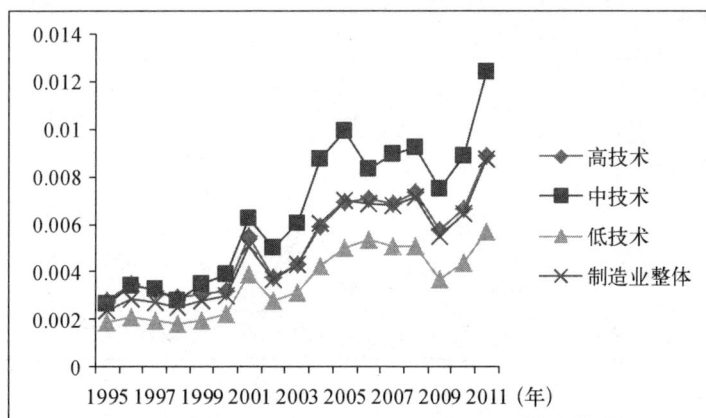

图 5.15　中俄制造业双边嵌套强度指数变化趋势

　　2011 年中俄所有细分行业双边嵌套强度指数列于表 5.9。高中低技术行业双边嵌套强度指数最高的分别是化学品及化学制品,焦炭、精炼石油产品及核燃料,木材及木制品行业,而嵌套强度指数最低的分别是交通设备制品,其他非金属矿物制品,食品、饮料与烟草行业。如果分析所有制造业细分行业嵌套强度指数的变化趋势,将位于前五名的细分行业的变化趋势绘于图 5.16,可以发现这些细分行业的嵌套强度总体都呈持续上升态势,唯有焦炭、精炼石油产品及核燃料出现较大波动,2004 年嵌套强度最高,而后波动下降,2009 年后有所上升,但 2011 年还没达到 2004 年的最高水平。进一步研究发现,2004 年后指数波动下降的主要原因是由于中国该行业出口包含的俄罗斯增加值下降,且波动较大,而该时期前后俄罗斯出口包含的中国增加值以及中俄两国出口都处于较平稳增长的状态。

表 5.9　2011 年中俄制造业双边嵌套强度指数

高技术行业		中技术行业		低技术行业			
化学品及化学制品	0.014 6	焦炭、精炼石油产品及核燃料	0.015 9	木材及木制品	0.009 8	皮革及鞋类制造	0.005 1
机械制造业	0.008 7	基本金属及其制品	0.012 2	纸张及印刷业	0.008 9	食品、饮料与烟草	0.003 7
电子与光学制造	0.007 9	橡胶与塑料制品	0.011 5	其他制造及回收	0.006 5		
交通设备制品	0.007 8	其他非金属矿物制品	0.008 3	纺织及其制品	0.005 5		
总计	0.008 8	总计	0.012 4	总计	0.005 6		

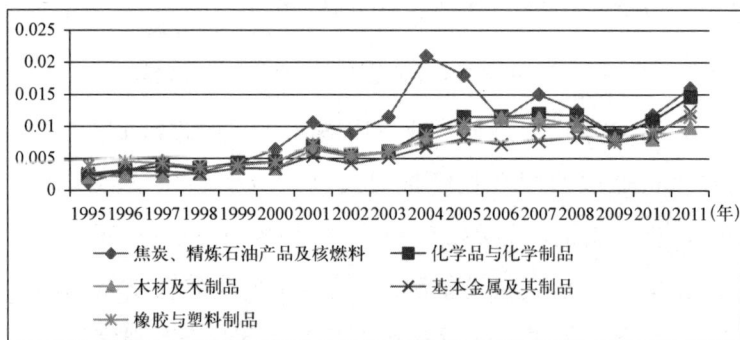

图 5.16　中俄制造业部分行业双边嵌套强度指数变化趋势

(3) 双边嵌套地位指数

由图 5.17 可以看出,俄罗斯 1995—2011 年间一直在中技术行业具有双边嵌套地位优势,金融危机后还有优势扩大的趋势。中技术行业很多与能源资源相关,俄罗斯具有比较优势。但是俄罗斯在高技术和低技术行业对中国的嵌套地位则相对弱势,嵌套地位指数为负值,中国占据优势地位,并且优势还在不断扩大。因此,从制造业整体上看中国较占优势,俄罗斯只在 6 个年度制造业整体占优势,其余 11 个年度都是中国占据优势。值得注意的是,2006 年及以后年份,中国在低技术行业的嵌套优势地位较为稳固,但也没有明显提高。而中国在高技术行业的嵌套优势已超过在低技术行业的嵌套优势,这表明中国在高技术行业的竞争力相对上升,中国产业转型升级战略取得了明显的效果,在全球价值链上的地位得到提升。

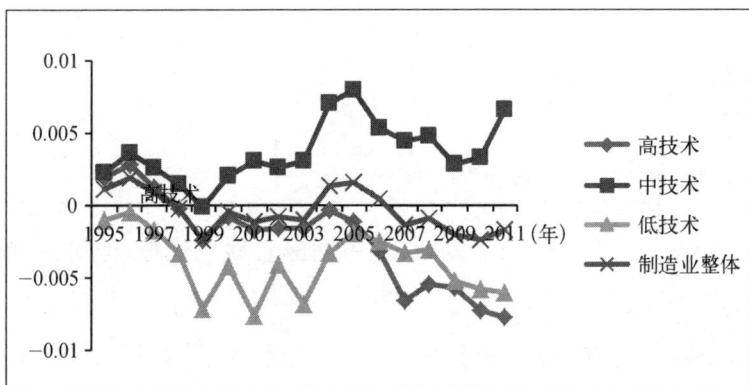

图 5.17　中俄制造业双边嵌套地位指数变化趋势

　　从细分行业来看,表 5.10 显示,2011 年俄罗斯占据嵌套地位优势的前三位行业依次是焦炭、精炼石油产品及核燃料,基本金属及其制品,化学品及化学制品,而中国占据嵌套地位优势前三位行业是纺织及其制品、交通设备制品、皮革及鞋类制造。高技术行业中除了化学品及化学制品,中国在其余行业都占据优势地位。而在低技术的 6 个细分行业中,中国在 5 个行业占据优势,中国传统行业的优势得以保持,其中,中国在纺织及其制品行业的嵌套地位

优势最大,其嵌套地位指数超出交通设备制品的嵌套地位指数 2
倍多,优势明显。

表 5.10　中俄制造业双边嵌套地位指数

高技术行业		中技术行业		低技术行业			
化学品及化学制品	0.001 9	焦炭、精炼石油产品及核燃料	0.041 3	木材及木制品	0.000 5	皮革及鞋类制造	−0.023 0
机械制造业	−0.010 1	基本金属及其制品	0.003 8	纸张及印刷业	−0.001 7	纺织及其制品	−0.079 4
电子与光学制造	−0.017 6	其他非金属矿物制品	−0.001 1	食品、饮料与烟草	−0.004 9		
交通设备制品	−0.023 6	橡胶与塑料制品	−0.020 0	其他制造及回收	−0.013 5		
总计	−0.007 8	总计	0.006 5	总计	−0.006 1		

　　有意思的是,中国在一些行业占据嵌套地位优势,但对俄罗斯
却都是嵌套逆差,分析发现这是因为中国出口额巨大所致。也就
是说,从嵌套地位的维度来看,中国占优势,俄罗斯出口包含的中
国增加值比例高于中国出口包含的俄罗斯增加值比例,但是由于
中国出口额巨大,结果俄罗斯出口包含的中国增加值总额可能小
于中国出口包含的俄罗斯增加值总额,最终俄罗斯从中国出口获
利超过中国从俄罗斯出口中的获利。

　　2. 结论与启示

　　本节从双边嵌套差额、嵌套强度和嵌套地位三个维度研究了中
国和俄罗斯在全球价值链上的嵌套关系和分工地位,研究发现:俄
罗斯在所有高中低技术行业对中国存在嵌套顺差,俄罗斯从中国出
口中获益大于中国从俄罗斯出口中获益。俄罗斯对中国的嵌套顺

差除了在金融危机期间稍有下降外一直持续扩大。俄罗斯嵌套顺差最大的是高技术行业,特别是电子与光学制造行业嵌套顺差最大。

从双边嵌套强度指数来看,两国经济关联程度不断加深,嵌套强度指数总体上不断增加。中俄两国在中技术行业的嵌套强度最高,低技术行业嵌套强度最低。由于中技术行业涉及能源资源较多,而中俄两国在该领域有广泛合作,所以中技术行业嵌套强度相对较高。高中低技术行业双边嵌套强度指数最高的分别是化学品及化学制品,焦炭、精炼石油产品及核燃料,木材及木制品行业。

从双边嵌套地位指数来看,俄罗斯一直保持在中技术行业的嵌套优势地位,金融危机后还有扩大的趋势。但是中国在高技术和低技术行业处于嵌套优势地位,并且优势还在扩大。中国在低技术行业的嵌套优势地位较为稳固,但也没有明显提高。而中国在高技术行业的嵌套优势已超过在低技术行业的嵌套优势,表明中国在高技术行业的竞争力相对上升,产业转型升级取得了明显效果。中国在一些行业占据嵌套地位优势,但是由于出口额差距巨大,最终仍可能出现嵌套逆差。也就是说,虽然中国在一些行业具有嵌套地位优势,但是从俄罗斯出口中的获利仍可能小于俄罗斯从中国出口中的获利。

中国的经济发展面临有巨大的能源资源需求,应该继续加强与俄罗斯在能源资源领域的合作。同时,应该拓宽与俄罗斯在高技术和低技术领域的合作,增大中国在这些行业出口中的获利,改变嵌套逆差的现状。而俄罗斯应该扩大开放,加快产业结构调整,积极与中国合作,对中国开放更多的投资和贸易领域,提高在全球价值链的参与度和贡献率,增加彼此在对方出口中的获利能力,营造双赢的贸易格局。

5.5 | 中印全球价值链双边嵌套特征与贸易利益
研究

中国和印度互为重要贸易伙伴,都是重要的发展中国家,两国经贸关系的对亚洲乃至全世界都具有重要意义。在"一带一路"倡议中,印度是唯一的被"一带"和"一路"同时覆盖的重要经济体,对中国具有重要战略意义。2013年5月,李克强总理提出孟中印缅经济走廊的建设倡议,也得到印度的回应与支持,中印经贸合作有巨大潜力。但是,两国过去很长时期出口都以低成本劳动力为主要优势,存在竞争性。同时,两国都是能源消费大国,在世界能源贸易中也存在竞争性。两国贸易摩擦时有发生,印度针对中国的反倾销诉讼也接连不断。由于种种原因,印度对中国一直心存顾虑。尽管如此,两国经贸关系总的发展态势良好,两国经济发展速度比发达国家快,国际贸易地位不断提高,经贸合作潜力巨大,两国的经贸关系一直是学术界关注的热点,很多学者对中印经贸关系展开了深入研究,相关成果不断涌现。施炳展(2011)比较了中印出口增长方式,认为中国以量取胜,出口价格低于印度,中印出口增长方式存在较大差异性。姚远等(2015)测算了中国和印度制造业中间投入的服务化水平,认为中印在劳动密集型制造业的服务投入率差距最大。李俊江和彭越(2016)考察了中印两国的经济增长质量,认为中国经济增长质量超过印度,经济增长效率的提升速度也高于印度。

但是这些研究都使用总量贸易统计方法,不能反映产品内部增加值来源结构。增加值贸易统计方法则可以弥补这一缺陷。已有一些学者从增加值角度对中印贸易进行了研究,例如,李金昌和项莹(2014)分析认为中国制造业出口增加值来源于印度等新兴经济体的份额在增加,且增长速度较快。尚涛(2015)的研究显示印度的国际分工地位高于中国。尹彦罡和李晓华(2015)的研究结论也显示印度的国际分工地位高于中国,中国受到发达国家和发展中国家的双重挤压。但是这些研究都是根据 Koopman 等(2010)的理论框架从全球总体分工情况进行分析的,较为笼统,无法直接反映两国相对分工地位和获益情况。因此,本节从两国出口中增加值相互嵌套的角度出发,建构新的指标体系,研究中印两国在全球价值链上的分工地位与利益分配。

1. 中印全球价值链双边嵌套指标分析

(1) 双边嵌套差额

从制造业整体上看,如图 5.18 所示,大多数年份印度对中国具有嵌套顺差,也就是说,在研究的大多数年份里,中国出口包含的印度增加值大于印度出口包含的中国增加值,印度获利更多。但是,2005 年及以后的 7 年里情况发生变化,都是印度出口包含的中国增加值大于中国出口包含的印度增加值,并且有不断扩大的趋势,印度出口包含越来越多的中国要素,显示出中国在全球价值链上不断增强的竞争力。但是,发现印度一直在高技术行业对中国存在嵌套顺差,印度从中国高技术出口中获益超过中国从印度高技术出口中获益,中国在高技术行业的竞争力还有待进一步提高。中国在嵌套差额上的最大优势体现在低技术行业,并且对印度的嵌套顺差还有扩大的趋势。在中技术行业,2008 年以后中国对印度都是嵌套顺差,但优势明显小于低技术行业。

在细分行业层面来看,以 2011 年为例,印度在高中低技术行业对中国嵌套顺差最大的细分行业分别是电子与光学制造、其他非金属矿物制品、皮革及鞋类制造行业。中国对印度嵌套顺差最大的分别是交通设备制品,焦炭、精炼石油产品及核燃料,其他制造及回收行业。其中印度在电子与光学制造行业的嵌套顺差最大,约 8.85 亿美元。在低技术行业,印度并非完全无优势,印度在皮革及鞋类制造业的嵌套顺差 1.17 亿美元。中国对印度嵌套顺差最大的是低技术行业的其他制造及回收业,约82.04 亿美元。

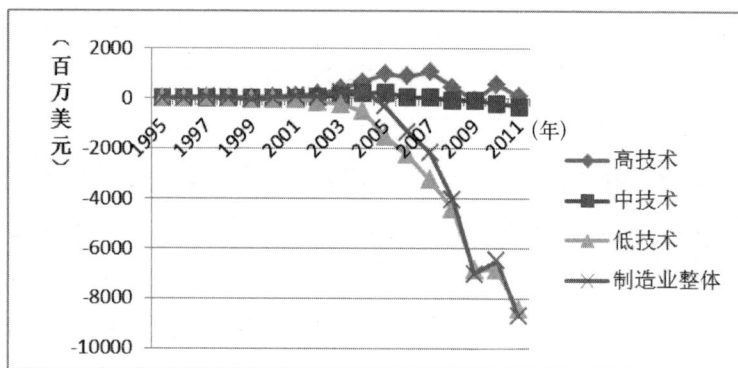

图 5.18　中印制造业双边嵌套差额变化趋势

还可以看出,2001 年前,中印双边嵌套差额很小,而后逐渐拉开差距,特别是在低技术行业,差距巨大,这与 2001 年中国加入世界贸易组织后,在全球生产网络中参与度不断加深是分不开的。加入世贸组织有利于中国积极参与国际合作与竞争,更好地释放了中国的比较优势和贸易潜力,因而中国与印度在全球价值链上的表现差异也逐渐显现,中国的优势更加突出。

表 5.11　2011 年中印制造业双边嵌套差额

(单位:百万美元)

高技术行业		中技术行业		低技术行业			
电子与光学制造	885.436 4	其他非金属矿物制品	16.523 85	皮革及鞋类制造	116.800 3	纺织及其制品	−343.283
机械制造业	26.977 34	橡胶与塑料制品	−4.612 19	木材及木制品	−2.505 75	其他制造及回收	−8 203.87
化学品及化学制品	−334.727	基本金属及其制品	−130.199	纸张及印刷业	−6.879 37		
交通设备制造	−509.133	焦炭、精炼石油产品及核燃料	−199.118	食品、饮料与烟草	−7.245 94		
总计	68.554 02	总计	−317.405	总计	−8 446.98		

(2) 双边嵌套强度

总的来看,如图 5.19 所示,除了金融危机期间稍有下降,中印两国在全球生产网络中的嵌套强度是持续增加的,在低技术行业的嵌套强度最高,约为 0.020,而在高中技术行业的嵌套强度指数约为 0.005 左右,前者是后者的 4 倍,高技术行业的嵌套强度最低,可见中印两国在低技术行业的嵌套关联强度大大超过高技术和中技术行业。还可以看出,低技术行业嵌套强度增长最快,上升势头最猛,即使金融危机后稍有下降,仍远远高于高中技术行业的嵌套强度。而高中技术行业在 2005 年以后增长幅度很小,中技术行业在 2011 年甚至出现下跌,可见在发展速度上两国在高中技术行业的嵌套关联也远不如低技术行业。印

度在信息技术等高科技行业发展迅猛,中国应努力强化与印度
在高技术领域的合作,学习和获取印度的优势要素,增强中国在
高技术全球生产网络的实力。

与前面嵌套差额变化特点类似,2001年前高中低技术行业嵌
套强度接近,而2001年中国加入世贸组织后行业间嵌套强度差距
拉大,表明中国加入世贸组织后,两国在全球价值链上嵌套强度的
行业间差异愈加明显。而且两国都是发展中国家,在低技术行业
都具有一定优势,因此两国在低技术行业的嵌套关联强度增长最
迅速,超过其他行业。

从细分行业来看,中国和印度在高中低技术行业嵌套强度最
高的行业分别是交通设备制品,焦炭、精炼石油产品及核燃料,其
他制造及回收三个行业。其他制造及回收行业的嵌套强度指数大
约是其他行业嵌套强度指数的9倍以上,进一步分析发现,其主要
原因是印度该行业出口包含的中国增加值总值大幅快速增加,从
而拉高了低技术行业的嵌套强度指数,这也显示出中国在该行业
的巨大优势。

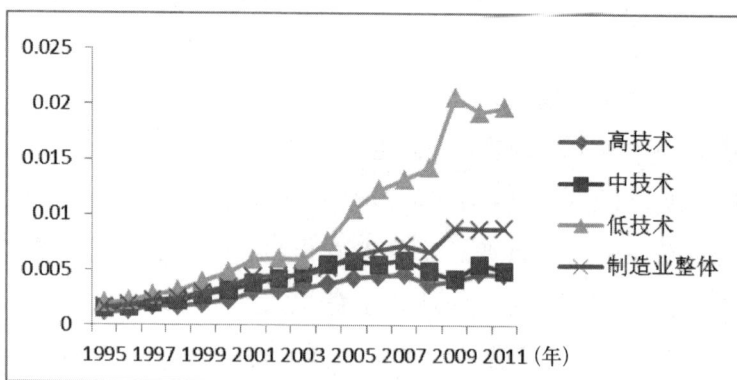

图 5.19 中印制造业双边嵌套强度变化趋势

表 5.12　2011 年中印制造业双边嵌套强度指数

高技术行业		中技术行业		低技术行业			
交通设备制品	0.007 722	焦炭、精炼石油产品及核燃料	0.007 031	其他制造及回收	0.064 115	纸张及印刷业	0.003 698
化学品及化学制品	0.006 315	基本金属及其制品	0.005 001	纺织及其制品	0.005 984	木材及木制品	0.002 752
电子与光学制造	0.003 884	橡胶与塑料制品	0.004 293	食品、饮料与烟草	0.005 029		
机械制造业	0.003 823	其他非金属矿物制品	0.003 635	皮革及鞋类制造	0.003 849		
总计	0.004 555	总计	0.004 901	总计		0.019 732	

（3）双边嵌套地位指数

从双边嵌套地位指数来看，中国在所有高中低行业都一直对印度占据嵌套优势地位，并且优势有不断扩大的趋势。如图 5.20 所示，中国在低技术行业的嵌套地位优势最大，优势扩大得也最快，其次是高技术行业，最后是中技术行业。中国在低技术行业的优势远超高技术和中技术行业的优势。还可以看出，中国低技术行业的嵌套优势在金融危机期间稍有减少，而后恢复扩大的趋势，而高技术和中技术行业的优势扩张却未受金融危机影响，保持扩大的势头，表明中国在高技术和中技术行业对印度的嵌套优势虽然弱于低技术行业，但是发展势头相对更稳定。

2001 年以前，中国对印度的嵌套地位优势并不是非常明显，但是 2001 年加入世界贸易组织后，中国的嵌套优势逐渐显著起来，并且不同行业优势间差距也越来越大。这表明加入世界贸易组织充分发挥出了中国不同行业的比较优势,竞争力不断提高,并且优势越来越大。

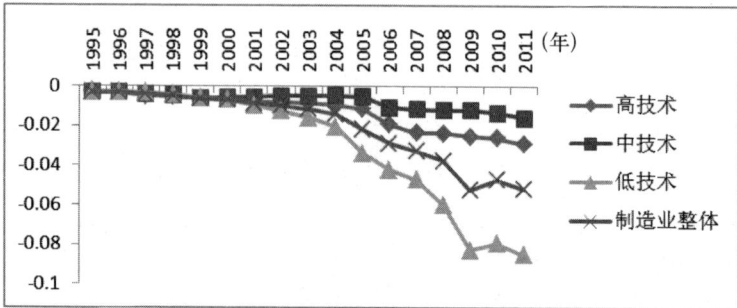

图 5.20　中印制造业双边嵌套地位指数变化趋势

从细分行业层面来看,在高中低行业中国嵌套地位优势最大的细分行业分别是电子与光学制造、橡胶与塑料制品、其他制造及回收三个行业。在所有细分行业优势总排序中,中国在其他制造及回收行业的优势远超其他所有细分行业,其次优势最大的是纺织及其制品行业,然后是电子与光学制造行业。进一步分析了所有细分行业的变化趋势,1995—2011 年间,中国在几乎所有行业对印度占据优势。唯一例外的是皮革及鞋类制造行业,如图 5.21 所示,1995—2001 年中国对印度在该行业的嵌套优势很小,在 2001 年甚至被印度赢得了嵌套优势,但 2001 年后,中国夺回优势并且逐渐扩大。为了避免过多图线重叠,在图中取部分代表性细分行业的嵌套地位变化趋势作对比,可以看出,中国在细分行业的嵌套地位优势都开始阶段都相对较小,并且行业间的嵌套地位很接近。在 2001 年后中国获得明显嵌套优势,并且优势迅速增大。可见 2001 年中国加入世界贸易组织,为中国争取到较为有利的贸易环境,增大了中国参与全球价值链的机会,在国际竞争中逐渐赢得了优势,与印度拉开了差距。

表 5.13　2011 年中印制造业双边嵌套地位指数

高技术行业		中技术行业		低技术行业			
机械制造业	−0.024 68	焦炭、精炼石油产品及核燃料	−0.010 8	食品、饮料与烟草	−0.008 46	纺织及其制品	−0.034 3
化学品及化学制品	−0.027 11	其他非金属矿物制品	−0.016 99	木材及木制品	−0.008 82	其他制造及回收	−0.130 03
交通设备制品	−0.030 65	基本金属及其制品	−0.017 41	皮革及鞋类制造	−0.015 42		
电子与光学制造	−0.031 24	橡胶与塑料制品	−0.030 14	纸张及印刷业	−0.019 23		
总计	−0.029 09	总计	−0.015 81	总计	−0.084 97		

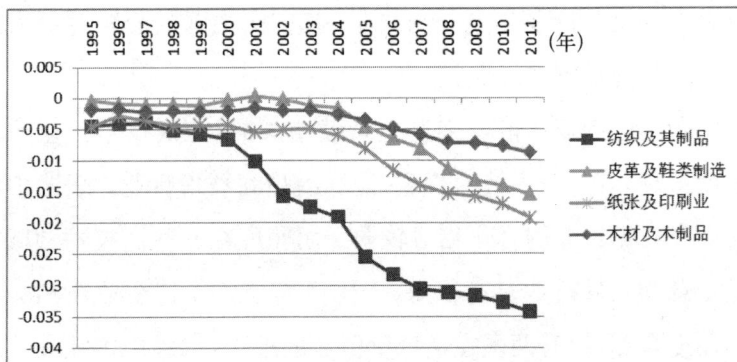

图 5.21　中印部分低技术行业双边嵌套地位变化趋势

有意思的是,中国在高技术行业对印度具有嵌套地位优势,但是对印度存在嵌套逆差。研究发现其主要原因是由于中国的出口额巨大。虽然印度出口所包含的中国增加值比例高于中国出口所包含的印度增加值比例,但是由于中国出口额远超印度出口额,最终中国出口所包含的印度出口额大于印度出口所包含的中国增加值。可见,双边嵌套地位较低的国家仍可能获得较多的嵌套获益总额,中国的巨大出口规模使印度受益,对印度是有利的。

2. 总结与讨论

总体上,中国在很多行业占据优势,但印度从中国出口中获利甚大。两国贸易互惠互利,有巨大合作潜力。研究结果显示,在1995—2011年间大多数年份里,印度对中国具有嵌套顺差,中国出口包含的印度增加值超过印度出口包含的中国增加值。但是2005年后,情况反转,变成印度出口包含的中国增加值大于中国出口包含的印度增加值。这表明中国在全球价值链上的竞争力在增强,印度出口包含的中国要素在增加。印度在高技术行业对中国具有嵌套顺差,而在中低技术行业对中国是嵌套逆差。中国在低技术行业的嵌套优势最大,并且优势还在不断增长。印度嵌套顺差最大的细分行业是电子与光学制造,而中国嵌套顺差最大的细分行业是其他制造及回收。

中印两国的双边嵌套强度是持续增加的,在低技术行业的嵌套强度最高,其次是中技术行业,最低的是高技术行业。表明中印两国在高技术行业的合作相对较弱。而印度在一些高技术领域特别是信息和软件行业具有优势,中国政府应该支持企业在相关领域与印度合作,提升两国在全球价值链的地位,增强中国在高技术领域的竞争力。两国嵌套强度最高的细分行业是其他制造及回收,其嵌套强度远超其他细分行业,主要原因是印度该行业出口包含的中国增加值总值大幅增加,显示出中国在该行业的强大竞争力。

中国在高中低行业对印度都占据明显的嵌套优势地位,并且优势不断扩大。其中低技术行业的优势最大。所有细分行业优势中,嵌套地位优势最大的三个行业依次是其他制造及回收、纺织及其制品、电子与光学制造,其中其他制造及回收行业的嵌套地位优势远超其他所有细分行业。

研究还发现,2001 年以前中印两国各项指标差别不是太大,中国对印度优势不大。2001 年以后,中印两国所有指标都逐渐拉开差距,中国对印度的优势越来越明显,并且不断加大。表明中国加入世界贸易组织为中国争取到更开放合理的贸易环境和条件,对中国提高在全球价值链的参与度和竞争力发挥了重要作用。中国应该加大开放力度,加快中印两国建设自由贸易区的步伐,协调两国贸易关系,更加积极地参与到世界贸易体系中去,为进一步提升国际分工地位和竞争力争取更有利的国际条件。

5.6 | 本章小结

全球价值链研究中运用最广的是 Koopman 等(2010)提出的指标体系,但是该指标体系主要适用于单国全球价值链分工特征的分析,而不便于对两国增加值贸易关系进行深入研究。本章对被该指标体系进行拓展,通过构建包含双边嵌套差额、嵌套强度指数和嵌套地位指数的指标体系,研究了全球价值链上中国与部分主要贸易伙伴国之间增加值双边嵌套关系及其演变特征,发现:

(1)美国长期抱怨中美贸易失衡,声称中国大量出口伤害了美国利益。本章研究表明,美国对华存在嵌套顺差,并且有扩大的趋势。特别是在高科技领域,美国维持着巨大的隐形贸易收益。

双方嵌套强度不断扩大,合作在不断加强,高技术领域嵌套强度最高,增长最快。电子与光学制造行业与皮革及鞋类制造行业的嵌套强度指数出现下降,主要原因是中国出口包含的美国增加值比例在下降,美国的嵌套能力即增加值嵌入对方出口产品的能力相对有所下降,而中国的嵌套能力在增强。从总体双边嵌套地位指数来看,美国仍然占据制造业优势。在低技术和高技术行业,中国逐渐获得了相对优势。美国在中技术行业的嵌套地位指数大致平稳,具有稳定优势。研究表明,中美两国都从贸易中受益,美国应该从新的角度看待两国出口的利益关联,积极加强合作,实现"共赢",而不是打压破坏双边贸易关系。

(2)中日两国在全球价值链上双边嵌套强度在不断增长,特别是高技术行业。日本享有嵌套顺差,从中国出口中获益甚大。研究发现,在被认为是中国"传统优势行业"的低技术行业,中国竟然处于嵌套逆差。2011年前,日本一直具有嵌套地位优势,但在2011年失去整体制造业嵌套地位优势。中国在低技术行业获得嵌套地位优势比高中技术行业早,虽然2011年获得整体嵌套地位优势,但是优势很弱,还有待加强。日本从中国出口中获得巨大利益,应转变对中国出口增长的负面态度,积极开拓经贸合作,扩大互利共赢的局面。

(3)中俄双边嵌套关联研究显示,俄罗斯在所有高中低技术行业对中国存在嵌套顺差,俄罗斯从中国出口中获益大于中国从俄罗斯出口中获益。并且俄罗斯的嵌套顺差不断扩大,特别是在电子与光学设备等高技术行业。中俄两国总体上双边嵌套强度在不断增强,在中技术行业的嵌套强度最高,低技术行业嵌套强度最低。从双边嵌套地位指数来看,俄罗斯一直保持在中技术行业的嵌套优势地位,而中国在高技术和低技术行业处于嵌套优势地位,并且优势还在扩大。而中国在高技术行业的嵌套优势已超过在低技术行业的嵌套优势,表明中国在高技术行业的竞争力相对上升,产业转型升级取得了明显效果。

(4) 中国和印度作为世界主要发展中国家,两国经贸关系日趋紧密。在 1995 年到 2011 年间大多数年份,印度对中国具有嵌套顺差,但 2005 年后,中国对印度具有嵌套顺差。这表明中国在全球价值链上的竞争力在增强,印度出口包含的中国要素在增加。印度在高技术行业对中国具有嵌套顺差,而在中低技术行业对中国是嵌套逆差。中印两国的双边嵌套强度是持续增加的,但在低技术行业的嵌套强度最高,而高技术行业的嵌套强度最低。表明中印两国在高技术行业的合作相对较弱,有提升空间。中国在高中低行业对印度都占据明显的嵌套优势地位,并且优势不断扩大。其中低技术行业的优势最大。2001 年以前中印两国各项指标数值相近,2001 年中国加入世界贸易组织后对印度的优势越来越明显,并不断加大,表明中国加入世界贸易组织对中国提高全球价值链地位发挥了重要作用。

第6章 产品竞争力研究

"竞争力"是一个含义丰富并且广泛用于多种研究领域的概念,国家、社会、企业、个人等都可以与竞争力联系起来。正因为其含义如此之丰富,并且使用的领域如此之多,以至于无法为其赋予一个严谨而精确的定义。各种文献中常见的有"国际竞争力""国家竞争力""贸易竞争力""产品竞争力""出口竞争力"等,彼此的内涵都存在着关联与交叉,一般而言都是结合具体研究而赋予特定的含义。在国际贸易研究领域,"产品竞争力""出口竞争力"与"贸易竞争力"的使用都很普遍,由于本章研究的产品竞争力既涉及贸易,又与生产有关;既涉及出口,又涉及进口,所以采用"产品竞争力"这一名称较适合。本章用"产品竞争力"来表示产品在国际市场上的竞争优势。

前面章节研究表明,中国垂直专业化程度不断上升,出口产品包含的外国增加值比例也越来越高,这些因素对中国产品在国际市场上的竞争力有怎样的影响,中国产品的竞争力是上升还是下降了;另外,用增加值贸易数据与用总量贸易数据测度中国产品的竞争力结果有何差异,差别是否很大。本章围绕这些问题展开研究,首先根据竞争力指标用总量贸易数据对中国产品的竞争力进行测度,然后再用增加值贸易数据进行测度分析。此外,由于目前绝大多数研究文献都是将中国与发达国家的竞争力进行对比,还较缺乏将中国与发展中国家进行对比的研究成果,因此本章将中国产品的竞争力与同属发展中大国印度的产品竞争力进行比较,希望得到一些较新的结论。

6.1 | 基于总量贸易数据的中国产品竞争力指标与测度

中国加入世界贸易组织至今已有 20 年,已经成为世界第一出口大国和第二大进口国。但是"大而不强"的担忧促使中国不断努力提升自己的竞争力。在进出口贸易额不断增长的形势下,中国一直努力提高产品质量和档次,增强产品在国际市场上的地位和竞争力,并且取得了一定的成效。总的来看,中国产品的竞争力不断增长,产品遍布世界各地,产品的质量和档次也在不断提高。但是,国际贸易的格局不断发展变化,国家间的分工合作方式和途径越来越复杂多样,产品生产环节的跨国分布越来越普遍,如何客观地评价一国产品的竞争力成为一项挑战性的任务。运用增加值测度竞争力将成为解决这一难题的重要途径。但是目前大多数研究仍然使用贸易总量数据来测度竞争力。一个重要原因是贸易总量数据丰富,各种数据库经过多年发展已较完善;另一个原因是产品竞争力指标体系经过各国学者不断开发完善,也较全面,用总量数据在很多时候也可以较好地反映竞争力发展变化,而且相对简便易行,所以大多数研究中主要使用贸易总量数据测度竞争力。

因此,本章先用贸易总量数据对中国产品的竞争力进行测度。[①] 目前使用较普遍的产品国际竞争力评价体系大致可以分为比较优势类评价指标和竞争优势类评价指标两大系列。限于篇幅,此处截取 WIOD 数据库中 2005 年到 2014 年中国制造业数据进行计算分析,WIOD 数据库提供 19 个制造业行业数据,但"机械设备安装与维修"行业无出口数据,因此竞争力数据表中略去此行业,另外,有的地方加列"制造业总体"竞争力数据便于进行对比观察。[②]

1. 比较优势类的评价指标

(1) 出口比较优势指数

$CA = EX_i / EX_0$,其中 CA 为出口比较优势指数,用目标行业出口额占全国商品(或某类行业)出口额的比重衡量比较优势。EX_i 为 i 产品的出口额,EX_0 为中国所有商品的总出口额(下同)。

从 2014 的出口比较优势指数来看,在中国出口行业中比较优势最大的前三个行业是计算机与光电、纺织品和服装、电子设备,而比较优势最小的三个行业是木草制品、纸及纸产品、媒体印刷复制品。对比 2005 年与 2014 年数据看变化趋势,可以发现 18 个制造行业中 11 个行业的比较优势总体趋势是上升的,其余行业则是下降的。值得注意的是虽然计算机与光电、纺织品和服装出口优势较大,但却处于下降趋势,降幅分别为 15% 和 23%。也就是说这两个行业在制造业出口中占比在下降,而其余行业出口占比上升。主要原因是纺织品和服装属于传统出口行业,出口已近饱和,

---

[①] 由于有的指标与测度方法很相近,反映的竞争力也类似,本书选取了部分有代表性的指标进行测度分析。

[②] 本节表格数据均来自 WIOD 数据库整理而得。

表6.1 2005—2014年中国出口比较优势指数

行业 \ 年份	2005	2006	2007	2008	2009	2010	2011	2012	2013	2014
食品和烟草制品	0.030	0.029	0.027	0.026	0.029	0.027	0.028	0.027	0.028	0.027
纺织品和服装	0.195	0.187	0.178	0.162	0.169	0.160	0.157	0.149	0.153	0.150
木草制品	0.008	0.009	0.008	0.008	0.008	0.008	0.009	0.009	0.009	0.009
纸及纸产品	0.003	0.002	0.002	0.002	0.003	0.004	0.005	0.006	0.006	0.006
媒体印刷复制品	0.002	0.002	0.001	0.001	0.002	0.001	0.002	0.002	0.002	0.002
焦炭与精炼石油	0.009	0.007	0.007	0.009	0.008	0.012	0.014	0.014	0.014	0.014
化学与化学制品	0.045	0.043	0.045	0.050	0.043	0.047	0.052	0.047	0.047	0.049
医药产品与制剂	0.008	0.008	0.009	0.010	0.012	0.011	0.011	0.011	0.011	0.010
橡胶与塑料制品	0.036	0.035	0.034	0.030	0.030	0.029	0.029	0.031	0.031	0.030
非金属矿物制品	0.015	0.015	0.013	0.015	0.017	0.018	0.020	0.023	0.024	0.024
基本金属	0.044	0.050	0.046	0.056	0.034	0.038	0.044	0.042	0.041	0.044
金属制品	0.037	0.038	0.040	0.041	0.040	0.037	0.039	0.042	0.042	0.043
计算机与光电	0.330	0.326	0.305	0.290	0.303	0.309	0.286	0.291	0.284	0.281
电子设备	0.082	0.084	0.087	0.093	0.092	0.099	0.098	0.103	0.107	0.111
机械设备	0.063	0.068	0.091	0.101	0.100	0.099	0.104	0.094	0.094	0.095
汽车拖车	0.017	0.019	0.024	0.025	0.021	0.027	0.029	0.030	0.030	0.031
其他交通设备	0.019	0.021	0.023	0.028	0.036	0.038	0.037	0.034	0.029	0.027
家具	0.06	0.06	0.06	0.05	0.05	0.04	0.04	0.05	0.05	0.05

势头逐渐疲软。而计算机与光电行业出口很多是加工贸易，2008 年金融危机后加工贸易收缩，导致该行业出口优势减弱。出口比较优势增长率排名中前三名是纸与纸制品、汽车拖车、非金属矿物制品行业，分别达 128％、80％和 60％。一些中高技术的行业，如医药产品与制剂比较优势不突出，并且高技术行业中计算机与光电比较优势出现下降，表明中国出口结构还有待优化升级，需要增强产业链的自主可控能力，减少对外资和加工贸易的依赖。

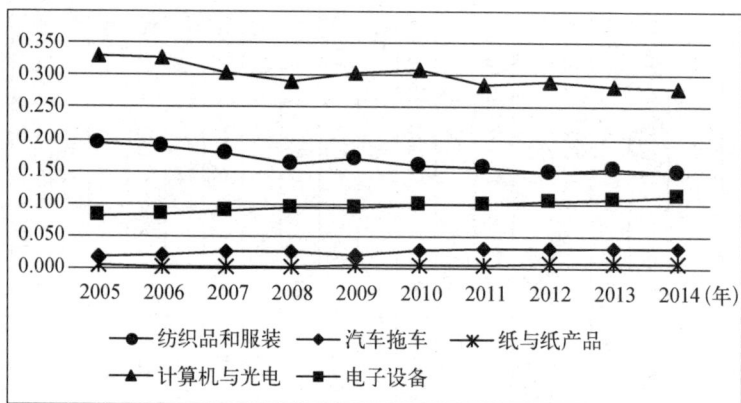

图 6.1　中国制造业出口比较优势变化趋势图

（2）显示性出口比较优势指数

$RCA=(EX_i/EX_0)/(EX_{ui}/EX_{u0})$，其中 RCA 是显示性出口比较优势指数，EX_{ui} 是全世界 i 产品出口额，EX_{u0} 是全世界所有商品总出口额。计算了中国 2004—2013 年各年各大类产品的显示性出口比较优势指数，结果列于下表。

根据国际上广泛接受的日本贸易振兴协会（JETRO）的标准，RCA＞1 表示一国产品在国际市场上具备优势地位，数值越大则优势越大。如果 RCA＞2.5，则说明优势极强。如果 1.25＜RCA＜2.5，

表 6.2　2005—2014 年中国显示性出口比较优势指数

年份 / 行业	2005	2006	2007	2008	2009	2010	2011	2012	2013	2014
食品和烟草制品	0.65	0.65	0.61	0.55	0.53	0.55	0.56	0.53	0.54	0.52
纺织品和服装	3.49	3.53	3.51	3.41	3.26	3.27	3.21	3.07	3.08	2.96
木草制品	0.99	1.05	1.01	1.12	1.22	1.20	1.35	1.46	1.40	1.36
纸及纸产品	0.19	0.17	0.14	0.17	0.23	0.28	0.39	0.49	0.51	0.53
媒体印刷复制品	0.87	0.79	0.65	0.63	0.64	0.76	0.90	0.95	1.05	1.11
焦炭与精炼石油	0.25	0.17	0.16	0.18	0.19	0.26	0.25	0.24	0.26	0.27
化学与化学制品	0.67	0.66	0.68	0.75	0.63	0.67	0.73	0.67	0.67	0.71
医药产品与制剂	0.31	0.34	0.37	0.41	0.39	0.42	0.43	0.43	0.44	0.42
橡胶与塑料制品	1.54	1.55	1.48	1.38	1.26	1.23	1.25	1.30	1.31	1.27
非金属矿物制品	1.29	1.31	1.22	1.40	1.52	1.69	1.82	2.13	2.25	2.11
基本金属	0.84	0.86	0.75	0.88	0.66	0.66	0.71	0.71	0.73	0.82
金属制品	1.40	1.40	1.48	1.51	1.46	1.47	1.51	1.60	1.63	1.61
计算机与光电	2.44	2.46	2.51	2.55	2.50	2.47	2.44	2.48	2.47	2.47
电子设备	2.04	2.11	2.19	2.35	2.23	2.36	2.42	2.52	2.62	2.68
机械设备	0.90	0.99	1.22	1.34	1.39	1.40	1.42	1.34	1.40	1.41
汽车拖车	0.19	0.22	0.28	0.31	0.30	0.35	0.38	0.39	0.39	0.39
其他交通设备	0.65	0.71	0.75	0.91	0.96	1.16	1.18	1.05	0.92	0.83
家具	1.74	1.89	1.95	1.76	1.68	1.23	1.31	1.69	1.72	1.68
制造业竞争力	1.30	1.31	1.32	1.33	1.32	1.32	1.31	1.32	1.34	1.34

表6.3　2005—2014年中国主要产品出口增长率优势指数

行业＼年份	2005	2006	2007	2008	2009	2010	2011	2012	2013	2014
食品和烟草制品	-5.92	-5.31	-6.22	-5.80	9.23	-7.84	4.91	-3.69	1.77	-2.33
纺织品和服装	-2.09	-4.95	-6.24	-10.08	3.20	-7.03	-2.29	-5.33	3.13	-2.39
木草制品	-6.59	1.54	-8.87	-3.67	7.15	-5.54	9.18	8.63	-1.78	1.72
纸及纸产品	-26.85	-24.78	-26.07	26.32	33.83	23.39	38.21	21.99	5.88	3.99
媒体印刷复制品	-26.62	-25.76	-28.03	-4.11	15.04	-3.00	7.91	7.72	8.92	2.63
焦炭与精炼石油	-34.04	-35.13	-3.61	42.49	-10.08	67.76	19.26	-1.32	3.34	-0.57
化学与精细化学制品	1.86	-6.56	7.72	12.65	-12.45	11.70	14.75	-10.48	-0.56	4.49
医药产品与制剂	1.12	6.31	12.31	11.93	15.64	-8.20	-6.15	-2.58	-0.17	-3.51
橡胶与塑料制品	0.74	-3.64	-6.36	-11.79	-0.89	-4.24	2.36	4.03	1.60	-2.89
非金属矿物制品	3.35	-1.45	-9.68	13.02	10.32	9.88	10.84	17.22	7.06	
基本金属	-29.61	17.15	-9.58	23.74	-32.10	15.50	18.91	-3.85	-4.14	8.16
金属制品	2.36	4.42	6.04	3.80	-2.95	-9.41	5.11	9.98	0.30	0.28
计算机与光电	4.12	-1.50	-8.24	-5.50	3.54	2.64	-8.79	1.72	-2.56	-1.11
电子设备	1.70	3.42	5.06	8.21	-0.77	9.23	-0.73	4.96	4.47	3.78
机械设备	-1.72	11.05	43.09	13.00	-0.96	-1.14	5.70	-10.31	0.42	0.54
汽车拖车	19.73	13.84	36.55	4.04	-13.53	37.30	11.52	1.61	1.04	1.04
其他交通设备	-2.84	17.35	7.90	25.23	24.55	9.25	-5.38	-7.65	-15.16	-8.69
家具	23.17	0.14	3.73	-16.22	4.58	-45.04	3.07	27.56	2.53	2.93

说明有较强的优势。如果 0.8＜RCA＜1.25，则认为具有平均的竞争优势。RCA＜0.8，则认为完全不具备优势。一般认为，如果 0＜RCA＜1，表示产品处于比较劣势。

从结果中可以看出，中国制造业 RCA 一直处于上升趋势，整体来看国际竞争力处于较强范围。从 2014 年数据看，纺织品和服装、电子设备 RCA＞2.5，属于极具竞争力行业。但是食品与烟草制品、纸及纸产品、焦炭与精炼石油、化学与化学制品、医药产品与制剂、汽车拖车行业 RCA＜0.8，则不具备竞争力。RCA 处于 1.25 与 2.5 之间的行业有木草制品、橡胶与塑料制品、非金属矿物制品、金属制品、计算机与光电、机械设备、家具行业，表明这些行业具备较强竞争优势。其余行业 RCA 位于 0.8 与 1.25 之间，具备一般性竞争优势。

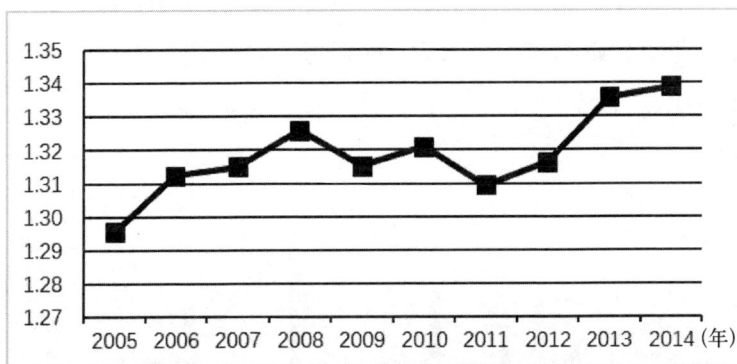

图 6.2　中国制造业显示性比较优势变化趋势

另外，从趋势来看，中国制造业总体出口的显示性出口比较优势是上升的，在 2008 年金融危机后有所下降，2011 年见底反弹后持续回升，2014 年达到最高值 1.34。可见，中国制造业出口总体具有较强的竞争力，且优势在不断增长。

（3）出口增长率优势指数

$EXGRA = (g_i - g_0) \, x100$，$EXGRA$（Export Growth Rate Advantage）是出口增长优势指数，g_1 是 i 产品出口增长率，g_0 是中国所有商品或某类商品总出口增长率。它表示某行业商品与其他商品相比是否具有更高增长率的优势，一般认为增长率越高越具竞争优势。此处用每个行业增长率与制造业总体增长率作比较。

从各行业数据看，每个行业增长率有高于或低于制造业总体增长率的时候。纺织品与服装、木草制品、纸及纸产品、基本金属的增长率大多数时候高于总体增长率，即使有的时候增长率低于总体增长率，差距也在缩小，增长势头良好。而医药产品与制剂、橡胶与塑料制品、非金属矿物制品、计算机与光电、机械设备、汽车拖车、其他交通设备行业的增长率原来高于总体增长率，后来却逐渐向低于总体增长率的方向发展，值得注意。出口增长率优势指数受产业结构影响较大，中国应特别努力提高产业结构中高技术产业占比，增强竞争力。

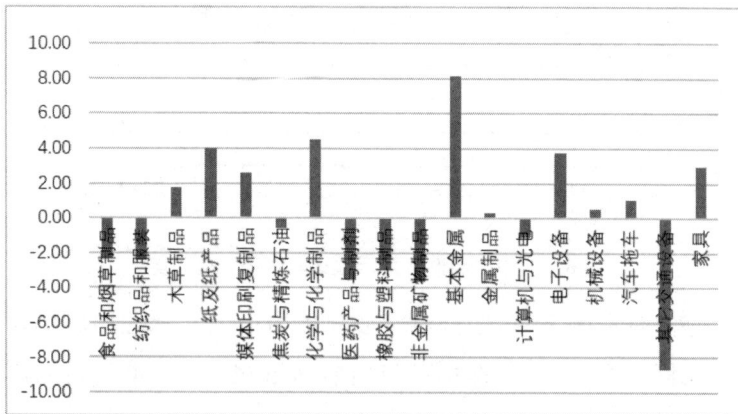

图 6.3　2014 年中国各行业出口平均增长率优势指数对比

从 2014 年数据来看,出口增长率优势指数的前三名行业是基本金属(8.16)、化学与化学制品(4.49)、纸及纸产品(3.99),优势指数最低的三个行业是医药产品与制剂(−3.50)、非金属矿物制品(−3.64)、其他交通设备(−8.69)。2014 年有 10 个行业增长率超过总体增长率。值得注意的是纺织品和服装这类传统出口行业虽然规模大,但随着市场饱和,增长率逐渐下降,需要积极推动转型升级提升出口质量和实力。

(4) 显示性出口比较优势增长率指数

$GRCA=(CA_t-CA_{t-1})/CA_{t-1}$(Growth Rate of Comparative Advantage)是显示性出口比较优势增长率指数,CA_t 与 CA_{t-1} 是该期和前期的比较优势指数。

2. 竞争优势类的评价指标

(1) 世界市场占有率指数

$MS=EX_i/EX_{wi}$ MS(Market Share)是世界市场份额。EX_i 为中国 i 产品的出口额,EX_{wi} 为全世界 i 产品的出口额。

对比 2005 年与 2014 年数据,可以看出中国制造业各细分行业的国际市场占有率都是上升的,总体市场占有率从 9.09% 增加到 2014 年的 15.73%,几乎翻番,表明中国改革开放力度不断加大,国际市场占有率也持续增大。从 2014 年数据来看,市场占有率最高的三个行业是纺织品和服装 35%、电子设备 32% 和计算机与光电 29%;而最低的三个行业是医药产品与制剂 5%、汽车拖车 5% 和焦炭与精炼石油 3%。

从市场占有率的增长率来看,纸及纸产品的市场占有率增长最快,增长率近 400%。汽车拖车的市场占有率增长约 250%,而非金属矿物制品、机械设备、木草制品、医药产品与制剂、电子设

备、其他交通设备、媒体印刷复制品的增长率都超过 100％。其余
行业的增长率介于 35％与 95％之间。增长率最低的三个行业是
食品和烟草制品 34％，橡胶与塑料制品 39％，纺织品和服装 42％。
可以看出纺织品和服装虽然市场占有率很高，但属于传统制造业，
发展空间有限，甚至被称为"夕阳产业"，增长率相对较低，因此需
要提高技术含量，尽快实现产业转型升级。

（2）贸易竞争力指数

$TC=(EX_i-IM_i)/(EX_i+IM_i)$，$TC$ 是贸易竞争指数，EX_i
与 IM_i 分别是 i 产品的出口额和进口额。该指数由 Grubel 和
Lloyd(1975)提出，指数取值在[－1,1]之间，数值越大，表示竞争
力越强。如果指数为正，表示该行业是净出口国，有较强出口竞
争力；如果指数为负，则表示是净进口国，该行业出口竞争力
较弱。

结果显示，中国制造业总体贸易竞争力在 2005 年到 2007 年
间是处于上升趋势，在 2008 年金融危机后直到 2011 年逐渐下降，
2012 年开始回升，并且到 2014 年一直保持上升势头。从行业层面
上看，各行业的贸易竞争力指数变化情况有所不同。纺织品和服
装、家具行业指数一直大于 0.5，说明竞争力较强。木草制品、纸与
纸制品、媒体印刷与复制、焦炭与精炼石油、化学与化学制品、非金
属矿物制品、基本金属、汽车拖车行业的贸易指数为负，竞争力
较弱。

从变化趋势来看，制造业整体的贸易竞争力指数仍在努力恢
复到 2008 年前的水平。纺织品和服装、橡胶与塑料制品、计算机
与光电、电子设备、机械设备、家具行业贸易竞争力指数为正，还处
于不断攀升趋势，表明这些行业贸易竞争力仍在不断增强。

表6.4　2004—2013年中国各行业产品的国际市场占有率

（单位：%）

年份\行业	2005	2006	2007	2008	2009	2010	2011	2012	2013	2014
食品和烟草制品	4.54	5.07	5.12	4.81	4.93	5.61	5.74	5.76	6.09	6.10
纺织品和服装	24.45	27.44	29.54	29.77	30.00	33.12	33.02	33.35	34.77	34.79
木草制品	6.96	8.17	8.48	9.82	11.25	12.16	13.89	15.87	15.76	15.97
纸及纸产品	1.34	1.29	1.14	1.52	2.11	2.82	3.99	5.33	5.77	6.20
媒体印刷复制品	6.12	6.13	5.46	5.46	5.88	7.71	9.22	10.37	11.85	13.00
焦炭与精炼石油	1.74	1.29	1.35	1.56	1.79	2.63	2.62	2.62	2.90	3.19
化学与化学制品	4.69	5.11	5.75	6.53	5.80	6.80	7.52	7.33	7.62	8.36
医药产品与制剂	2.17	2.61	3.08	3.54	3.57	4.24	4.41	4.67	4.94	4.96
橡胶与塑料制品	10.79	12.02	12.43	12.03	11.63	12.50	12.86	14.11	14.85	14.96
非金属矿物制品	9.03	10.19	10.23	12.18	13.97	17.16	18.79	23.14	25.38	24.75
基本金属	5.87	6.66	6.29	7.72	6.05	6.73	7.26	7.72	8.21	9.66
金属制品	9.83	10.86	12.44	13.21	13.47	14.91	15.56	17.39	18.43	18.87
计算机与光电	17.11	19.08	21.08	22.22	23.03	25.01	25.08	26.94	27.88	28.98
电子设备	14.28	16.38	18.45	20.48	20.54	23.87	24.89	27.44	29.64	31.52
机械设备	6.33	7.67	10.30	11.72	12.77	14.20	14.65	14.52	15.82	16.54
汽车拖车	1.33	1.70	2.35	2.72	2.73	3.58	3.94	4.21	4.44	4.61
其他交通设备	4.53	5.48	6.28	7.96	8.86	11.74	12.13	11.46	10.35	9.72
家具	12.21	14.66	16.43	15.38	15.48	12.51	13.51	18.40	19.43	19.68
总体市场占有率	9.09	10.19	11.06	11.57	12.12	13.38	13.48	14.31	15.09	15.73

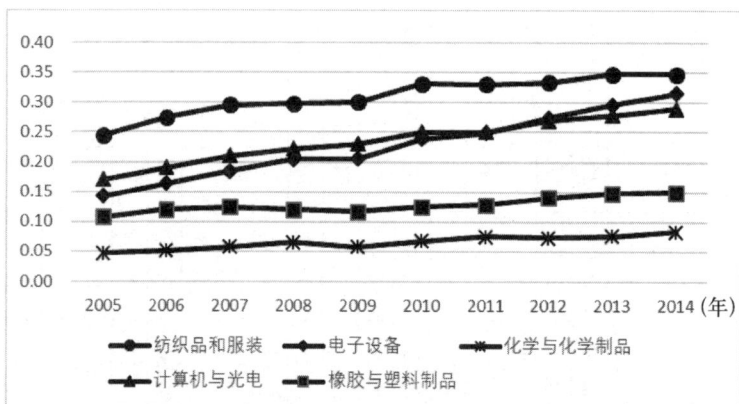

图 6.4　中国各行业产品的国际市场占有率变化趋势

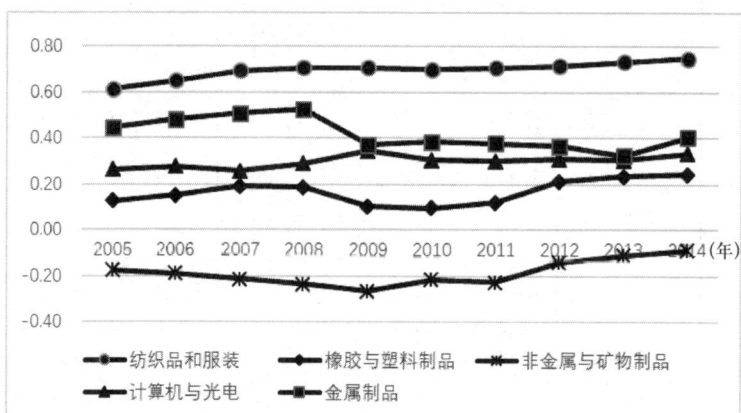

图 6.5　中国产品贸易竞争力指数变化趋势

表 6.5 2005—2014 年中国产品贸易竞争力指数

年份 行业	2005	2006	2007	2008	2009	2010	2011	2012	2013	2014
食品和烟草制品	0.18	0.18	0.15	0.03	0.05	-0.01	-0.05	-0.09	-0.05	-0.01
纺织品和服装	0.61	0.65	0.69	0.71	0.71	0.70	0.71	0.72	0.73	0.75
木草制品	-0.03	-0.02	-0.03	0.04	-0.03	-0.04	-0.06	0.03	-0.03	-0.06
纸及纸产品	-0.57	-0.60	-0.64	-0.57	-0.53	-0.44	-0.35	-0.21	-0.15	-0.16
媒体印刷与复制品	-0.35	-0.35	-0.34	-0.34	-0.36	-0.34	-0.29	-0.26	-0.22	-0.19
焦炭与精炼石油	-0.64	-0.73	-0.76	-0.72	-0.78	-0.76	-0.77	-0.77	-0.74	-0.71
化学产品与化学制品	-0.20	-0.17	-0.11	-0.08	-0.18	-0.12	-0.11	-0.13	-0.11	-0.05
医药产品与制剂	0.23	0.32	0.36	0.38	0.42	0.40	0.33	0.30	0.30	0.30
橡胶与塑料制品	0.13	0.15	0.19	0.19	0.10	0.09	0.12	0.21	0.24	0.24
非金属矿物制品	-0.18	-0.19	-0.21	-0.24	-0.27	-0.22	-0.23	-0.14	-0.11	-0.09
基本金属	-0.29	-0.21	-0.24	-0.26	-0.47	-0.44	-0.44	-0.46	-0.49	-0.41
金属制品	0.45	0.48	0.51	0.53	0.37	0.38	0.38	0.37	0.32	0.40
计算机与光电	0.26	0.28	0.26	0.29	0.34	0.30	0.30	0.31	0.30	0.33
电子设备	0.41	0.43	0.41	0.42	0.39	0.38	0.37	0.41	0.41	0.48
机械设备	0.17	0.23	0.36	0.39	0.28	0.33	0.35	0.36	0.36	0.41
汽车拖车	-0.12	-0.07	0.04	0.08	-0.18	-0.11	-0.06	-0.02	-0.02	0.02
其他交通设备	0.31	0.38	0.39	0.46	0.42	0.43	0.41	0.40	0.35	0.35
家具	0.80	0.79	0.81	0.84	0.84	0.81	0.81	0.85	0.84	0.84
总体竞争力	0.20	0.23	0.24	0.23	0.20	0.17	0.15	0.16	0.17	0.21

再看纸及纸产品、媒体印刷与复制品、化学与化学制品、非金属矿物制品、基本金属、汽车拖车行业的贸易竞争力指数虽然为负数，竞争力相对较弱，但在逐渐上升，说明竞争力在逐渐提升。而木草制品、焦炭与精炼石油贸易竞争力指数大多时候为负，竞争力偏弱，处于下滑趋势，值得重视。另外，金属制品行业贸易竞争力指数虽然为正，却逐渐下降。医药产品与制剂、其他交通设备行业 2005 到 2009 年间贸易竞争力指数处于上升趋势，而后逐渐下降，贸易竞争力减弱。这些行业亟需采取措施提升贸易竞争力。

（3）世界市场占有率增长指数

$GRMS = MS_{t-1}/MS_t$，$GRMS$ 表示世界市场占有率增长指数，MS_t 与 MS_{t-1} 表示该期与前期的世界市场占有率。该指数反映产品的世界市场占有率的动态变化情况。

（4）贸易竞争力增长指数

$GRTC = TC_t - MSt - 1/TC_t$，$GRTC$ 是贸易竞争力增长指数，TC_t 与 TC_{t-1} 表示该期与前期的贸易竞争力指数。

（5）国际市场渗透率指标

该指标是用一国产品出口占其他国家同样产品总进口的比例来衡量产品竞争力。一般是针对特定地区来衡量产品在当地市场的竞争力。

$MP = Ex_i/IM_i{}^j$，MP 是国际市场渗透率指标，Ex_i 是中国出口 i 产品到 j 国的价值，$IM_i{}^j$ 是 j 国进口 i 产品的总进口额。此处选取美国、德国、日本和印度四个目的国市场进行分析。

表6.6 中国出口产品的市场渗透率

（单位：%）

年份	美国		德国		日本		印度	
	2002	2011	2002	2011	2002	2011	2002	2011
农林牧渔	2.2	3.6	0.7	2.1	7.6	9.2	3.1	5.4
采矿采石	0.5	0.2	0.3	1.1	3.8	0.7	1.8	1.6
食品、饮料与烟草	3.5	9.2	1.1	3.0	13.6	17.4	0.8	4.2
纺织及其制品	13.1	28.8	7.9	26.6	48.6	54.3	46.0	52.7
皮革及鞋类制造	37.5	60.3	6.8	24.0	28.9	51.0	11.2	41.2
木材及木制品	5.5	20.4	1.9	6.5	10.6	16.1	2.9	19.9
纸张及印刷业	5.2	7.0	0.4	1.0	5.9	12.5	2.1	10.4
焦炭、精炼石油产品及核燃料	1.8	1.3	1.5	0.9	2.6	2.7	4.8	7.7
化学品及化学制品	3.1	9.3	1.3	4.0	7.5	20.2	8.1	27.1
橡胶与塑料制品	14.2	30.6	4.1	8.7	27.5	48.0	7.5	41.3
其他非金属矿物制品	13.0	26.4	2.9	9.3	28.7	39.7	7.8	30.6
基本金属及金属制品	7.2	13.0	2.0	4.4	15.0	22.9	5.4	11.9
机械制造业	8.3	22.2	1.9	10.4	11.8	36.6	2.6	44.6
电子与光学制造	12.6	43.8	7.3	27.8	19.0	53.3	10.3	35.3
交通设备制品	0.8	4.8	0.5	5.1	4.5	19.0	1.3	34.1
其他制造及回收	15.3	16.7	4.2	7.6	11.6	22.1	10.7	23.9
所有商品	0.08	0.18	0.03	0.10	0.14	0.21	0.06	0.21

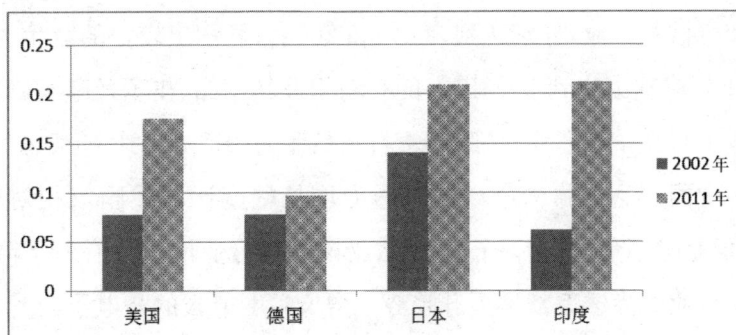

图6.6 中国出口产品市场渗透率

可以看出,10 年间中国产品在美国、德国、日本和印度的市场渗透率都在提高。先看印度市场,中国产品在印度的渗透率增长显著,超过 300%。从行业来看,渗透率较高的行业是纺织及其制品、电子与光学制造、皮革及鞋类制造、橡胶与塑料制品业。渗透率增长幅度最大的是交通设备制造业,其次是机械制造业,增长幅度分别达到 25% 和 16%。渗透率较高的还有化学品及化学制品业。制造业产品在印度的渗透率比 2002 年有大幅提高,说明中国制造业的竞争力明显增强。另一传统出口行业皮革及鞋类行业的渗透率也大幅增长,说明中国在这一传统出口行业仍具有优势地位。

中国对美国的市场渗透率也增长超过 200%,出现较大增幅。电子与光学制造业的增幅最大,其次是皮革及鞋类制造,再次是橡胶与塑料制品以及纺织品行业。从渗透率绝对值来看,属于劳动密集型的皮革及鞋类制造、纺织及其制品行业一直位列第一和第四的领先位置,说明中国劳动密集型出口产品仍占有较大优势,对国外市场的渗透力强,还有一定的上升空间。

中国对日本市场的渗透力除了采矿采石行业下降外,其余行业都有增长。其中增幅最大的三个行业依次是电子与光学制造、机械制造业和皮革及鞋类制造业。增长最快的行业是交通设备制造和机械制造业,分别达到 300% 和 200%,显示出较强的竞争力。2011 年渗透力达到 50% 以上的有纺织及其制品、皮革及鞋类制造和电子与光学制造业,橡胶与塑料制品业的渗透力也达到 48%。

中国产品对德国市场的渗透力增长幅度比前述国家相对较小,但是除了焦炭、精炼石油产品及核燃料行业渗透力有所下降,其余行业的渗透率都呈上升趋势。增长幅度最大的是电子与光学制造业、纺织及其制品、皮革及鞋类制造业。从增长率来看,最高的是交通设备制造业,10 年间增长近 10 倍。其次是机械制造业增长近 5 倍,而采矿采石业增长近 4 倍。电子与光学制造、皮革及鞋类制造、木材及木制品、纺织及其制品、其他非金属矿物制品、化学品及化学制品行业的增长率也在 2 倍以上。总的来看,中国产品在德国市场的竞争力在增长,但是中国在德国的优势地位与在其他几个国家的优势地位相比还有差距,说明中国产品在德国市场还有较大的提升空间,可以进一步挖掘德国以及其他欧洲国家的市场潜力。

6.2 | 基于增加值贸易统计的中国产品竞争力研究

前述关于产品竞争力的测度都是基于传统的总量贸易统计数据,并未区分产品中的本国与外国增加值成分,产品中包含的部分增加值可能被重复计算,造成偏差。增加值贸易统计对本国与外国增加值加以区分,可以避免这些弊端,更为准确地描述一国产品国际竞争力。下面就从增加值角度分析产品在国际市场的竞争力。

6.2.1 基于增加值贸易统计与显示性比较优势指数的产品竞争力研究

上节提到显示性出口比较优势指数 $RCA = (EX_i/EX_0)/(EX_{wi}/EX_{w0})$ 是常用的衡量一国出口竞争力比较优势的指标。该指标剔除了国家和世界经济规模的影响,被普遍认为能相对较好地反映一国产品的竞争力,并且得到世界银行、经合组织等著名国际经济组织机构的广泛运用。本章也运用此指标衡量中国出口国际竞争力的变化情况。如果 $RCA > 1$,表示该行业具有显示性比较优势,产品具有竞争力;如果 $RCA < 1$,则表示该行业显示性比较优势较弱,产品竞争力较差。RCA 值越小,比较优势和竞争力越弱。一般认为,如果 $RCA > 2.5$,则表示具有很强的显示性比较优势,国际竞争力很强。

下面对中国出口在总量贸易统计下的 RCA 指数与增加值贸易统计下的 RCA 指数进行对比研究。在传统总量统计和增加值贸易统计两种方法下用 WIOD 数据库计算可得 2000 年到 2014 年中国各行业 RCA 指数,按资源产业、制造业和服务业三大类分列于下表。

表 6.7 传统总量统计和增加值统计方法下三大类行业出口 RCA 指数对比

年份	资源产业 RCA		制造业 RCA		服务业 RCA	
	总量统计	增加值统计	总量统计	增加值统计	总量统计	增加值统计
2000	0.459	0.447	1.156	1.207	0.777	0.748
2001	0.478	0.464	1.140	1.187	0.807	0.777
2002	0.465	0.461	1.143	1.184	0.802	0.783
2003	0.401	0.409	1.209	1.252	0.664	0.667
2004	0.276	0.282	1.253	1.308	0.604	0.614
2005	0.233	0.236	1.296	1.363	0.562	0.573
2006	0.167	0.167	1.312	1.393	0.558	0.565
2007	0.140	0.142	1.315	1.396	0.577	0.584
2008	0.129	0.125	1.326	1.420	0.631	0.632
2009	0.130	0.128	1.315	1.393	0.645	0.641
2010	0.118	0.115	1.321	1.410	0.641	0.640
2011	0.107	0.100	1.309	1.412	0.696	0.685
2012	0.093	0.087	1.316	1.419	0.699	0.688
2013	0.098	0.093	1.336	1.434	0.627	0.621
2014	0.100	0.094	1.339	1.433	0.604	0.595

　　由表6.7中可以看出,中国制造业RCA指数都大于1,而服务业和资源产业RCA指数都小于1,而服务业RCA指数总体上稍大于资源产业RCA指数。因此,中国三大类产业中制造业竞争力最强,其次是服务业,资源产业竞争力最弱。还可以看到,研究时段内所有年份的制造业竞争力在总量统计方法下被低估,而服务业和资源产业的竞争力在大多数年份被高估。制造业竞争力指数最大差异幅度达7.3%(2011年),服务业和资源产业的竞争力指数最大差异幅度分别为3.88%(2001年)和7.07%(2000年)。再计算各年三大类行业竞争力指数差异幅度平均值,发现年均差异幅度由大到小依次是制造业5.47%、资源产业3.1%和服务业1.56%。可见制造业竞争力指数受不同统计方法的影响最大,这与其全球价值链参与程度相对较大有关,因为参与程度越大,则包含的国外增加值越多,不同统计方法的结果也就差异越大。

　　从变化趋势来看,总量统计和增加值统计得到的竞争力指数升降变化情况类似,变化幅度也相近,图6.7绘出了两种方法下出口竞争力变化情况。可以看出,中国制造业出口竞争力在两种统计方法下都呈上升趋势,而服务业和资源产业出口竞争力呈下降趋势。从2000年到2014年,增加值统计方法下,资源产业的降幅达78%,服务业降幅20%,而制造业竞争力指数上升幅度为19%。

　　从细分行业来看,以2014年为例,将所有行业按资源产业、制造业和服务业分类计算,可得增加值统计下的RCA竞争力指数列于下表。两种方法下所有行业中竞争力指数排名前三的行业是一致的,由高到低依次是纺织品、服装和皮革制品(C6)3.067,电气设备制造(C18)2.746,计算机、电子和光学产品制造(C17)2.448。纺织品、服装和皮革制品是中国传统优势行业,2014年增加值贸

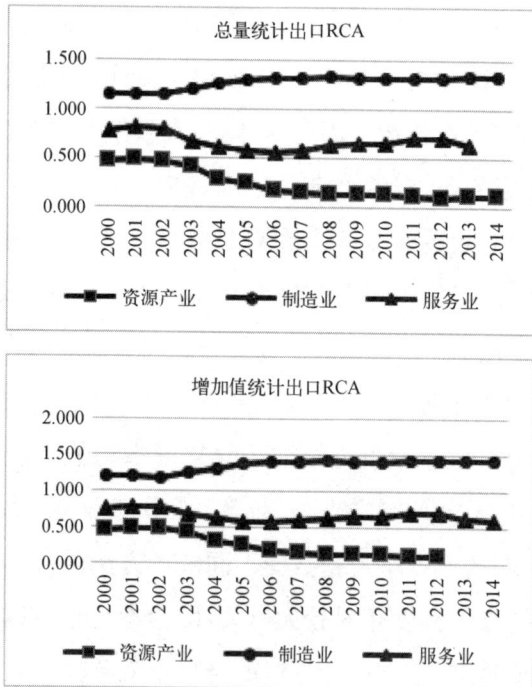

图 6.7　中国三大类产业出口竞争力指数变化趋势

易统计下的 RCA 竞争力指数达 3.067。电气设备制造,计算机、
电子和光学产品制造两个行业属于相对高科技行业,其增加值统
计下竞争力指数分别为 2.746 和 2.448,表明中国在高科技行业竞
争力增强,已取得一定的竞争优势地位。竞争力指数排名最后的
三个行业指数远远小于 1,由低到高依次是其他科学技术及兽医
(C49)0.0003、林业伐木业(C2)0.021、行政与支持活动(C50)
0.049。还可以看到,RCA 指数大于 1 的细分行业有 15 个,其中 5
个属于服务行业,按由高到低依次分别是:法律与会计及管理咨询
(C45)1.59,机动车和摩托车以外的零售贸易(C30)1.32,建筑业
(C27)1.21,水路交通(C21)1.11,机动车和摩托车以外的批发贸
易(C29)1.07。其余 RCA 指数大于 1 的 10 个行业都是制造业,由

高到低分别是纺织品、服装和皮革制品(C6)3.067,电气设备制造(C18)2.746,计算机、电子和光学产品制造(C17)2.448,其他非金属矿产品(C14)2.105,家具及其他制造业(C22)1.740,除机械设备外的金属制成品(C16)1.627,机械设备制造(C19)1.454,橡胶及其制品(C13)1.385,木材、木制品和草编制品(C7)1.375,媒介记录的印刷与复制(C9)1.1。由上述可见,中国制造业出口竞争力相对于服务业和资源产业较强。除去出口为零的行业,19 个制造业中 RCA 指数大于 1 的行业有 10 个,约占 52%,其中超过 2.5 的显著优势行业有两个 C6 和 C18,处于 1.25 和 2.5 之间的较强优势制造行业有 7 个,还有一个处于平均优势,可见中国制造业整体竞争力处于世界前列是毋庸置疑的。但也要看到中国有 8 个制造行业竞争力较弱,即基础金属(C15)、其他运输设备制造(C21)、化学品和化工产品(C11)、食品、饮料和烟草制品(C5)、纸和纸制品(C8)、基本药物和制剂生产(C12)、汽车、挂车和半挂车的制造(C20)、焦炭和精炼石油产品(C10)。对这些行业,中国需要关注提高竞争力。

在 24 个服务行业中 RCA 指数大于 1 的行业有 5 个,仅约占 20%,即法律与会计及管理咨询(C45)1.586、机动车和摩托车以外的零售贸易(C30)1.321、建筑业(C27)1.208、水路交通(C32)1.111、机动车和摩托车以外的批发贸易(C29)1.066。其中指数介于 1.25 与 2.5 之间的有 2 个,介于 1 与 1.25 间的有 3 个,没有指数在 2.5 以上的服务行业。如果再放宽些看,指数介于 0.8 和 1之间的还有两个行业,即航空交通(C33)0.873、其他服务活动(C54)0.818。这两个行业如果加大扶持发展力度,有望变成明显优势行业。

资源行业有 4 个细分行业,但 RCA 指数大于 1 的行业为 0 个,其中农业畜牧业(C1)0.28,渔业水产养殖业(C3)0.222 的竞争力指数相对较高也不到 0.3,而林业伐木业(C2)0.021,采矿采石业(C4)0.054 的指数更是不到 0.1,可见资源产业整体竞争力较弱,亟待提升。

表 6.8　增加值贸易统计 2014 年中国出口细分行业竞争力指数 RCA 列表

资源产业	c1	0.280	制造业	c11	0.822	服务业	c40	0.318
	c3	0.222		c5	0.566		c24	0.314
	c4	0.054		c8	0.557		c42	0.250
	c2	0.021		c12	0.482		c25	0.189
制造业	c6	3.067	服务业	c20	0.473		c34	0.175
	c18	2.746		c10	0.348		c53	0.175
	c17	2.448		c45	1.585		c35	0.170
	c14	2.105		c30	1.321		c39	0.162
	c22	1.740		c27	1.208		c26	0.156
	c16	1.627		c32	1.112		c52	0.122
	c19	1.454		c29	1.066		c51	0.112
	c13	1.385		c33	0.873		c41	0.069
	c7	1.375		c54	0.817		c47	0.051
	c9	1.100		c31	0.621		c50	0.049
	c15	0.912		c36	0.349		c49	0.0003
	c21	0.882						

注:表中已将出口为 0 的行业去掉,行业中文名参见附录一。

总量统计下 RCA 竞争力指数计算结果列于下表。总量统计下细分行业的 RCA 竞争力指数与增加值统计结果有差异,而且指数大于 1 的行业减少 1 个,即水路交通(C32)总量统计下竞争力指数为0.94,比增加值统计下结果1.112有所低估。与增加值统计结果相比,细分行业排序上也有所差异,但基本都是相邻位置调换,没有出现升降较大的情况。

表6.9　总量贸易统计2014年中国出口细分行业竞争力指数RCA列表

资源产业	c1	0.276	制造业	c11	0.711	服务业	c24	0.317
	c3	0.221		c8	0.528		c40	0.317
	c4	0.061		c5	0.519		c42	0.224
	c2	0.023		c12	0.422		c25	0.188
制造业	c6	2.962		c20	0.393		c53	0.182
	c18	2.683		c10	0.272		c34	0.177
	c17	2.467	服务业	c45	1.743		c35	0.174
	c14	2.107		c30	1.380		c39	0.164
	c22	1.675		c27	1.157		c26	0.152
	c16	1.607		c29	1.127		c52	0.135
	c19	1.408		c32	0.942		c51	0.119
	c7	1.360		c54	0.860		c41	0.061
	c13	1.274		c33	0.825		c47	0.056
	c9	1.107		c31	0.621		c50	0.053
	c21	0.828		c36	0.350		c49	0.000
	c15	0.823						

注:表中已将出口为零的行业去掉,行业中文名参见附录。

对比增加值统计和总量统计下计算结果还可以发现,总量统计下制造行业大多数竞争力被低估,被高估的只有媒介记录的印刷与复制(C9),其他非金属矿产品(C14),计算机、电子和光学产品制造(C17)三个行业,所以整体上制造业在总量统计下竞争力被低估。而服务业情况相反,大多数行业在总量统计下竞争力被高估,少数被低估。竞争力被低估的行业共 9 个,具体包括水处理与供应(C25),废物处理回收(C26),建筑业(C27),陆地交通(C31),水路交通(C32),航空交通(C33),计算机编程,咨询及相关活动(C40),金融服务(C41),保险、再保险与养老金基金(C42)。

6.2.2 基于增加值贸易统计的中国与美国产品竞争力比较研究

美国作为综合实力最强的经济大国和发达国家代表,进行中美比较研究可以明确中国与最发达国家在出口产品竞争力上的差距。由于美国总量统计和增加值统计下产品竞争力指标总体上变化趋势比较相近,所以此处直接用增加值统计方法计算结果对中美两国产品竞争力展开比较研究。

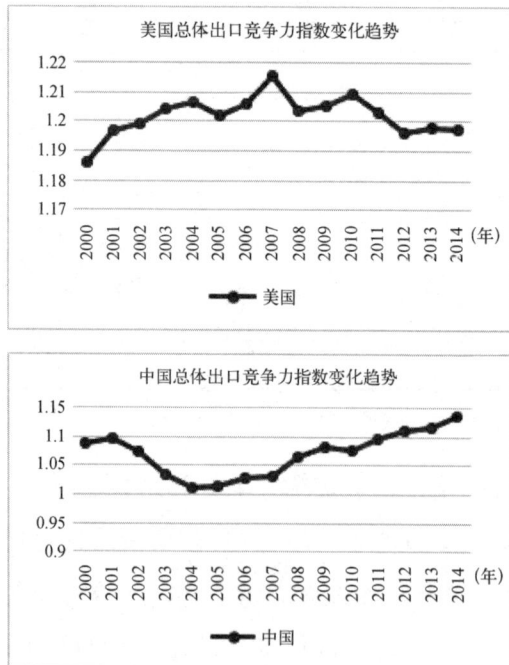

图 6.8 中美总体出口竞争力指数对比

图 6.8 中显示研究时段内,美国总体出口竞争力历年都强于中国总体出口竞争力,但 2003 年以后中国出口竞争力与美国出口竞争力差距逐渐减小,2014 年指数差距为 0.062,未来中国出口竞争力很可能赶上并超过美国。图中 6.8 显示,美国出口竞争力在 2004 到 2007 年间呈现上升势头,由 1.186 上升到 1.216,2008 年金融危机出现下降,虽然 2009 年至 2010 年出现回升,但未能恢复到 2007 年水平,紧接着 2011 年再次出现下降趋势,2012 年到 2014 年竞争力指数维持在 1.190 左右。中国出口竞争力在 2000 年到 2004 年处于下降趋势,从 2005 年开始呈现上升势头,竞争力指数由 2005 年 1.010 上升到 2014 年 1.135。美国竞争力指数变化范围为 0.03,而中国竞争力指数的变化范围是 0.125。美国竞争力相对稳定,而中国竞争力上升势头强劲,因此如果两国竞争力保持这样的发展状态,中国赶超美国只是时间问题。

再从产业大类层面来分析,增加值统计方法下计算结果如图 6.9 所示。中国资源产业竞争力总体呈现下降趋势,指数从最高值 2001 年 0.463 逐渐过渡到 2013 年最低值 0.093,整体降幅达 80%。其实大幅下降除了资源产业本身竞争力弱外,还与中国出口产业结构中制造业份额急剧增加相关,资源产业在中国出口中占比出现了较快下降,所以竞争力指数也下降明显。而美国资源产业与中国相比而言有较强实力,是农产品出口大国,农产品出口竞争力指数大于 1。并且 meiguo 产业结构比例较为稳定,美国资源产业竞争力指数大致平稳,整体略有升势,最低值 0.277 出现在 2006 年,而后逐渐上升到 2014 年最高值 0.412。但在世界范围内来看,美国资源产业竞争力指数小于 1,整体竞争力也偏弱。

中美资源产业出口竞争力指数对比

中美制造业出口竞争力指数对比

中美服务业出口竞争力指数对比

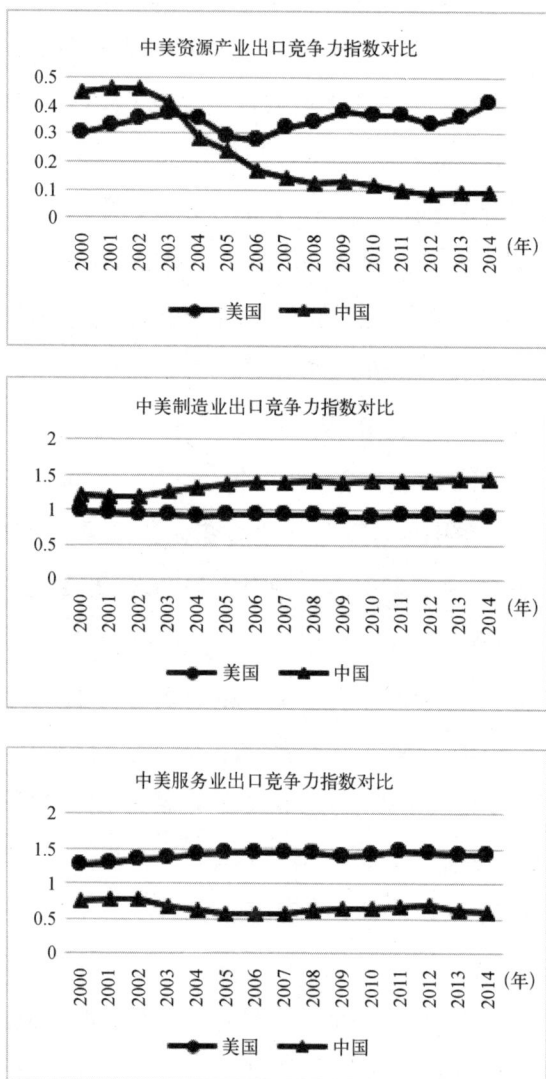

图6.9 增加值统计下中美三大类产业出口竞争力指数对比

在制造业方面,中国竞争力指数在研究时段内一直高于美国,从2000年1.20逐渐上升到2014年1.433,涨幅约19%,并且仍有继续升高的趋势。而美国制造业竞争力指数都小于1,表明其制造业缺乏优势,并且总体呈现下跌趋势,从 2000 年 0.989 逐渐下降到 2014 年 0.908,最低值是金融危机后的 2009 年 0.906,跌幅约 8%。可见美国制造业确实失去整体优势,导致美国不得不采取吸引制造业回流的政策取向。

服务业的情况有所不同,研究时期内美国服务业竞争力指数一直高于中国服务业竞争力指数,并且 2000 年到 2006 年间差距在不断扩大,2007 年到 2012 年间差距有所缩小,但 2013 年开始差距又出现增大趋势。美国服务业竞争力指数快速增长主要发生在 2000 年到 2006 年,从 1.255 增长到 1.443,增幅约 15%。2006 年以后除了在 2011 年达到过 1.46 外,未出现较大增长,2014 年的竞争力指数为 1.409,整体较平稳。中国服务业竞争力指数从 2000 年 0.748 增长到 2002 年 0.783 之后就开始下降,再没有回到 0.7 以上的数值。2003 年到 2006 年逐渐下降到最低值 0.565。2007 年到 2012 年由于中国大力发展服务业,竞争力指数出现增长,2012 年达到 0.688,但 2013 年开始又出现下降趋势。这表明中国服务业整体竞争力较弱,还需要政府和企业给予服务业足够重视并出台更多措施扶持其发展。

为了对比中美两国细分行业竞争力情况,用增加值贸易统计方法计算出 2014 年美国各行业竞争力指数值,然后用同年中国行业的竞争力指数减去美国各对应行业的竞争力指数得到下表所列结果。表 6.10 中行业分三大类按两国差异值由大到小排序。

表 6.10　增加值统计 2014 年美国各行业出口竞争力指数及中美差异比较

	行业	美国RCA	两国差异		行业	美国RCA	两国差异		行业	美国RCA	两国差异
资源产业	c4	0.235	−0.180	制造业	c12	1.121	−0.639		c34	0.781	−0.605
	c3	0.492	−0.269		c8	1.279	−0.722		c49	0.726	−0.725
	c2	0.770	−0.749		c10	1.776	−1.427		c52	0.904	−0.782
	c1	1.219	−0.938		c21	2.408	−1.525		c42	1.166	−0.916
制造业	c6	0.149	2.918		c30	0.123	1.199		c44	1.074	−1.074
	c18	0.484	2.262		c27	0.013	1.196		c50	1.334	−1.285
	c17	0.733	1.716		c45	1.066	0.520		c33	2.289	−1.416
	c14	0.583	1.523		c54	0.341	0.477		c41	1.864	−1.795
	c22	0.802	0.938		c32	0.723	0.389	服务业	c39	2.096	−1.934
	c7	0.562	0.813		c36	0.073	0.276		c26	2.236	−2.080
	c16	0.995	0.632		c25	0.068	0.121		c51	2.221	−2.108
	c13	0.829	0.556	服务业	c24	0.205	0.110		c46	2.188	−2.188
	c15	0.383	0.529		c55	0.011	−0.011		c47	2.665	−2.613
	c19	0.981	0.473		c28	0.115	−0.115		c48	3.140	−3.140
	c23	0.005	−0.005		c40	0.637	−0.319		c35	3.712	−3.542
	c5	0.898	0.332		c53	0.599	−0.423		c37	3.688	−3.688
	c20	0.848	−0.374		c31	1.188	−0.566		c38	4.072	−4.072
	c11	1.256	−0.434		c29	1.652	−0.586		c43	4.516	−4.516
	c9	1.679	−0.578								

注:表中两国差异值是中国行业 RCA 减去美国对应行业 RCA 而得。

可以看到,美国资源行业中仅农业竞争力指数大于 1,是优势行业,指数值由大到小是农业、林业、渔业和矿业,而中国资源产业对美国都没有优势。由于存在负数,中美差距需要对比差异值的绝对值。有上表可以看出中美差距最大的是农业,然后依次是林业、渔业和矿业,中国资源产业竞争力还有较大提升空间。

在制造业,美国竞争力指数大于1的优势行业按指数由大到小依次是其他运输设备制造(C21)2.408、焦炭和精炼石油产品(C10)1.776、媒介记录的印刷与复制(C9)1.679、纸和纸制品(C8)1.279、化学品和化工产品(C11)1.256、基本药物和制剂生产(C12)1.121。中国制造业在这些行业的竞争力弱于美国,弱于美国的行业还有汽车、挂车和半挂车的制造(C20),食品、饮料和烟草制品(C5),机械设备维修安装(C23)。再看中国竞争力比美国占优势的行业按指数由大到小排列前五名依次是纺织品、服装和皮革制品(C6),电气设备制造(C18),计算机、电子和光学产品制造(C17),其他非金属矿产品(C14),家具以及其他制造业(C22)。其中中国在纺织品、服装和皮革制品行业竞争力优势巨大,远超美国,这些行业是中国出口的传统优势产业。

在服务业,美国的比较优势相当显著,除其出口为零的域外组织机构活动(C56)外,在其余32个服务行业中,18个行业的竞争力指数大于1。其中优势较强、指数大于2.5的行业有6个,分别是金融保险的辅助活动(C43)4.516、电影电视等媒体活动(C38)4.072、邮政快件业(C35)3.711、出版业(C37)3.688、广告与市场调研(C48)3.140、科研与开发(C47)2.665。竞争力指数在1.25与2.5之间的明显优势行业有8个,分别是航空交通(C33)2.289、废物处理回收(C26)2.236、公共行政与国防以及社会保障(C51)2.221、建筑与工程活动及技术测试分析(C46)2.188、电信(C39)2.096、金融服务(C41)1.864、机动车和摩托车以外的批发贸易(C29)、行政与支持活动(C50)1.334。竞争力指数在1与1.25之间的一般优势服务行业有4个,分别是陆地交通(C31)1.188,保

险、再保险与养老金基金(C42)1.166,房地产(C44)1.074,法律与
会计及管理咨询(C45)1.066。中国竞争力指数超过美国的服务行
业有 8 个,按照优势由大到小依次是机动车和摩托车以外的零售
贸易(C30)、建筑业(C27)、法律与会计及管理咨询(C45)、其他服
务活动(C54)、水路交通(C32)、食宿服务(C36)、水处理与供应
(C25)、电气空调供应(C24)。中国处于相对劣势的前三个行业分
别是金融保险的辅助活动(C43)、电影电视等媒体活动(C38)、出
版业(C37)。中国对美国竞争力处于劣势的服务行业多达 24 个,
可见总体上对美国的相对劣势明显,中国还需大力发展服务业。

6.2.3 基于增加值贸易统计的中国与印度产品竞争力比较研究

现有的关于增加值贸易的跨国比较研究大多数是将中国与发
达国家进行比较。此处选取印度作为比较对象,因为中国和印度
都是人口众多、经济总量巨大的发展中国家,并且经济发展都比较
迅速,两国的可比性较强,国际社会甚至有"龙象之争"的说法,因
此本节选取印度作为参照,对两国产品在国际市场上的竞争力进
行比较研究。

表 6.11　中国与印度基于增加值的 RCA 指数对比

年份	食品、饮料及烟草制品		纺织品、皮革及制鞋		木材、造纸及印刷	
	中国 RCA	印度 RCA	中国 RCA	印度 RCA	中国 RCA	印度 RCA
1995	0.835 3	1.010 6	4.095 1	4.685 4	0.179 3	0.697
2000	0.772	1.139 1	3.689	4.937 7	0.432	0.521 9
2005	0.410 3	0.410 3	2.922 3	2.922 3	0.429 8	0.429 8
2008	0.398 6	1.023	2.987 6	2.262 4	0.475 6	0.326 4
2009	0.344 5	0.680 8	2.965 7	2.092 5	0.472 6	0.354 4

年份	化学与非金属矿物制品		基本金属和金属制品		未分类机械设备制造	
	中国 RCA	印度 RCA	中国 RCA	印度 RCA	中国 RCA	印度 RCA
1995	0.673 1	1.431 5	0.918 2	0.427 7	0.586 3	0.246 6
2000	0.835 5	1.360 3	0.973 7	0.754 2	0.312 7	0.326 3
2005	0.574 5	0.574 5	0.950 3	0.950 3	0.939	0.939
2008	0.532 9	0.908 4	0.831 7	1.185 4	0.839 8	0.462 6
200 9	0.487 4	0.804 7	0.838 6	0.945 8	0.776 2	0.421 2

年份	电子、电气及光学设备		运输设备		其他工业与回收	
	中国 RCA	印度 RCA	中国 RCA	印度 RCA	中国 RCA	印度 RCA
1995	0.932 8	0.178 4	0.217 3	0.185 8	3.497 7	3.805 3
2000	1.164 4	0.130 6	0.189	0.182 2	1.750 8	3.327 4
2005	1.505 2	1.505 2	0.316	0.316	2.257 7	2.257 7
2008	1.678 7	0.561 7	0.343 4	0.522 4	2.009 6	4.676 6
2009	1.769 3	0.990 2	0.339 2	0.525 2	1.763 1	4.725 3

数据来源：WTO-OECD 增加值贸易数据库。

数据显示，印度在食品、饮料及烟草制品，纺织品、皮革及制鞋，化学与非金属矿物制品，其他工业与回收行业的 RCA 指数大于 1，说明具有国际竞争力。RCA 指数大于 1 的行业比中国多一个。中印两国在其他工业与回收行业都具有国际竞争力，并且印度的其他工业与回收行业 RCA 指数大于中国 RCA 指数，表明印度相对更具优势。

由表中数据还可以看出，中国在木材、造纸及印刷，未分类机械设备制造，电子、电气及光学设备行业 RCA 指数一直大于印度的 RCA 指数，说明中国在这些领域一直占优势地位，产品竞争力高于印度。而印度在食品、饮料及烟草制品，化学与非金属矿物制

品,其他工业与回收行业一直占优势。纺织品、皮革及制鞋行业,
2008 年由原来印度占优转变为中国占优;基本金属和金属制品、
运输设备行业原来中国占据优势,2008 年后转变为印度居于优势
地位。可见中印两国各有传统优势行业,并长期占有优势;同时,
一些行业优势的对比情况发生了变化,中国需要关注这些行业变
化情况,深入研究发生变化的原因,并采取适当的政策措施,提升
这些行业的竞争力,同时保护传统优势行业的优势地位,从而提高
中国整体国际竞争力。

6.3 | 产品竞争力与贸易门槛关系研究

前文研究了国际市场上产品竞争力的评价指标。但是,产品
竞争力还可以分为价格竞争力和质量竞争力,这方面却比较缺乏
合适的评价指标和方法,甚至缺乏可以直接用来比较的数据,特别
是质量方面的数据。目前多数相关研究只能是从不同角度和侧面
来研究进出口贸易中价格与质量的变化规律,进而发现某些产品
竞争力的特点。本章从出口价格与贸易门槛的关系角度出发,借
鉴 Johnson(2012)的质量调整价格(quality adjusted price)模型,考
虑产品价格与质量的变化因素,研究中国制造业出口产品价格竞
争与质量竞争的特点。

研究方法是将对中国产品出口的贸易门槛进行估计,并且分析
出口价格与出口门槛的关系,然后利用质量调整价格(quality-
adjusted price)模型,引入质量因素,对出口价格与门槛关系进行解
释,分析中国出口产品的价格与质量竞争情况。本节部分内容发表
于幸炜和李长英(2015)文章中,可结合起来全面理解本节内容。

6.3.1 理论模型与研究设计

目前能将出口价格与门槛关联起来的模型主要是 Johnson (2012)的质量调整价格(quality-adjusted price)模型,该模型主要框架如下:消费者效用函数采用 D-S 形式[①]

$$U_i = (\int_{\omega\Omega_i} [\bar{q}(\omega)]^{(\sigma-1)/\sigma} d\omega)^{\sigma/(\sigma-1)} \tag{6.1}$$

其中 $\sigma > 1$,表示产品种类之间的替代弹性;ω 表示产品种类。$\tilde{q}(\omega)$ 表示消费的每个种类产品的效用数量。$\tilde{q}(\omega)$ 由实物数量 $q(\omega)$ 和一个质量因子 $\Theta(\omega)$ 构成,$\Theta(\omega)$ 表示消费者对产品特点的效用评价,它把实物单位转换为效用单位,即 $\tilde{q}(\omega)=\Theta(\omega)q_i(\omega)$。定义 $\tilde{q_i}(\omega) = p(\omega)/\theta(\omega)$ 为种类 ω 在国家 i 的"质量调整价格" (quality-adjusted price)。这样用效用单位计数的消费量是 $\tilde{q}(\tilde{p}(\omega)) = \tilde{p}(\omega)^{-\sigma} \tilde{p_i}^{\sigma-1} E_i$,其中 $\tilde{p_i} = (\int_{\omega\Omega_i} [\tilde{q}(\omega)]^{(1-\sigma)} d\omega)^{1/(1-\sigma)}$,$E_i$ 是 i 国总支出。

假设在 i 国企业的单位生产成本为 c,生产质量为 Θ。企业的能力可以表示为质量与成本的比率,即企业能力 $a = \Theta/c$,显然企业能力可以体现为产品质量越高,则能力越强;或者同等质量下,成本越低,企业能力越强。相应地,企业有两种竞争方式,一种是降低成本,低价竞争;一种是提高质量,优质优价。同时假设企业的产品质量是其能力的函数:$\Theta = a^{\phi}$,ϕ 是质量随能力变化的参数,即"能力指数"。价格可以表示为能力的函数:

[①] 详细推导过程,请参见原文:Johnson, R. C. Trade and prices with heterogeneous firms[J]. Journal of International Economics,2012,86(1):43—56.

$$P_i(a) = \frac{\sigma}{\sigma-1}\frac{\Theta_i}{A_i}a^{\emptyset} - 1 \qquad (6.2)$$

其中 Θ 是企业所在国家所有企业总体的质量水平，A_i 是企业整体的能力水平。$\emptyset > 1$ 时，出口价格随能力升高而递增，与质量调整价格负相关；$\emptyset < 1$ 时，出口价格随能力升高而递减，与质量调整价格正相关。

刚达到出口门槛的临界企业能力可以表示为

$$a_{ij} = \frac{\sigma}{\sigma-1}\frac{1}{A_i}\tau f_{ij}\left(\frac{\sigma f_{ij}}{E_j}\right)^{1(\sigma-1)} \qquad (6.3)$$

其中 A_i 代表的出口国企业整体的能力；τ 为可变冰山成本；P_j，E_j 分别表示目的国的价格水平和总支出。通过计算得到出口总价值和出口总数量，进而得到出口产品平均单价：

$$E[\ln(\overline{p}_{ij}) \mid p_i, a_{ij}] = \ln(\delta_2 p_i(a_H)/\delta_l)$$

$$+ E\left[\ln\left(\frac{\left(\frac{a_{ij}}{a_H}\right)^{-\delta_1}}{\left(\frac{a_{ij}}{a_H}\right)^{-\delta_2} - 1}\right) \mid p_1, a_{ij}\right] \qquad (6.4)$$

其中 $\delta_1 = k - (\sigma - 1)$，$\delta_2 = k - (\sigma - \emptyset) > 0$；而 $k > \max\{(\sigma-1),(\sigma-\emptyset)\}$ 是假设企业能力服从断尾帕累托分布的形状参数。可以看出是 $(\delta_1 - \delta_2)$ 的正负决定了出口门槛与价格的正负关系。由上式可知，$\delta_2 - \delta_1 = \emptyset - 1$，当 $\emptyset < 1$ 时，能力最高企业的价格最低，其他出口企业价格比较高；$\emptyset > 1$ 时，则相反，能力最高的企业价格最高，其他出口企业价格较低。又由于能力最强的企业价格 $p_i(a_H)$ 是确定的，右端第一项 $1n(\delta_2 p_i(a_H)/\delta_1)$ 是个定值，这个线性方程的斜率关系取决于 δ_1 和 δ_2 的大小。显然，由 $\frac{a_{ij}}{a_H}$ 与 $\overline{p}_{\cdot j}$ 线性关系的

斜率,也就是门槛与价格的正负就可以看出 δ_1,δ_2 的大小关系。

综上所述,通过分析出口门槛的影响因素可以建立 Probit 模型,得到 Probit 指数。而 Probit 指数可以反映出口门槛 $\frac{a_{ij}}{a_H}$ 的高低。二者是负相关的关系,即 Probit 指数越高,出口概率越大,门槛越低;Probit 指数越低的情况则相反。而出口平均价格 $\overline{p}.j$ 可以通过数据库计算获得。这样我们可以先估计出口价格与出口门槛的相关关系,进而得到不同行业的$(\delta_1-\delta_2)$ 与能力指数 $\varnothing$ 的大小关系,进而反映出各行业的价格与质量的竞争情况。

6.3.2 实证模型与变量描述

为了分析出口价格与出口门槛的关系,首先需要估计出口门槛。参照 Helpman 等(2008)的做法,企业出口门槛的高低可以用出口的概率导出,我们建立以下 Probit 模型对企业出口概率进行估计:

$$\Pr Obit(T_{tj}=1)=\Phi(con+\alpha_2\ln GDP_j+a_3\ln Distw_{ij})+$$
$$\alpha_5 Comborder+\alpha_6 Comlang+\alpha_7 Landlock_j+$$
$$\alpha_8 APEC_{ij}+\alpha_9 CAFTA_{ij}+\alpha_1 0 WTO_{ij})+\varepsilon \quad (6.5)$$

$\Phi(\cdot)$是标准正态分布函数。和大多数研究一样,假设变量的分布是都标准正态分布,Con 是常数项,α_1、$\alpha_2\cdots\alpha_7$ 是待估系数,ε 是扰动项。

模型中变量 $Inst$ 是制度质量,GDP 和 $GDPcap$ 分别代表目的国的国民生产总值与人均国民生产总值,$Distw$ 表示人口加权的地理距离,变量 Comborder 表示中国是否与目的国接壤。一般认为具有共同边界的国家贸易机会更大。变量 Comlang 表示是否与中国有共同官方语言,或者目的国是否有 20% 以上的人口使用中文,如果是则取值 1,否则取值 0。Landlock 表示目的国是否属于内陆国家,如果是取值 1,不是则取值 0。WTO 表示目的国是否与中国同属世界贸易组织成员。是则取值为 1,否则取值为 0。如果目的国和中国同属世界贸易组织成员,预期贸易的障碍应该较少,门槛应该较低。中国目前除了是世界贸易组织,还是中国-东盟自由贸易区(CAFTA)和亚太经济合作组织(APEC)成员国。为了探讨加入这两个贸易组织对中国出口的作用,把它们作为虚拟变量引入模型。用以上模型得到各个 HS 编码二分位产品大类的 Probit 指数,也就是出口概率值,再将出口概率值与出口价格进行回归,就可得到出口价格与出口门槛的关系。

出口数据来源于联合国 COMTRADE 数据库和 CEPII BACI 数据库,参照 Helpman 等(2008)的做法,由于贸易门槛主要和固定成本相关,所以采用截面数据进行分析。目前可获得的最新数据是 2010 年数据,因此采用 2010 年数据来分析贸易门槛的情况。本节研究对象是制造业,以二分位为分类标准,整理得到 HS 二分位数据,从 HS28 到 Hs97 共 69 类,其中 HS77 无出口数据。然后再根据 CEPII BACI 数据库提供的出口价值和出口数量计算出平均价格,并去掉异常值。Probit 模型变量的描述性统计请见下表。

表 6.12　解释变量数据描述性统计

	均值 Mean	标准差 Std. Dev.	最小值 Min	最大值 Max
Inst	59. 88393	10. 84694	21. 4	89. 7
ln GDP	3. 645648	2. 082996	0. 13715	9. 592796
ln GDPcap	8. 366996	1. 528411	5. 193362	11. 59756
ln distw	9. 024058	0. 502528	7. 063189	9. 857974
Comborder	0. 071429	0. 258309	0	1
Comlang	0. 017857	0. 132828	0	1

续表

	均值 Mean	标准差 Std. Dev.	最小值 Min	最大值 Max
Landlock	0.208333	0.407331	0	1
APEC	0.107143	0.310219	0	1
CAFTA	0.047619	0.213596	0	1
WTO	0.875000	0.331708	0	1

6.3.3 实证结果与分析

首先用 Probit 模型估计中国每个 HS 二分位产品类别下的出口概率。Probit 模型的系数估计总结在频率分布图中,从图中可以看出经济自由度 Inst 变量的系数大多数情况下都为正,说明较高的经济自由度可以提升中国出口概率,有利于开展新的贸易关系。lnGDP 变量的系数几乎都大于零,说明目的国 GDP 越大,需求越大,中国相对更容易出口。而人均 GDP 变量 lnGDPcap 系数大都为负,原因是人均 GDP 越高,则进口国的经济发展水平越高,居民的消费水平也越高,对产品质量和档次的要求也越高,这样就抬高了中国对其出口的门槛,中国对其出口的难度也相应增加。距离变量 lnDistw 系数大都为负,说明目的国距离越远确实会提高出口到该国的门槛。内陆国家变量 Landlock 系数几乎全部为负,说明目的国如果是内陆国家对中国出口存在较大障碍,政府需要对出口到内陆国家或地区企业大力扶持,努力拓宽对内陆国家的出口渠道,形成出口的新增长点。变量 WTO 系数大都为正,说明加入世贸组织确实有利于扩大中国对其他成员国或地区的出口贸易,促进作用显著。变量 Comborder 系数大多数为正,说明中国对接壤的邻国出口概率较高,门槛较低。

计量结果显示 Comlang 变量不显著,原因是除了中国大陆之

外,中文在世界上只有马来西亚、泰国、中国香港、中国台湾、中国
澳门少数几个国家和地区作为官方语言,或者使用中文的人口占
该地区总人口比例达到20%以上。而样本中中国出口目的国的官
方语言大多数不是中文,Comlang 变量在很多情况下对出口概率
无明显影响也就容易理解了。

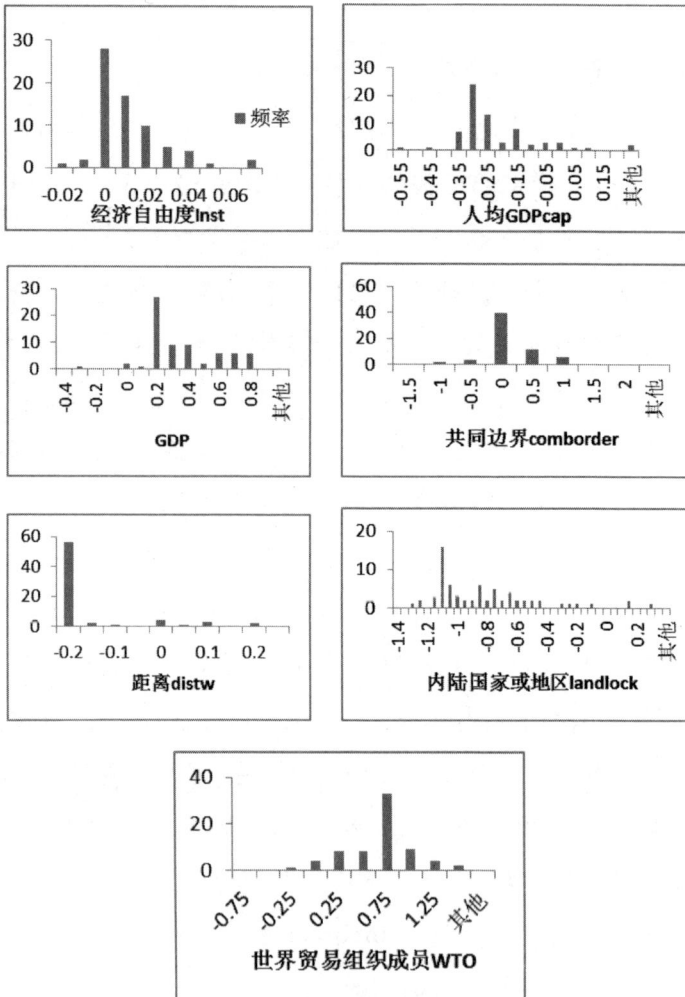

图 6.10　Probit 模型主要变量系数的频率分布图

　　模型估计结果显示 CAFTA 和 APEC 对出口概率无显著影响，少数情况下甚至为负。我们分析后认为这并非说明 CAFTA 与 APEC 对出口概率无影响或者负面影响，而是因为中国大陆出口到这两个组织成员国或地区的产品种类远远少于出口到世界其他国家的产品种类，中国大陆对这些成员国或地区的出口值在 HS 二分位产品类别下为 0，导致估计结果不显著甚至为负。所以中国大陆对这两个经济组织成员国或地区出口大有潜力可挖，政府可以采取激励措施促进企业对这些成员国或地区出口种类的增长，也就是扩展边际（Extensive margin）的增长，进一步开发利用好 CAFTA 和 APEC 组织提供的贸易机会。

　　进一步再用 Probit 指数与价格进行回归分析，即可得到出口门槛与出口价格的关系。需要注意的是 Probit 指数代表的是出口概率，概率越高则出口门槛越低，二者是负相关。如果 Probit 指数与出口价格回归系数为正，则表示出口门槛与出口价格关系为负；如果回归系数为负，则出口门槛与出口价格关系为正。回归结果见下表，汇报了回归系数、标准误和 t 值。

　　由以上回归结果可知中国大多数制造业行业中出口价格与出口概率存在正相关关系，与出口门槛存在负相关关系，其结果按照制造业门类总结在下表中。其中 HS 二分位分类产品中有 43 种出口价格与出口门槛是负相关关系，26 种存在正相关关系，总的来看，大多数是负相关关系。

表 6.13　出口价格与出口概率回归结果系数列表

HS Code	28	29	30	31	32	33
Coef.	0.715***	1.518***	1.31***	0.282*	−0.324	2.160**
Std. err.	0.193	0.571	0.465	0.160	0.559	0.963
T value	3.71	2.65	2.82	1.76	−0.58	2.24
HS Code	34	35	36	37	38	39
Coef.	1.154**	1.283*	0.188	−2.224***	−1.094**	0.756**
Std. err.	0.507	0.699	12.193	0.508	0.529	0.369
T value	2.28	1.84	0.55	−4.38	−2.07	2.05
HS Code	40	41	42	43	44	45
Coef.	−1.081***	1.850***	−4.155***	1.683***	−0.908*	0.659***
Std. err.	0.409	0.357	1.059	0.491	0.488	0.197
T value	−2.65	5.18	−3.92	3.43	−1.86	3.35
HS Code	46	47	48	49	50	51
Coef.	0.717***	0.287**	0.752*	1.397**	2.129***	0.883**
Std. err.	0.251	0.121	0.386	0.653	0.524	0.401
T value	2.85	2.37	1.95	2.14	4.06	2.2
HS Code	52	53	54	55	56	57

续表

HS Code	28	29	30	31	32	33
Coef.	0.906**	1.513***	0.753**	1.224***	1.459***	0.931***
Std. err.	0.429	0.324	0.305	0.382	0.489	0.46
T value	2.11	4.67	2.47	3.21	2.98	2.02
HS Code	58	59	60	61	62	63
Coef.	7.878***	0.625*	0.538*	-3.804**	1.027	-5.424***
Std. err.	2.167	0.37	0.309	1.643	1.026	1.187
T value	3.64	1.69	1.74	-2.32	1	-4.57
HS Code	64	65	66	67	68	69
Coef.	-2.980**	-5.424***	1.388***	1.323**	-0.659*	-0.731*
Std. err.	1.248	1.187	0.47	0.513	0.341	0.41
T value	-2.39	-4.57	2.95	2.58	-1.94	-1.78
HS Code	70	71	72	73	74	75
Coef.	-1.670***	2.249**	-0.521**	-1.484***	-1.486*	1.298***
Std. err.	0.485	1.093	0.228	0.489	0.778	0.474
T value	-3.44	2.06	-2.29	-3.03	-1.91	2.74
HS Code	76	78	79	80	81	82

续表

HS Code	28	29	30	31	32	33
Coef.	-1.374***	0.064	0.802***	1.382***	-1.030**	-3.261***
Std. err.	0.502	0.269	0.195	0.354	0.492	0.871
T value	-2.74	0.24	4.11	3.91	-2.09	-3.75
HS Code	83	84	85	86	87	88
Coef.	-1.122*	-1.883**	-1.987**	0.648*	1.664**	1.960***
Std. err.	0.656	0.813	0.953	0.385	0.675	0.703
T value	-1.71	-2.31	-2.08	1.69	2.46	2.79
HS Code	89	90	91	92	93	94
Coef.	-0.254	-1.286	-2.243*	0.347	0.395	1.187**
Std. err.	0.797	0.908	1.227	0.611	0.412	0.471
T value	-0.32	-1.42	-1.83	0.57	0.96	2.52
HS Code	95	96	97			
Coef.	1.709**	1.121*	0.314			
Std. err.	0.709	0.644	0.479			
T value	2.41	1.74	0.66			

注：Coef. 是系数，Std. err. 是标准误，T value 是 t 值。*，**和***分别表示在10%，5%和1%水平上显著。

表 6.14　制造业各行业出口价格与出口门槛关系汇总

出口价格与门槛关系	正相关 Φ＞1	负相关 Φ＜1
制造业门类	塑料和橡胶制品	化工产品
	服装鞋帽	皮革制品
	石器、陶瓷、玻璃	木制品
	金属及其制品	纺织品
	机械及电子产品	运输器具及设备
		其他制造业
HS 二分位类别数	26	43

　　如前所述,出口价格与出口门槛的负相关关系意味着 $\delta_2-\delta_1\neq\varnothing-1<0$,而 $\varnothing<1$ 意味着能力最高企业的产品价格最低,价格竞争力最强。其余能力较低企业的产品价格比它的产品价格高。这说明中国大多数制造业出口仍处于靠低成本竞争、以低价格取胜阶段,例如纺织品行业就是较典型的低价出口类别,在目的国或地区常遭到反倾销诉讼。而形成对照的是中国机械电子行业,出口价格与出口门槛是正相关关系,能力最高企业的产品价格最高,其余出口企业产品比它的价格低。这是中国长期鼓励机电产品走"以质取胜"道路的成绩,说明机械电子行业的发展正处在追求质量的发展路径上。

　　基于前述的研究结果,还可以对中国制造业出口到世界各国的出口门槛进行排序。除了考虑出口概率,还应考虑到出口额,这样才能反映全貌。可以使用出口额加权的出口概率来反映出口门槛高低。即计算每个 HS 二分位类别下中国对某国出口额占该类别下总出口额的比例,再乘上该类别下的出口概率,再把所有类别加总即得出口额加权概率值。加以排序后即得下表。

表 6.15　中国内地制造业出口到各目的国和地区门槛由低到高排序列表

1	美国	57	秘鲁	113	洪都拉斯
2	德国	58	斯里兰卡	114	马里
3	中国香港	59	爱尔兰	115	海地
4	日本	60	利比里亚	116	莫桑比克
5	英国	61	葡萄牙	117	波斯尼亚和黑塞哥维那
6	韩国	62	加纳	118	阿尔巴利亚
7	意大利	63	安哥拉	119	刚果共和国
8	法国	64	科威特	120	毛里塔尼亚
9	印度	65	柬埔寨	121	格鲁吉亚
10	荷兰	66	黎巴嫩	122	土库曼斯坦
11	西班牙	67	肯尼亚	123	摩尔多瓦
12	巴西	68	约旦	124	亚美尼亚
13	阿联酋	69	利比亚	125	牙买加
14	印度尼西亚	70	蒙古	126	马拉维
15	越南	71	厄瓜多尔	127	冰岛
16	泰国	72	多哥	128	老挝
17	加拿大	73	多米尼加共和国	129	冈比亚
18	土耳其	74	也门	130	津巴布韦
19	比利时	75	斯洛伐克	131	巴布亚新几内亚
20	澳大利亚	76	吉尔吉斯斯坦	132	赞比亚
21	俄罗斯	77	危地马拉	133	赤道几内亚
22	沙特阿拉伯	78	白俄罗斯	134	乍得
23	新加坡	79	乌兹别克斯坦	135	斐济
24	孟加拉	80	埃塞俄比亚	136	布基纳法索
25	波兰	81	匈牙利	137	加蓬
26	伊朗	82	乌拉圭	138	苏里南
27	马来西亚	83	克罗地亚	139	圭亚那
28	南非	84	塞浦路斯	140	塞拉利昂

29	尼日利亚	85	突尼斯	141	布隆迪
30	墨西哥	86	斯洛文尼亚	142	马尔代夫
31	巴基斯坦	87	巴林	143	巴巴多斯
32	巴拿马	88	马耳他	144	伯利兹
33	埃及	89	巴拉圭	145	厄立特里亚
34	丹麦	90	坦桑尼亚	146	卢旺达
35	瑞典	91	刚果民主共和国	147	东帝汶
36	阿根廷	92	马达加斯加	148	圣文森特和格林纳丁斯
37	哈萨克斯坦	93	塔吉克斯坦	149	马其顿
38	乌克兰	94	哥斯达黎加	150	佛得角
39	以色列	95	毛里求斯	151	多米尼加
40	捷克	96	爱沙尼亚	152	所罗门群岛
41	挪威	97	尼泊尔	153	中非共和国
42	奥地利	98	保加利亚	154	瓦努阿图
43	菲律宾	99	立陶宛	155	塞舌尔
44	瑞士	100	喀麦隆	156	科摩罗
45	哥伦比亚	101	乌干达	157	几内亚比绍
46	智利	102	阿曼	158	汤加
47	希腊	103	萨尔瓦多	159	圣露西亚
48	摩洛哥	104	阿塞拜疆	160	卢森堡
49	阿尔及利亚	105	几内亚	161	基里巴斯
50	贝宁	106	吉布提	162	塞尔维亚
51	芬兰	107	科特迪瓦	163	不丹
52	叙利亚	108	拉脱维亚	164	博茨瓦纳
53	委内瑞拉	109	塞内加尔	165	圣多美和普林西比
54	新西兰	110	尼加拉瓜	166	纳米比亚
55	卡塔尔	111	玻利维亚	167	莱索托
56	罗马尼亚	112	尼日尔	168	斯威士兰

注：排序编号从小到大，按出口门槛由低到高排列。

6.4 │ 本章小结

本章首先依据总量贸易统计数据和产品国际竞争力指标评估了中国产品在国际市场的竞争力,然后依据增加值贸易统计数据评估中国产品的竞争力,与传统总量统计方法的测度结果进行对比分析。最后,依据增加值贸易统计数据对中国与美国、印度的产品竞争力进行了对比研究。

(1)本章先基于总量贸易数据,评估了中国产品在国际市场的竞争力。从出口比较优势指数来看,大多数制造行业的比较优势处于上升趋势,少数处于下降态势。其中优势最大的三个行业是计算机与光电、纺织品和服装、电子设备,最弱的是木草制品、纸及纸产品、媒体印刷复制品。纺织品和服装属于传统出口行业,出口优势逐渐减小;计算机与光电行业出口很多是加工贸易,金融危机后出口优势也有所下降。中国制造业急需转型升级,优化出口结构,减少对外资和加工贸易的依赖。

观察显示性比较优势指数可以发现中国制造业的比较优势总体处于持续增长的趋势,整体来看国际竞争力处于较强范围。纺织品和服装、电子设备长期居于极具竞争力的地位。中国制造业显示性比较优势在 2008 年金融危机后有所下降,2011 年见底后不断回升,2014 年达到最高值 1.34。总的来看,中国制造业出口总体具有较强的竞争力,且优势在不断增长。

出口增长率优势指数显示纺织品与服装、木草制品、纸及纸产品、基本金属的增长率大多数时候高于总体增长率,增长势头良好。而医药产品与制剂、橡胶与塑料制品等行业的增长率逐渐低于总体增长率,值得注意。纺织品和服装等传统出口行业增长率逐渐下降,需要推动转型升级来恢复增长活力。

市场占有率指数显示中国制造业国际市场占有率从 2005 年到 2014 年近乎翻番。2014 年市场占有率最高的三个行业是纺织品和服装、电子设备和计算机与光电;而最低的三个行业是医药产品与制剂、汽车拖车、焦炭与精炼石油。从国际市场占有率的增长率来看,纸及纸产品的市场占有率增长最快,增长率最低的是食品和烟草制品行业。纺织品和服装等传统行业虽然市场占有率很高,但增长率较低,需要加快产业转型升级的步伐。

从贸易竞争力指数看,中国制造业总体贸易竞争力除了在 2008 年金融危机至 2011 年出现短暂下降外,总体上一直保持上升势头。纺织品和服装、家具行业指数一直大于 0.5,属于竞争力很强的行业。木草制品、纸与纸制品、媒体印刷与复制等一些行业指数为负,竞争力较弱。绝大多数细分行业的贸易竞争力指数都处于上升,但金属制品等行业的指数出现下降,需要引起重视。

从对不同国家的市场渗透率来看,中国产品对所选目的国市场渗透率都在提高,纺织及其制品行业渗透率最高。渗透率增长幅度较大的是电子与光学制造、化学品及化学制品、纺织及其制品、皮革及鞋类制造行业。中国对印度市场的渗透率增长最快,超过 300%,显示出新兴国家市场的巨大潜力。

(2)在资源产业、制造业和服务业三大类产业中,中国制造业竞争力指数大于 1,竞争力最强。而服务业和资源产业竞争力指数都小于 1,表明缺乏竞争力,服务业竞争力指数总体上稍高于资源产业竞争力指数。从总量统计和增加值统计结果比较来看,制造业竞争力在总量统计方法下被低估,而服务业和资源产业的竞争力在大多数年份在总量统计下被高估。研究时期内三大类行业年均差异幅度由大到小依次是制造业、资源产业和服务业。从发展趋势来看,无论是使用总量统计方法还是增加值统计方法,中国制造业出口竞争力呈上升趋势,而服务业和资源产业出口竞争力呈下降趋势。两种方法下,竞争力指数排名前三的行业一致,都是纺织品、服装和皮革制品,电气设备制造,计算机、电子和光学产品制造行业。在 15 个竞争力指数大于 1 的行业中,10 个是制造业,5个是服务业。总量统计下,竞争力指数大于 1 的行业较少,只有 1个,即水陆交通行业。

(3) 从增加值统计方法下中美两国对照结果来看,美国总体出口竞争力强于中国总体出口竞争力,但差距在减小。美国总体出口竞争力指数变化相对平稳,中国竞争力上升势头强劲,未来中国总体出口竞争力很可能赶超过美国。中美两国资源产业总体竞争力指数都较低,但美国资源产业表现平稳,而中国资源产业竞争力指数逐渐下降,需要关注。中国制造业竞争力指数在研究时段内一直高于美国,美国制造业竞争力相对较弱。但是美国服务业竞争力指数一直高于中国服务业竞争力指数,并且总体差距还有扩大的趋势。美国在超过半数的服务行业的竞争力指数大于 1,其中指数大于 2.5 的显著优势行业就有 6 个,而中国在竞争力指数大于 1 的服务行业仅有 5 个,没有指数大于 2.5 的显著优势服务行业,中国还需要大力扶持发展服务业。

(4) 把中国与印度的产品竞争力进行比较,结果显示中国在木材、造纸及印刷,未分类机械设备制造,电子、电气及光学设备行业具有竞争优势,印度在食品、饮料及烟草制品,化学与非金属矿物制品,其他工业与回收行业占优势。还有一些行业的优势发生转换,印度在纺织品、皮革及制鞋行业占优势,后来转变为中国占优势；中国原来在基本金属和金属制品、运输设备行业占据优势，后来转变为印度居于优势地位。增加值统计数据可以较准确地反映这些变化，有助于国家和企业及时调整发展战略，提高产品在国际市场的竞争力。

（5）在对中国制造业出口质量、价格竞争力与贸易门槛的研究中，我们发现：有的行业出口价格与出口门槛是正相关关系，有的行业是负相关关系。反映出有的行业以价格竞争为主，以低价竞争获胜，能力最高的企业出口价格最低，能力较低企业的成本和出口价格相对较高；有的行业以质量竞争为主，能力最高的企业出口价格最高，能力较低企业的出口价格相对较低。结果表明中国制造业出口价格与出口门槛以负相关关系为主，说明大多数产品门类处在低价竞争为主的阶段，以降低生产成本为主要手段，大量生产低附加值的产品，回报相对较少，还遭遇很多反倾销诉讼，在国际分工中处于不利地位。中国需要转换发展模式，走优质优价的道路，努力出口高质量高附加值的产品。同时，本章在对中国出口门槛影响因素的研究中，发现目的国的国民生产总值，制度质量对中国制造业出口概率有正面影响，中国应该积极与发达国家和经济自由度较高的国家建立和发展贸易关系。

第 7 章 研究结论与研究展望

7.1 | 研究结论

  全球价值链分工是国际生产合作的重要形式,也已成为当前经济全球化的重要特征。全球专业化分工促使了中间产品贸易快速增长,中国 2011 年中间品进口已达总进口额 82.4%。除了受金融危机影响的个别年份外,在绝大多数年份中国出口的垂直专业化率不断攀升,制造业的垂直专业化率一度达到 30% 左右。中国出口产品中包含的外国成分在不断增长,中国出口的获益者其实远不止中国本国。而传统的贸易统计体系则把全部出口价值算在出口国头上,这不可避免地带来统计偏差,传统意义上的总量贸易平衡还是否意味着贸易公平成为各国政府和学者们讨论的热门话题。考虑到产品内包含的来自多国的价值成分,国际市场上产品竞争力的评价需要进一步细化,才能准确地评判一国产品的竞争力。中国全球专业化分工已发展到什么样的程度,有哪些特征?中国出口产品中包含哪些外国增加值,中国出口对本国增加值的意义有多大?全球价值链上中国与贸易伙伴有哪些双边关联特征?中国产品在国际市场上的竞争力如何,用传统统计方法和增加值统计方法的评价结果有何差异？中国制造业各类产品的价格竞争力与质量竞争力如何？此处主要围绕这些问题展开研究。

（1）基于投入产出分析法和 WIOD 数据库，计算并分析了中国各行业的垂直专业化的发展变化情况。现有的大多数类似研究都以制造业为研究对象，此处把研究范围扩大到非制造业。除了 2005 年汇率改革和 2008 年金融危机期间有所下降外，无论制造业还是非制造业的垂直专业化水平都是增加的。总的来看，中国制造业的垂直专业化率高于非制造业，制造业中技术含量越高的行业垂直专业化率越高。按照经合组织的制造业分类标准，中高与高技术行业垂直专业化率最高，然后依次是中低技术行业和低技术行业。有的非制造业垂直专业化程度实际上并不低，例如，航空运输业平均垂直专业化率高于纸张和印刷业、皮革及鞋类制造业、纺织及其制品业。

为了研究中国垂直专业化的来源国和目的国特征，选取了中国几个主要贸易伙伴国作为研究对象。在经济发展水平相对较高的国家中，北美洲国家选取美国，亚洲国家选取日本，欧洲国家选取德国，新兴经济体选取韩国和俄罗斯；经济发展水平相对较低的发展中国家选取巴西、印度和印尼。从中国垂直专业化来源国来看，日本长期占有的最大来源国地位优势已经被美国和韩国超过。美国在绝大多数行业是最大来源国，而韩国虽然目前在一些行业是最大来源国，却出现下降趋势，优势有减弱的迹象。德国在非制造行业的增长优势比较明显，中国非制造业垂直专业化来源于德国的比例增长较快。俄罗斯主要在能源和石化产品行业占据优势。发展中国家里面，印尼原来在 2001 年几乎所有行业所占进口比例最高，但是到 2011 年，巴西在大多数行业超过印尼，在中国垂

直专业化进口中占据了重要地位。不过,印尼在大多数非制造业
中仍占有较大优势。印度在大多数行业所占比例小于巴西和印
尼,很多行业仅有小幅增长。

再对中国垂直专业化按照目的国分解,目的地中所占比例最
高的是美国,然后是日本和德国。技术含量较高的行业出口到较
发达国家的比例高于出口到欠发达国家的比例。中国垂直专业化
出口目的国中,发展中国家所占比例增长率高于发达国家,出口市
场显示出多元化趋势。发展中国家中,印度在中国垂直专业化出
口中所占比例最高,然后依次是巴西和印尼。

中国非制造业中垂直专业化出口到较发达国家的比例高于到
发展中国家的比例,但出口到发展中国家的比例增长率却高于出
口到发达国家的比例增长率,说明发展中国家在中国非制造业出
口中的重要性在增加,地位也在上升,有利于非制造业出口的多元
化局面的形成。

(2)通过全球价值链指标的分析,发现中国对全球价值链分
工的参与度大体上经历了先上升后下降的过程。制造业和服务业
经历了先升后降,而后再上升接着再下降的情况,大致呈现 M 型。
而资源产业的参与度处于持续上升状态。中国国际分工地位指数
变化总体上呈 U 形,先降而后升。制造业分工地位指数也是先降
而后升,服务业和资源产业的分工地位指数整体上处于上升状态。
从前后向关联度来看,各行业前向关联度都有不同程度上升,其中
资源产业前向关联度上升幅度最大,15 年间上升约 4 倍。中国各
产业后向关联度的变化情况基本类似,大致呈 M 型。由于中国综
合实力增长,对国外依赖日趋减少,预计未来中国后向关联度还会
继续下降。

　　研究显示中国对外直接投资总体上提升了资源产业的国际分工参与度和国际分工地位。对外直接投资对制造业前向关联度没有明显提升作用,但对后向关联度有显著的抑制作用。总的来看,中国对外直接投资与制造业参与度是负相关关系,而与其国际分工地位是正相关关系。对外直接投资对服务业前向关联度有显著正向促进作用,对其后向关联度有显著负向抑制作用。对外投资对服务业的国际分工参与度有一定负向抑制作用,而对其国际分工地位有显著提升作用

　　(3)大量的中间产品进口和垂直专业化国际分工的不断发展,导致各国出口产品中包含的外国成分越来越复杂,从而对国际贸易统计带来了巨大挑战。原来传统的总量统计方法把出口产品价值全部算作出口国收益的做法已不适应需要,亟需建立新的增加值统计体系将产品中来自各国的增加值分开统计,以便更准确地反映出口给各国带来的收益。本书研究了中国出口产品中含有的本国和外国增加值情况,并对中国出口产品中包含的外国增加值和外国出口产品中包含的中国增加值做了结构分析,然后重点研究了中国出口对国内增加值的拉动效应。

　　中国出口产品中的本国增加值比例不断下降,而外国增加值比例相应增加。本国增加值主要出口目的地是美国、日本、德国、英国、加拿大等国。但是中国出口到新兴经济体的比例在持续增加,表明新兴经济体市场在中国出口中的地位在上升,出口到新兴经济体市场的潜力较大。中国制造业包含的外国增加值比例比非制造业高。技术含量较低的传统出口优势行业包含的外国增加值比例较低,而技术含量较高的行业包含的外国增加值比例较高。

　　中国出口产品包含其他国家的增加值,其他国家出口产品也

可能包含中国增加值。本书选取了有代表性的主要贸易伙伴国，分析了中国与这些国家的出口产品中包含的对方的增加值。首先分析了中国出口中包含的贸易伙伴国的增加值，中国出口产品中包含的日本增加值主要在制造业，而包含的美国和德国增加值比例最高的行业是商业服务业，表明这两个国家在商业服务领域有明显优势。来自韩国的增加值也主要分布在制造业，来自俄罗斯的增加值主要分布在制造业，以及农林牧渔和采矿采石业。来自巴西和印度的增加值主要分布在采矿采石行业较多，技术含量相对较高的行业则比较少。

再看贸易伙伴国出口产品中包含的中国增加值。研究发现，在很多行业中国出口产品包含的外国增加值大于外国出口产品包含的中国增加值，这种情况意味着其他国家通过中国出口产品获得的收益大于中国通过这些国家出口产品获得的收益。可以用"逆差"来形容这种情况，相反情况则称之为"顺差"。日本出口产品包含的中国增加值主要分布在制造业，非制造业中来自批发零售及旅馆餐饮业的比例最高。在绝大多数行业，中国出口产品价值中包含的日本增加值比例大于日本出口产品价值中包含的中国增加值比例。中国对美国和德国出口的产品存在类似情况。美国和德国出口产品包含的中国增加值主要来源于制造业，非制造业的中国增加值比例最高的是批发零售及旅馆餐饮业。在大多数行业，美国和德国出口产品包含的中国增加值比例小于中国出口包含的对方增加值比例，中国存在"逆差"。值得注意的是，中国对美国和德国的"逆差"最大的是商业服务业，对美国的逆差最大。这显示出中国在商业服务领域与发达国家相比，存在较大劣势。俄罗斯出口包含的中国增加值主要在制造业和批发零售及旅馆服务业，在大多数行业，中国对俄罗斯也存在"逆差"。韩国出口产品中包含的中国增加值主要在制造业，在大多数行业，中国出口产品包含的韩国增加值比例小于韩国出口产品包含的中国比例，对中国而言是"顺差"。但在商业服务领域，中国出口产品包含的韩国增加值比例大于韩国出口产品包含的中国增加值比例，中国仍是"逆差"。

分析中国与巴西及印度的贸易关系发现，巴西和印度绝大多数行业出口产品中包含的中国增加值大于中国出口包含的巴西和印度的增加值，中国存在"顺差"。中国在制造业的"顺差"比较大，体现出中国制造业较大的优势和竞争力。但是，值得引起注意的是，中国在商业服务领域对巴西和印度仍然是"逆差"。总的来看，中国在制造业优势在增加，与其他发展中国家相比优势比较明显，但是和发达国家相比还有一定差距，特别是在商业服务领域和发达国家的差距很大。即使是和同为发展中大国的巴西、印度比，中国也处于"逆差"，这说明中国在商业服务领域劣势非常明显，需要采取措施尽快扭转不利的形势。

本书还研究了中国出口对国内增加值的拉动效应，研究对象涵盖制造业和非制造业。结果显示，总体而言，制造业的增加值完全投入系数低于非制造业，也就是说每单位价值的制造业出口所拉动的国内增加值低于每单位价值的非制造业出口所拉动的国内增加值。非制造业的出口对国内增加值贡献相对较高一些。从单位出口价值拉动的国内增加值而言，制造业低于非制造业；但是，从出口拉动的增加值总量来看，制造业出口仍是拉动国内增加值的主力军。未来，中国出口对国内增加值的贡献在总量上仍是靠制造业拉动，但是在贡献程度上非制造业更高，中国应加大非制造业开放力度,扶持非制造业出口,增强竞争力,为国内增加值出口做出更大贡献。

(4)为了研究中国出口产品的竞争力,基于传统总量统计数据和增加值贸易统计数据对中国产品在国际市场上的竞争力作了评估,并对两种统计方法下的评估结果差异进行了分析。根据总量统计数据计算产品竞争力指标,结果显示总体上中国制造业的竞争力在增强.

从出口比较优势指数来看,除少数行业外,绝大多数制造行业的比较优势处于上升趋势。其中优势最大的三个行业是计算机与光电、纺织品和服装、电子设备。纺织品和服装等传统出口行业的优势逐渐减小,需要转型升级。显示性比较优势指数显示中国制造业的比较优势总体处于持续增强的趋势。纺织品和服装、电子设备行业具有较大的比较优势。中国制造业出口总体上国际竞争力较强,且优势在急剧增长。出口增长率优势指数显示增长率优势较大的行业有纺织品与服装、木草制品、纸及纸产品、基本金属行业。而医药产品与制剂、橡胶与塑料制品等行业处于相对较弱的地位。但纺织品和服装等传统行业的增长优势逐渐减弱,需要推动转型升级来增强活力。

市场占有率指数显示中国制造业国际市场占有率从 2005 年到 2014 年近乎翻番,国际市场竞争力不断增强。2014 年市场占有率最高的三个行业是纺织品和服装、电子设备和计算机与光电行业;但纺织品和服装等传统行业市场占有率的增长率较低,亟需转型升级。从贸易竞争力指数看,中国制造业总体贸易竞争力总体上一直保持上升势头。纺织品和服装、家具行业竞争力较强。绝大多数制造行业的贸易竞争力指数都处于上升,但金属制品等行业的指数出现下降,需要引起重视。

另外,还选取了几个代表性国家,分析中国产品对这些国家的市场渗透率,发现中国产品在所有目标市场上的渗透率都在提高。增幅较大的行业有电子与光学制造、化学品及化学制品、纺织及其制品、皮革及鞋类制造业,其中以纺织及其制品行业的渗透率为最高。中国在印度市场渗透率的增长很快,表明中国产品在新兴国家市场有较强竞争力,可以进一步开发新兴国家市场。

各种竞争力指标的侧重点不一样,反映出的情况是多方面的,总的来看结论比较一致。值得注意的是一些指标反映出以纺织品和服装业为代表的传统劳动密集型行业目前竞争力虽然仍较强,市场占有率和渗透率甚至还在提高,但是从增长速度和后劲来看优势正在逐渐减弱,中国应该加快传统产业改造升级的步伐,保持并加大这些行业的竞争优势。

以上是基于总量统计数据的竞争力评估结果,用增加值统计数据计算的结果可以更准确地反映产品竞争力。为了对比两种方法下的差异,用两种方法分别计算了中国各行业竞争力指数RCA,发现在资源产业、制造业和服务业三大类产业中,两种方法下的结果都显示中国制造业竞争力指数大于1,具有较强竞争力,而服务业和资源产业竞争力指数都小于1,缺乏竞争力。制造业竞争力在总量统计方法下被低估,而服务业和资源产业的竞争力在大多数年份在总量统计下被高估。从发展趋势来看,无论是总量统计还是增加值统计方法,中国制造业出口竞争力呈上升趋势,而服务业和资源产业出口竞争力呈下降趋势。增加值统计方法下的美国总体出口竞争力强于中国总体出口竞争力,但差距在减小,中国总体出口竞争力很可能会超过美国。中美两国资源产业总体竞争力指数都较弱,中国资源产业竞争力指数处于下降趋势,需要引起关注。中国制造业竞争力指数在研究时段内一直高于美国。但是美国服务业竞争力指数一直高于中国服务业竞争力指数,美国服务业竞争力强于中国。

由于印度也是人口众多的发展中大国,很多地方与中国有可比性,所以将中国与印度的产品竞争力作了对比研究。两国各有本国长期占优势的行业,中国占优势的行业包括:木材、造纸及印刷,未分类机械设备制造,电子、电气及光学设备行业;印度占优势的行业包括:食品、饮料及烟草制品,化学与非金属矿物制品,其他工业与回收行业。而有的行业的占优方则发生了转换。增加值贸易统计结果可以更清晰地显示一国产品竞争力的变化情况,对国家和企业及时调整产业政策竞争策略很有帮助。

(5)借鉴 Koopman 等(2010)提出的全球价值链指标体系,提出全球价值链双边嵌套指数,包括双边嵌套差额、双边嵌套强度和双边嵌套地位,对中国与主要贸易伙伴国或地区的双边嵌套关联特征进行了分析,发现这些国家或地区从中国出口中获益巨大,大多数情况下是嵌套顺差。特别是美国,其实长期占有嵌套顺差状态,中国对全世界出口包含了大量的美国增加值,使美国获益巨大。然而美国却只看到双边贸易总量统计的巨额逆差,狭隘地认为中国出口损害了美国利益,这是不正确的。当然,随着中国实力增长,中国逐渐赢得双边嵌套地位优势,但并不一定对美国不利。双方嵌套强度在增长,美国完全可以从中国不断增长的出口中获得更多利益。双方应该积极合作,实现互利共赢。日本与美国类似,也对中国存在嵌套顺差,双边嵌套强度不断上升,原来的嵌套地位优势逐渐减弱,最后被中国超过。俄罗斯对中国也存在嵌套顺差,并且顺差还在扩大。俄罗斯一直保持在中技术行业的嵌套优势地位,而中国在高技术和低技术行业处于嵌套优势地位。中俄嵌套强度也在持续增加。印度与中国在出口方面存在较大竞争性,但嵌套强度也在增加。印度在高技术行业对中国具有嵌套顺差,而在中低技术行业对中国是嵌套逆差。中国在高中低行业对印度都占据明显的嵌套优势地位,并且优势不断扩大。其中低技术行业的优势最大。

(6)产品竞争力还可以分为价格竞争力和质量竞争力,两种竞争力归根结底来源于企业能力(firm capacity)。但是产品的价格和质量竞争力还没有很完善的评价标准,大多数研究是从产品价格和质量的影响因素出发研究其变化规律。本书从产品价格与贸易门槛关系出发,结合产品质量和企业能力因素,运用质量调整价格(quality-adjusted price)模型,研究了中国制造行业进出口产品的价格和质量竞争情况。

根据 Melitz(2003)的异质性企业出口选择理论,只有生产效率较高的企业才有能力跨过贸易成本的门槛成功出口,出口价格与出口门槛正相关。该模型的前提假设是产品是同质的,企业间进行价格竞争,能力越强的企业的产品价格越低。参照 Helpman 等(2008)的做法,首先构建 Probit 模型估计各制造行业出口概率,估计出口门槛的高低,再分析各制造行业出口价格与出口门槛的关系。研究发现,有的行业如同 Melitz(2003)理论的预测,出口价格与出口门槛正相关。但是,也有不少行业出口价格与出口门槛负相关,与该理论预测不符。书中运用质量调整价格模型,结合质量和企业能力因素,对此现象进行了分析。造成前述结果的原因是,出口产品存在质量差异,企业可能进行降低成本的价格竞争,也可能进行提高产品质量的竞争。有的行业以价格竞争为主,能力最高的企业的成本和出口价格最低,能力较低企业的成本和出口价格相对较高;有的行业以质量竞争为主,能力最高的企业出口价格最高,能力较低企业的出口价格相对较低。结果表明,中国制造业出口以价格竞争为主,这样会造成大量低附加值的出口,资源使用效率较低,国内实际获利相对较少,而且容易遭遇反倾销调查与诉讼,这种低价竞争出口的模式需要改变,尽快走上优质优价为主的发展道路。

本书中还研究了中国出口门槛的影响因素,目的国较高的国民生产总值和制度质量会降低中国出口门槛。但是目的国人均国民生产总值较高却会提升对其出口的门槛,因为人均收入高的国家对产品质量和档次要求更高。目的国如果是内陆国家则出口门槛相对较高。目的国如果与中国接壤,或者与中国同属一个贸易组织会有利于降低出口门槛。所以中国应该努力与邻国扩展合作领域,充分开发近邻国家的贸易机会。同时,利用好各种贸易组织的优惠便利条件,积极与其他成员国开展更多地合作,挖掘潜在的贸易机会。书中还对制造业出口到其他国家的门槛高低进行了排序。

政府和企业可以针对各行业进出口产品的竞争情况采取相应的对策。对于价格竞争激烈的行业,需要提高生产效率,降低成本;对于质量竞争为主的行业,企业需要努力提高产品质量和档次,政府可以出台扶持措施,帮助企业提高技术水平,增加产品的技术含量和附加值,加快产业升级换代,争取优质优价的竞争优势。

7.2 ｜研究展望

本书由国际分工出发,测度并分析了中国垂直化专业化分工的程度和特点,对产品中包含的中国和外国的增加值结构及其变化进行了研究,并对中国出口产品竞争力进行了测度和分析,得到了一系列研究成果。但只能是管中窥豹,所研究的领域涉及的因素众多,而且发展变化较快,还有很多的问题尚待研究。

目前很多相关研究是把中国与发达国家放在一起进行分析,而较忽略垂直专业化分工体系中的发展中国家之间的关系;很多研究的行业大都是制造业,得到的结论也大致类似:中国与发达国家在制造业存在较大差距,处在价值链的较低端。本书中把发展中国家纳入研究范围,把研究的行业拓宽到包含非制造业,得到一些较有意义的结论。但是有的分析只是得到了宏观层面的结论,还未能深入分析其决定因素。例如,研究结果显示中国与印度在某些行业竞争力优势地位发生了转换,但是还有待研究是什么原因导致这种转换发生,具体是哪些因素发生了变化,需要进一步发现更深层次的决定因素。

随着国际分工合作的不断发展和中间品贸易的快速增长,国际贸易商品中的价值来源地结构变得复杂,测算的难度也在增大。在模型和测算方法方面,无论是 HIY 法、KWW 法、WWZ 法,还是王直(2015)等提出的各种分解方法都需要一些假设前提,与真实情况会有差距。虽然 KWW 法目前得到较广泛关注,被认为是对产品包含的增加值分解较准确的测度方法,但是仍然存在不足。例如,回收行业的产品来自许多行业,包含的增加值来源可能非常复杂,几乎不可能厘清所有增加值来源,出口到别的国家后就很难

再准确分离出各个增加值的流向。即使是在计算方法上，Lejour
等(2012)已指出 KWW 法在投入产出关系处理上欠妥，Koopman
也承认确有不足，但是他认为问题不大，仍然是比较有效的办法。
可见增加值贸易的统计方法还有进一步改进的必要，以便更准确
地反映各国参与国际分工的实际情况。

除了统计方法上的改进，统计数据方面也需要完善，例如，很
多国家的投入产出表往往是数年出版一次，各国公布时间也不完
全一致，数据缺乏连续性，很多时候需要估算，其适用性和准确程
度还是有一定限制的。目前广为使用的经合组织的投入产出数据
库也是基于各国数据再推算而得，存在一定偏差。增加值贸易统
计方式需要国际社会的广泛合作，世界贸易组织和经合组织正在
协调各国统计部门，努力推广新的国际贸易统计方式，但是受到各
国具体条件的限制，可能还需要很长的时间才能建立学者们期望
的新国际贸易统计体系。目前很多数据还是只能靠专家学者推算
才能获得，结果很难保证不出现偏差。有的还需要用到 GTAP 等
收费的数据库，使研究受到制约。未来，随着统计体系的改进和数
据的可获得性增加，增加值贸易的研究会有多更有意义的发现。

全球价值链关联特征一直是国内外研究热点，本书在双边嵌
套关联方面取得了重要进展，有利于开展国家间双边关联特征的
研究。但是国家间双边关联特征内涵丰富，同时变化多端，如何更
好地发掘其内在本质特征及其影响因素，并揭示其发展规律还需
要深入研究。嵌套形态下的贸易利益与常规贸易利益概念有所不
同，涉及的贸易利益应该如何衡量和诠释，也还需要进一步研究。
对于国家或企业而言，在制定政策或发展战略时，如何利用和扩大
嵌套优势，获取更大国际分工利益，也还有待深入思考和解决。

产品竞争力一直是国际贸易领域的研究热点之一,国际市场上价格竞争和质量竞争非常激烈,越来越多的学者关注国际贸易中的价格和质量问题,也已取得了一些成果。但是研究的困难也不少,因为价格和质量的高低都是相对的,还受很多因素影响,很难直接制定一个普适性的标准。另外,产品价格数据相对较易获得,而适用于跨国比较的产品质量数据则非常难得,使得研究受限。书中在价格竞争和质量竞争的研究方面作了些尝试,有了一些结论。但是,目前的研究是基于产业层面数据,如果结合企业的资本、劳动力、研发投入等微观数据,可以更深入研究企业应对价格竞争和质量竞争的规律和机制,得到更深层次的结论。

可以预料,未来全球价值链测度方法会进继续改进,增加值统计数据体系会不断完善,相关的分析和研究会更细致更深入;产品竞争力的研究也会获得更精确的数据,更准确地评估产品竞争力,有助于国家采取适当的政策措施,帮助企业采取有力的竞争策略,提升本国产品的国际竞争力。

参考文献

英文文献

[1] Acemoglu, Daron, Ventura, J. The World Income Distribution [J]. Quarterly Journal of Economics, 2002, 117(2):659 - 694.

[2] Amiti M, Wei S. Service Offshoring, Productivity, and Employment: Evidence from the United States (EPub)[M]. International Monetary Fund, 2005.

[3] Amiti, M. Specialisation Patterns in Europe. CEP Discussion Paper No. 363, 1997.

[4] Amiti, M. New Trade Theories and Industrial Location in the EU: A Survey of Evidence [J]. Oxford Review of Economic Policy, 1998,14(2):45 - 53.

[5] Anderson, J. A Theoretical Foundation for the Gravity Equation[J]. The American Economic Review, 1979, 69(1):106 - 116.

[6] Anderson, J. , Wincoop, E. Gravity with Gravitas: A Solution to the Border Puzzle[J]. The American Economic Review, 2003, 93(1):170 - 192.

[7] Antweiler W. , Trefler, D. Increasing Returns and All That: a View from Trade [J]. The American Economic Review, 2002, 92(1): 93 - 119.

[8] Balassa, B. Trade Liberalization among Industrial Countries [M]. New York, McGraw Hill, 1967.

[9] Baldwin R. , Harrigan, J. Zeros, Quality, and Space: Trade Theory and Trade Evidence[J]. American Economic Journal: Microeconomics, 2011,3 (2):60 - 88.

[10] Baldwin, R. , Ito, T. Quality Competition versus Price Competition Goods: An Empirical Classification[J]. Journal of Economic Integration, 2011, 26(1) : 110 - 135.

［11］ Bastos, P. , Silva, J. The Quality of a Firm's Exports: Where you Export to Matters[J]. Journal of International Economics . 2010 (2):99 - 111.

［12］ Bekkers, Eddy, Francois, J. , Manchin, M. Import Prices, Income, and Inequality[J]. European Economic Review, 2012,56 (4), 848 - 869.

［13］ Bernard, A. B. , Eaton, J. , Jensen, J. B. , Kortum, S. Plants and productivity in international trade[J]. The American Economic Review, 2003, 93(4): 1268 - 1290.

［14］ Boorstein, R. , Feenstra, R. Quality Upgrading and its Welfare Cost in U. S. Steel Imports, 1969 - 74[Z]. NBER Working Paper No. w2452, 1987.

［15］ Broda, C. , Weinstein, D. Globalization and the Gains from Variety[J]. Quarterly Journal of Economics, 2006, 121 (2): 541 - 585.

［16］ Choi, Y. C. , Hummels, D. , Xiang, C. Explaining import quality: The Role of the Income Distribution[J]. Journal of international economics, 2009, 77(2):265 - 275.

［17］ Clerides, S. , Lach, S. , Tybout, J. . Is Learning by Exporting Important? Micro-Dynamic Evidence from Colombia, Mexico, and Morocco [J]. The Quarterly Journal of Economics, 1998,113(3):903 - 947

［18］ Crino, R. , Epifani, P. Productivity, Quality and Export Behavior[J]. The Economic Journal, 2012, 122(565): 1206 - 1243.

［19］ Daudin, G. , Rifflart, C. , Schweisguth, D. Who Produces for Whom in the World Economy? [J] Canadian Journal of Economics, 2011, 44 (4): 1403 - 37.

［20］ Eaton J. , Kortum, S. Technology, Geography, and Trade [J]. Econometrica, 2002,70(5):1741 - 1779.

［21］ Dean, J. , Fung, K. C. , Wang, Zhi. How Vertical Specialized is Chinese Trade? Office of Economics Working Paper No. 2008 - 09 - Dec. ,2008.

［22］ Egger H. , Egger P. On Market Concentration and International Outsourcing [J]. Applied Economies Quarterly, 2003,49(1):49 - 64;

［23］ Egger H. , Egger P. The Determinants of EU Processing Trade[J]. The World Economy, 2005, 28(2):147 - 168.

［24］ Feenstra, R. C. , Hanson, G. H. Foreign Investment, Outsourcing and Relative Wages. NBER Working Paper no. W5121 . 1996.

［25］ Feenstra, R. C. , Romalis, J. International Prices and Endogenous Quality [J]. The Quarterly Journal of Economics, 2014,129(2):477 - 527.

[26] Flam H. , Helpman, E. Vertical Product Differentiation and North-South
Trade[J]. The American economic review, 1987, 77(5):810 - 822.

[27] Greenhan, J.. Competitiveness: A Survey of Recent Literature [J]. The
Economic Journal, 1968,78(3):243 - 262.

[28] Grossman, G. , Rossi-Hansberg, E. Trading Tasks: A Simple Theory of
Offshoring[J]. American Economic Review, 2008, 98 (5): 1978 - 97.

[29] Grubel, H. G. , Lloyd, P. J. Intra-industry Trade: the Theory and
Measurement of International Trade in Differentiated Product[M]. New
York: John Wiley,1975.

[30] Hallak, J. C. , Schott, P. Estimating Cross-country Differences in Product
Quality[J]. Quarterly Journal of Economics, 2011, 126(1): 417 - 474.

[31] Hallak, J. Product Quality and the Direction of Trade [J]. Journal of
International Economics, 2006, 68(1):238 - 265.

[32] Hallak, J. C. , Sivadasan, J. Product and Process Productivity:
Implications for Quality Choice and Conditional Exporter Premia [J].
Journal of international economics, 2013, 91(1):53 - 67.

[33] Hallak, J. A Product-quality View of the Linder Hypothesis[J]. The
Review of Economics and Statistics . 2010,92(3):453 - 466.

[34] Helpman, E. , Melitz, M. , Rubinstein, Y. Estimating trade flows: trading
partners and trading volumes[J]. Quarterly Journal of Economics, 2008,
123(2), 441 - 487.

[35] Hummels D. , Rapoport D. , YI K. M. Vertical specialization and the
changing nature of world trade [J]. Economic Policy Review, 1998, 4 (2) :
79 - 89.

[36] Hummels, D. , Ishii, J. , Yi, K. M. The Nature and Growth of Vertical
Specialization in World Trade[J], Journal of International Economics,
2001,54(1) :75 - 96.

[37] Hummels, D. , Ishii, J. , Yi, K. M. The Nature and Growth of Vertical
Specialization in World Trade[J], Journal of International Economics,
2001,54(1) :75 - 96;

[38] Hummels, D. , Klenow, P. J. The Variety and quality of a nation's trade
[J]. the American Economic Review,2005, 95(3):704 - 723.

[39] Hummels, D. , Skiba, A. Shipping the Good Apples Out? An Empirical
Confirmation of the Alchian-Allen Conjecture [J]. Journal of Political

Economy, 2004, 112 (6), 1384 - 1402.

[40] Irving B. Kravis and Robert E. Lipsey. Prices and Market Shares in the International Machinery Trade[J]. The Review of Economics and Statistics, 1982, 64(1) :110 - 116.

[41] Johnson, R. , Noguera, G. . Accounting for intermediates: Production sharing and trade in value added, Journal of International Economics [J], 2012, 86(2): 224 - 236.

[42] Johnson, R. C. Trade and Prices with Heterogeneous Firms[J]. Journal of International Economics, 2012,86(1): 43 - 56.

[43] Jones, R. , Kierzkowski, H. International Fragmentation and the New Economic Geography [J]. The North American Journal of Economics and Finance, 2005, 16(1): 1 - 10.

[44] Junz, H. , Rhomberg, R. . Price Competitiveness in Export Trade among Industrial Countries [J]. The American Economic Review, 1973, 63(2) : 412 - 418.

[45] Khandelwal, A. The Long and Short Quality Ladders[J]. The Review of Economic Studies, 2010, 77 (4):1450 - 1476.

[46] Kimura, F. , Takahashi, Y. , Hayakawa, K. Fragmentation and parts and components trade: Comparison between East Asia and Europe[J]. The North American Journal of Economics and Finance . 2007,18(1):23 - 40.

[47] Kohler W. International Outsourcing and Factor Prices with Multistage Production [J]. The Economic Journal, 2004,114(494):C166 - C185;

[48] Koopman, R. , Powers, W. , Wang, Z. , Wei, S. J. Give Credit Where Credit is Due: Tracing Value Added in Global Production Chains. NBER working paper no. 16426, 2010.

[49] Koopman, R. , Wang, Z. , Wei, S. J. Tracing Value-Added and Double Counting in Gross Exports [J]. American Economic Review, 2014, 104 (2):459 -494.

[50] Lall, S. , John, W. , Zhang, J. The Sophistication of Export: A New Trade Measure[J]. World Development, 2006(34): 222 - 237.

[51] Li, C. Y. Competition, Parallel Imports and Cost-Reducing Innovation[J]. Scottish Journal of Political Economy, 2006, 53(3): 377 - 397.

[52] Li, C. Y. , Maskus, K. The Impact of Parallel Imports on Investments in Cost- Reducing Research and Development [J]. Journal of International

Economics, 2006, 68(2): 443 - 455.

[53] Manova, K. , Zhang, Z. W. Export Prices Across Firms and Destinations [J]. Quarterly Journal of. Economics . 2012,127(1):379 - 436.

[54] Maurer, A. Degain, C. . Globalization and Trade Flows: What You See is Not What You Get! WTO Staff WorkingPaper ERSD - 2010 - 2.

[55] Melitz, M. , Ottaviano, G. Market Size, Trade, and Productivity [J]. Review of Economic Studies, 2008,75(1): 295 - 316.

[56] Melitz, M. The impact of trade on intra-industry reallocations and aggregate industry productivity[J]. Econometrica, 2003, 71 (6), 1695 - 1725.

[57] Rodrik, D. What Is So Special about China's Exports[J]? China and the World Economy, 2006(14): 1 - 9.

[58] Sanyal K. , Jones R. The Theory of Trade in Middle Products[J], The American Economic Review, 1982, 72(1): 16 - 31;

[59] Schott, P. Across-product versus within-product specialization in international
Trade[J]. Quarterly Journal of Economics, 2004, 119 (2):647 - 678.

[60] Stehrer R. Trade in Value Added and the Value Added in Trade [J]. Vienna Institute for International Economic Studies Working Paper No. 81, 2012.

[61] Upward, R. , Wang, Z. , Zheng, J. Weighing China's Export Basket: An Account of the Chinese Export Boom, 2000 - 2007. GEP Research Paper No. 14, 2010.

[62] Verhoogen, E. Trade, Quality Upgrading, and Wage Inequality in the Mexican Manufacturing Sector[J]. Quarterly Journal of Economics, 2008, 123 (2): 489 - 530.

[63] Wang Z, Wei S J, Zhu K. Quantifying international production sharing at the bilateral and sector levels[R]. NBER Working Paper, No. 19677,2013.

[64] Xing, Y. , Detert, N. How the iPhone Widens the United States Trade Deficit with the People s Republic of China. ADBI Working Paper Series No. 257, 2010.

[65] Yeats, A. J. Just How Big is Global Production Sharing. Policy Research Working Paper Series no. 1871 . 1998.

[66] Yi, Kei-Mu. Can Multistage Production Explain the Home Bias in Trade [J]? American Economic Review, 2010, 100 (1): 364 - 393.

中文文献

[1] 鲍晓华,金毓.出口质量与生产率进步:收入分配的影响力[J].财经研究, 2013(8):64—74.

[2] 陈丽丽.中国出口产品的国际竞争力和竞争路径:演进和国际比较[J].国际 贸易问题,2013(7):15—25.

[3] 程大中.中国参与全球价值链分工的程度及演变趋势——基于跨国投入— 产出分析[J].经济研究,2015(9).

[4] 陈雯,李强.全球价值链分工下我国出口规模的透视分析——基于增加值贸 易核算方法[J].财贸经济,2014(7):107—115.

[5] 程盈莹,王洪渊.国际垂直专业化对承接国技术溢出的影响——基于不同伙 伴国和组织模式的视角[J].经济问题,2014(5):72—77.

[6] 储昭昉.中国高技术产品贸易出口竞争力的实证分析[J].国际经贸探索, 2011(11):33—38.

[7] 崔远森,谢识予.资源禀赋与中国制造业出口竞争力——基于省际空间面板 数据模型的检验[J].商业经济与管理,2013(12):74—82.

[8] 戴魁早.垂直专业化的工资增长效应——理论与中国高技术产业的经验分 析[J].中国工业经济,2011(3):36—46.

[9] 代谦,占超群,何勤英.全球化中的中国垂直专业化再分解:集约边际与扩展 边际[J].国际贸易问题,2014(3):3—12.

[10] 戴翔.中国服务贸易出口增长的数量、价格及种类分解[J].国际贸易问题, 2013(9):101—110.

[11] 戴翔,宋婕.中国OFDI的全球价值链构建效应及其空间外溢[J].财经研 究,2020,46(05):125—139.

[12] 邓军.制造业的生产分割与工资收入差距:16个行业证据[J].改革,2011 (1):107—112.

[13] 邓军.增加值贸易视角下中国制造业出口竞争力评估[J].中南财经政法大 学学报,2013(5):40—46.

[14] 邓军.所见非所得:增加值贸易统计下的中国对外贸易特征[J].世界经济研 究,2014(1):35—40.

[15] 董直庆,陈锐.技术水平提升中国出口贸易国际竞争力了吗?—来自跨国的 经验证据[J].财经论丛,2013(2):20—25.

[16] 董锐.中俄贸易互补性实证分析[J].东北亚论坛,2010,19(03):51—57.

[17] 范爱军,高敬峰.产品内分工视角下的中国制造业比较优势分析[J].国际经 贸探索,2008(3):4—9.

[18] 葛明,林玲,赵素萍.全球生产网络背景下中美贸易失衡透析——基于附加值贸易核算法的研究[J].世界经济研究,2015,(05):30—41.

[19] 公丕萍,宋周莺,刘卫东.中国与俄罗斯及中亚地区的贸易格局分析[J].地理研究,2015,34(05):812—824.

[20] 顾磊,杨倩雯.金融发展如何影响中国的垂直分工地位[J].国际贸易问题,2014(3):144—155.

[21] 韩会朝,徐康宁.中国产品出口"质量门槛"假说及其检验[J].中国工业经济,2014(4):58—70.

[22] 郝宇彪.中俄贸易合作水平的影响因素分析——基于贸易引力模型[J].经济社会体制比较,2013,(05):175—182.

[23] 韩中.全球价值链视角下中国出口的价值分解、增加值出口及贸易失衡[J].数量经济技术经济研究,2020,37(04):66—84.

[24] 何树全,高旻.基于增值贸易的中国国际贸易竞争力分析[J].世界经济研究,2014(8).

[25] 何郁冰,曾益.开放式自主创新对产业国际竞争力的影响——基于中国制造业2000—2010年面板数据[J].科学学与科学技术管理,2013(3):13—22.

[26] 胡敏,李非.台商投资与两岸贸易关系的变化特征研究[J].经济问题探索,2015,(05):93—99.

[27] 胡昭玲.国际垂直专业化对中国工业竞争力的影响分析[J].财经研究,2007(4):18—27+73.

[28] 胡昭玲.产品内分工国际分工对中国工业生产率的影响分析[J].中国工业经济2007(6):30—37.

[29] 胡昭玲,宋佳.基于出口价格的中国国际分工地位研究[J].国际贸易问题,2013(3):15—25.

[30] 黄繁华,高静.出口地缘偏向性、质量评价与技术效率评估[J].世界经济研究,2013(7):33—40.

[31] 黄庆波,赵忠秀.两岸四地贸易关系的依存性、互补性和因果性研究[J].财贸经济,2009,(07):82—87.

[32] 贾怀勤.中国贸易统计如何应对全球化挑战—将增加值引入贸易统计:改革还是改进?[J].统计研究,2012(5):10—15.

[33] 姜文仙,覃成林.大陆与港澳台地区经济增长的关联与互动[J].经济与管理研究,2016,(06):51—58.

[34] 江希,刘似臣.中国制造业出口增加值及影响因素的实证研究——以中美

贸易为例[J]. 国际贸易问题,2014(11):89—98.

[35] 金碚,李钢,陈志. 中国制造业国际竞争力现状分析及提升对策[J]. 财贸经济,2007(3):3—10.

[36] 金祥荣,茹玉骢,吴宏. 制度、企业生产效率与中国地区间出口差异[J]. 管理世界,2008(11):65—77.

[37] 李长英,王君美. 跨国公司对东道国企业技术创新的影响[J]. 世界经济研究,2010(4):60—65.

[38] 李非,黄伟. 全球价值链分工下两岸贸易利益的分配——基于两岸制造业贸易附加值的研究[J]. 经济问题探索,2015,(06):39—45.

[39] 黎峰. 基于增加值视角的海峡两岸贸易收益核算[J]. 台湾研究集刊,2016,(01):38—48.

[40] 黎峰. 双重价值链嵌入下的中国省级区域角色——一个综合理论分析框架[J]. 中国工业经济,2020(01):136—154.

[41] 李钢. 环境成本对中国制造业国际竞争力的影响[M]. 北京:中国社会科学出版社. 2013.

[42] 李宏,郑婧,曹清峰. 全球价值链嵌入促进了产业结构合理化吗——基于中国70个大中城市的研究[J]. 当代财经,2020(05):112—122.

[43] 李金昌,项莹. 中国制造业出口增值份额及其国别(地区)来源——基于SNA-08框架下《世界投入产出表》的测度与分析[J]. 中国工业经济,2014,(08):84—96.

[44] 李骥宇,李宏兵. 中国对外直接投资如何影响出口竞争力提升?——基于"一带一路"战略下技术密集型产品的实证研究[J]. 经济经纬,2018,35(05):9—16.

[45] 李娜娜,杨仁发. 生产性服务进口复杂度与制造业全球价值链地位:理论机制与实证分析[J]. 现代经济探讨,2020(03):64—72.

[46] 李俊江,彭越. 中印经济增长质量比较研究[J]. 当代经济研究,2016,(02):66—74+97.

[47] 李强. 全球价值分工视角下两岸贸易的特征与启示[J]. 亚太经济,2016,(01):140—145.

[48] 李秀芳,施炳展. 补贴是否提升了企业出口产品质量? [J]. 中南财经政法大学学报,2013(4):139—148.

[49] 廖泽芳. 全球附加值贸易之图[J]. 世界经济研究,2014(5):46—52.

[50] 刘超. 全球价值链背景下的两岸增加值贸易分解[J]. 台湾研究集刊,2020(03):62—73.

[51] 刘磊. 垂直专业化、中间产品进口与制造业国内技术含量[J]. 当代经济科学,2013(5):81—87.

[52] 刘磊.国际垂直专业分工下的"中国—美国—东亚"贸易体系[J].当代经济研究,2014(1):58—63.

[53] 刘磊.国际垂直专业化分工与中国制造业产业升级—基于 16 个行业净附加值比重的分析[J].经济经纬,2014(2):63—67.

[54] 刘磊,张猛.贸易成本、垂直专业化与制造业产业集聚——基于中美数据的实证分析[J].世界经济研究,2014(4):58—64.

[55] 刘庆林,高越,韩军伟.国际生产分割的生产率效应[J].经济研究,2010(2):32—43.

[56] 刘庆林,汪明珠,韩军伟.市场关联效应与跨国企业选址——基于中国数据的检验[J].财贸经济,2011(11):127—135.

[57] 刘泉.价值链体系背景下产品内垂直分工的技术外溢研究——基于前向、后向与水平渠道关联分析[J].山西财经大学学报,2013(11):45—56.

[58] 刘志彪.从全球价值链转向全球创新链:新常态下中国产业发展新动力[J].学术月刊,2015(2).

[59] 刘重力,赵颖.东亚区域在全球价值链分工中的依赖关系——基于 TiVA 数据的实证分析[J].南开经济研究,2014(5).

[60] 刘遵义,陈锡康,杨翠红,Leonard K. Cheng,K. C. Fung,Yun-Wing Sung,祝坤福,裴建锁,唐志鹏.非竞争型投入占用产出模型及其应用——中美贸易顺差透视[J].中国社会科学,2007(05):91—103.

[61] 马风涛.中国制造业全球价值链长度和上游度的测算及其影响因素分析——基于世界投入产出表的研究[J].世界经济研究,2015(8).

[62] 马晶梅,丁一兵.全球价值链背景下中美高技术产业分工地位研究[J].当代经济研究,2019(04):79—87.

[63] 马涛,陈淑珍.附加值贸易将还原"真实"的世界贸易[J].中国外汇,2013,(9):19—21;

[64] 马涛,刘仕国.全球价值链下的增加值贸易核算及其影响[J].国际经济评论,2013(4):97—109.

[65] [美]迈克尔·波特著,李明轩、邱如美译.国家竞争优势,[M].北京:中信出版社,2007.

[66] 聂聆,李三妹.制造业全球价值链利益分配与中国的竞争力研究[J].国际贸易问题,2014(12):102—113.

[67] 裴长洪,王镭.试论国际竞争力的理论概念与分析方法[J].中国工业经济,2002(4):41—45.

[68] 钱学锋,陆丽娟,黄云湖,陈勇兵.中国的贸易条件真的持续恶化了吗?——基于种类变化的再估计[J].管理世界,2010(7):18—29

[69] 钱学锋,熊平. 中国出口增长的二元边际及其因素决定[J]. 经济研究. 2010 (01):65—79.

[70] 任志成,戴翔. 产品内分工、贸易自由化与中国产业出口竞争力[J]. 国际贸易问题,2014(4):23—32.

[71] 尚涛. 全球价值链与我国制造业国际分工地位研究——基于增加值贸易与 Koopman 分工地位指数的比较分析[J]. 经济学家,2015,(04):91—100.

[72] 盛斌,马涛. 中国工业部门垂直专业化与国内技术含量的关系研究[J]. 世界经济研究,2008(8):61—67.

[73] 盛丹,王永进. 中国企业低价出口之谜—基于企业加成率的视角[J]. 管理世界,2012(5):8—23.

[74] 施炳展. 中国企业出口产品质量异质性:测度与事实[J]. 经济学(季刊),2014(1):263—284.

[75] 施炳展. 中国出口增长的三元边际[J]. 经济学(季刊),2010,(04):1311—1330.

[76] 施炳展. 中美贸易失衡的三元边际——基于广度、价格与数量的分解[J]. 世界经济研究. 2011(01):39—43.

[77] 施炳展. 中国企业出口产品质量异质性:测度与事实[J]. 经济学(季刊)2014(01):263—284.

[78] 孙冰,林婷婷. 我国高技术产业竞争力与技术创新的关系研究[J]. 中国科技论坛,2012(1):23—29.

[79] 谭晶荣,王逸芬. 我国小家电产品的国际竞争力分析[J]. 国际贸易问题,2007(1):38—43.

[80] 唐东波. 垂直专业化贸易如何影响了中国的就业结构?[J]. 经济研究,2012(8):118—131.

[81] 唐杰英. 垂直专业化、环境规则和中国工业的贸易竞争力[J]. 世界经济研究,2013(7):52—58.

[82] 唐文浩,黎峰. 全球价值链分工下的中俄双边贸易收益核算[J]. 世界经济与政治论坛,2017,(03):139—154.

[83] 童伟伟,张建民. 中国对美出口的国内外价值含量分解研究[J]. 国际贸易问题,2013(5):55—66.

[84] 王金亮. 基于上游度测算的我国产业全球地位分析[J]. 国际贸易问题,2014(3):25—33.

[85] 王昆. 垂直专业化、价值增值与产业竞争力[J]. 上海经济研究,2010(4):12—22.

[86] 王岚. 全球价值链背景下的新型国际贸易统计体系及其对中国的启示[J]. 国际经贸探索,2013(11):53—64.

[87] 王岚. 全球价值链分工背景下的附加值贸易:框架、测度和应用[J]. 经济评论,2013(3):150—160.

[88] 王岚. 融入全球价值链对中国制造业国际分工地位的影响[J]. 统计研究,2014(5):17—23.

[89] 王岚,盛斌. 全球价值链分工背景下的中美增加值贸易与双边贸易利益[J]. 财经研究,2014,(09):97—108.

[90] 王恕立,吴楚豪. 制造企业"服务化"能否提升出口国际竞争力? ——来自中国制造企业的证据[J]. 产业经济研究,2020(04):16—31.

[91] 王文普. 环境规制、空间溢出与地区产业竞争力[J]. 中国人口. 资源与环境,2013(8):123—130.

[92] 王文治,陆建明,李菁. 环境外包与中国制造业的贸易竞争力——基于微观贸易数据的 GMM 估计[J]. 世界经济研究,2013(11):42—48.

[93] 王钰. 应用 AHP 方法对产业国际竞争力评价的研究——1995—2010 年中国制造业低碳经济的验证[J]. 经济学家,2013(3):61—68.

[94] 王昱,成力为. 制度门槛、金融发展与对外直接投资[J]. 世界经济研究,2014(5):66—73.

[95] 王直,魏尚进,祝坤福. 总贸易核算法:官方贸易统计与全球价值链的度量[J]. 中国社会科学,2015(9).

[96] 王中华,梁俊伟. 中国参与国际垂直专业化分工的行业国际竞争力效应分析[J]. 经济问题探索,2010(9):110—114.

[97] 王中华,赵曙东. 中国工业参与国际垂直专业化分工影响因素的实证分析[J]. 上海经济研究,2009(8):3—12.

[98] 文东伟,冼国明. 垂直专业化与中国制造业贸易竞争力[J]. 中国工业经济,2009(6):77—87.

[99] 幸炜,李长英. 产品质量、出口价格与门槛效应[J]. 经济与管理研究,2015,36(01):11—17.

[100] 幸炜,李长英. 基于要素密集度异质性的全行业出口增加值拉动效应研究[J]. 经济问题探索,2016(09):92—100.

[101] 幸炜,李长英. 双边嵌套视角下全球服务业价值链分工地位与利益分配研究[J]. 当代财经,2018(04):98—110.

[102] 幸炜,李长英,沈伟. 增加值贸易视角下全球价值链双边嵌套特征及其动态演进[J]. 世界经济研究,2018(04):110—122.

[103] 徐久香,方齐云.基于非竞争型投入产出表的我国出口增加值核算[J].国际贸易问题,2013(11):34—44.

[104] 徐敏燕,左和平.集聚效应下环境规制与产业竞争力关系研究——基于"波特假说"的再检验[J].中国工业经济,2013(3):72—84.

[105] 徐毅,张二震.FDI、外包与技术创新,基于投入产出表数据的经验研究[J].世界经济,2008(9):62—69.

[106] 杨高举,周俊子.中国高技术产业国际分工地位的区域差异[J].经济地理,2012(12):117—121.

[107] 杨继军,刘依凡,李宏亮.贸易便利化、中间品进口与企业出口增加值[J].财贸经济,2020,41(04):115—128.

[108] 杨杰.国际垂直专业化对中国环境效率的影响研究[J].财经论丛,2014(1):10—15.

[109] 杨金玲.我国纺织品服装产业国际竞争力的实证分析[J].国际贸易问题,2008(9):88—95.

[110] 杨希燕,王笛.中俄贸易互补性分析[J].世界经济研究,2005,(07):71—77.

[111] 杨汝岱,李艳.区位地理与企业出口产品价格差异研究[J].管理世界,2013(7):21—30.

[112] 杨汝岱,朱诗娥.企业、地理与出口产品价格—中国的典型事实[J].经济学(季刊),2013(4):1347—1368.

[113] 姚洋,章林峰.中国本土企业出口竞争优势和技术变迁分析[J].世界经济,2008(3):3—11.

[114] 姚远,崔晶晶,吕云龙.中印制造业服务投入率测度与比较:基于WIOD数据的经验研究[J].国际商务(对外经济贸易大学学报),2015,(05):84—93.

[115] 姚战琪.工业和服务外包对中国工业生产率的影响[J].经济研究,2010,(7):91—102

[116] 尹伟华.全球价值链视角下中国制造业出口服务化水平测度研究[J].当代财经,2020(06):114—125.

[117] 尹彦罡,李晓华.中国制造业全球价值链地位研究[J].财经问题研究,2015,(11):18—26.

[118] 尹宗成,田甜.中国农产品出口竞争力变迁及国际比较——基于出口技术复杂度的分析[J].农业技术经济,2013(1):77—85.

[119] [英]大卫·李嘉图著,丰俊功译.政治经济学及赋税原理[M].北京:光明日报出版社,2009.

［120］［英］亚当·斯密著，唐日松译. 国富论［M］. 华夏出版社，2005

［121］余海燕，沈桂龙. 对外直接投资对母国全球价值链地位影响的实证研究
　　　［J］. 世界经济研究，2020(03)：107—120＋137.

［122］于津平，邓娟. 垂直专业化、出口技术含量与全球价值链分工地位［J］. 世界
　　　经济与政治论坛，2014(2)：44—62.

［123］张海燕. 基于附加值贸易测算法对中国出口地位的重新分析［J］. 国际贸易
　　　问题，2013(10)：65—76.

［124］张宏，孟秀惠，刘珊. FDI对产业竞争力影响的经验研究—以中国汽车产业
　　　为例［J］. 亚太经济，2008(4)：61—66.

［125］张纪. 产品内国际分工的技术扩散效应—基于中国 1980—2005 年时间序
　　　列数据的实证分析［J］. 世界经济研究，2008(1)：53—58.

［126］张蕊，李安林，李根. 我国产业结构升级与经济增长关系研究——基于地区
　　　和时间异质性的半参数平滑系数模型［J］. 经济问题，2019(05)：19—27.

［127］张小蒂，孙景蔚. 基于垂直专业化分工的中国产业国际竞争力分析［J］. 世
　　　界经济，2006(5)：12—21.

［128］张咏华. 中国制造业在国际垂直专业化分工体系中的地位［D］. 南开大学，
　　　2013.

［129］张咏华. 中国制造业在国际垂直专业化体系中的地位——基于价值增值
　　　角度的分析［J］. 上海财经大学学报，2012(5)：61—68.

［130］张咏华. 中国制造业增加值出口与中美贸易失衡［J］. 财经研究，2013(2)：
　　　15—25.

［131］赵明亮，臧旭恒. 国际垂直专业化分工测度及经济效应研究述评［J］. 经济
　　　理论与经济管理，2011(9)：27—39.

［132］张乃丽，崔小秀. 中国机电产品显性比较优势变动分析［J］. 产业经济评论，
　　　2009(2)：74—91.

［133］郑丹青，于津平. 增加值贸易视角下双边贸易利益再分解——以中美贸易
　　　为例［J］. 世界经济研究，2016(05)：52—63.

［134］郑江淮，郑玉. 新兴经济大国中间产品创新驱动全球价值链攀升——基于
　　　中国经验的解释［J］. 中国工业经济，2020(05)：61—79.

［135］赵玉焕，常润岭. 全球价值链和增加值视角下国际贸易统计方法研究［J］.
　　　国际贸易，2012(12)：25—27.

［136］赵增耀，沈能. 垂直专业化分工对我国企业价值链影响的非线性效应［J］.
　　　国际贸易问题，2014(5)：23—34.

[137] 周升起,兰珍先,付华. 中国制造业在全球价值链国际分工地位再考察——基于 Koopman 等的"GVC 地位指数"[J]. 国际贸易问题,2014(2):3—12.

[138] 周政,陈良华. 产品内国际分工、区际一体化与生产性服务业集聚——基于我国 1995—2011 年省级面板数据的研究[J]. 财经理论与实践,2014(2):122—127.

[139] 朱克朋,樊士德. 劳动力成本与全球制造业转移:生产率的角色[J]. 财贸研究,2020,31(03):17—28+58.

[140] 朱荃,蔡武. 两岸双边贸易互补性强弱及其性质的动态研究[J]. 首都经济贸易大学学报,2014,(01):50—57.

附　录

附录一

各行业的名称和分类码

IO分类码	NACE分类码	行业名称	IO分类码	NACE分类码	行业名称
c1	AtB	农林牧渔	c18	F	建筑业
c2	C	采矿采石	c20	51	批发贸易和经纪贸易
c3	15t16	食品、饮料与烟草	c21	52	零售贸易，个人和家庭用品的修理
c4	17t18	纺织及其制品	c22	H	住宿和餐饮业
c5	19	皮革及鞋类制造	c23	60	内陆运输
c6	20	木材及木制品	c24	61	水陆运输
c7	21t22	纸张及印刷业	c25	62	航空运输
c8	23	焦炭、精炼石油产品及核燃料	c26	63	辅助性和附属交通及旅行社活动
c9	24	化学品及化学制品	c27	64	邮政和电信
c10	25	橡胶与塑料制品	c28	J	金融中介
c11	26	其他非金属矿物制品	c29	70	房地产业
c12	27t28	基本金属及金属制品	c30	71t74	租赁

IO分类码	NACE分类码	行业名称	IO分类码	NACE分类码	行业名称
c13	29	其他机械制造业	c31	L	公共管理和国防,强制性社会保障
c14	30t33	电子与光学制造	c32	M	教育
c15	34t35	交通设备制品	c33	N	卫生和社会工作
c16	36t37	其他制造及回收	c34	O	其他社区、社会和个人服务活动
c17	E	电、煤气和水的供应			

资料来源:经合组织 WIOD 数据库。

按照技术层次分类的制造业列表

低技术行业	中低技术	中高与高技术
食品、饮料与烟草 纺织及其制品 皮革及鞋类制造 木材及木制品 纸张及印刷业 其他制造及回收	焦炭、精炼石油产品及核燃料 橡胶与塑料制品 其他非金属矿物制品 基本金属及金属制品	化学品及化学制品 其他机械制造 电子与光学设备行业 交通设备制品

资料来源:Timmer, M., Erumban, A., Gouma, R., Los, B., et al. The world Input-Output Database(WIOD):Contents, Sources and Methods. WIOD Working Paper Series no. 10, 2012.

2016 年版行业分类名称与代码列表

农业畜牧业	c1	基础金属	c15	机动车和摩托车以外的批发贸易	c29	金融保险的辅助活动	c43
林业伐木业	c2	除机械设备外的金属制成品	c16	机动车和摩托车以外的零售贸易	c30	房地产	c44

渔业水产养殖业	c3	计算机、电子和光学产品制造	c17	陆地交通	c31	法律与会计及管理咨询	c45
采矿采石业	c4	电气设备制造	c18	水路交通	c32	建筑与工程活动及技术测试分析	c46
食品、饮料和烟草制品	c5	机械设备制造	c19	航空交通	c33	科研与开发	c47
纺织品、服装和皮革制品	c6	汽车、挂车和半挂车的制造	c20	运输仓储	c34	广告与市场调研	c48
木材、木制品和草编制品	c7	其他运输设备制造	c21	邮政快件业	c35	其他科技活动及兽医	c49
纸和纸制品	c8	家具及其他制造业	c22	食宿服务	c36	行政与支持活动	c50
媒介记录的印刷与复制	c9	机械设备维修安装	c23	出版业	c37	公共行政与国防以及社会保障	c51
焦炭和精炼石油产品	c10	电气空调供应	c24	电影电视等媒体活动	c38	教育	c52
化学品和化工产品	c11	水处理与供应	c25	电信	c39	人类健康与社会工作	c53
基本药物和制剂生产	c12	废物处理回收	c26	计算机编程、咨询及相关活动	c40	其他服务活动	c54
橡胶及其制品	c13	建筑业	c27	金融服务	c41	家庭自雇以及自用商品与服务	c55
其他非金属矿产品	c14	汽车、摩托车批发零售及修理	c28	保险、再保险与养老金基金	c42	域外组织机构活动	c56

附录二

中国出口产品包含的外国增加值

（单位：%）

年份	日本					美国				
	1995	2000	2005	2008	2009	1995	2000	2005	2008	2009
农林牧渔	0	0.02	0.02	0.02	0.02	0.11	0.06	0.14	0.15	0.18
采矿采石	0	0.01	0.01	0.01	0.01	0.07	0.02	0.07	0.11	0.08
食品、饮料及烟草	0	0.02	0.02	0.02	0.02	0.03	0.02	0.03	0.02	0.03
纺织品、皮革及制鞋	0.26	0.22	0.1	0.08	0.07	0.04	0.06	0.05	0.04	0.03
木材、造纸及印刷	0.11	0.11	0.13	0.09	0.1	0.1	0.11	0.13	0.12	0.14
化工及非金属矿产品	0.34	0.52	0.79	0.53	0.56	0.33	0.33	0.6	0.6	0.6
基本金属与金属制品	0.29	0.47	0.78	0.6	0.51	0.07	0.16	0.23	0.27	0.2
其他机械设备	0.03	0.16	0.29	0.2	0.18	0.02	0.09	0.21	0.12	0.15
电子与光学设备	0.39	0.93	0.95	0.67	0.74	0.11	0.66	0.61	0.5	0.55
运输设备	0.03	0.04	0.22	0.22	0.23	0.01	0.01	0.07	0.05	0.06
其他加工及回收	0.02	0.09	0.27	0.2	0.21	0	0.01	0.07	0.08	0.07
电、气及水供应	0.08	0.13	0.17	0.12	0.13	0.03	0.04	0.06	0.06	0.04
建筑业	0.01	0.04	0.04	0.04	0.04	0.02	0.01	0.01	0.01	0.02
批发零售及旅馆餐饮	0.16	0.37	0.57	0.48	0.43	0.11	0.15	0.25	0.23	0.22
运输、仓储与通信	0.16	0.24	0.55	0.42	0.42	0.14	0.2	0.24	0.22	0.24
金融中介	0.12	0.22	0.29	0.2	0.21	0.08	0.15	0.15	0.12	0.16
商业服务	0.31	0.33	0.43	0.4	0.43	0.48	0.34	0.8	0.66	0.8
其他服务	0.05	0.08	0.09	0.07	0.07	0.03	0.04	0.06	0.05	0.06
年份	德国					韩国				
	1995	2000	2005	2008	2009	1995	2000	2005	2008	2009
农林牧渔	0.01	0.01	0	0	0	0.04	0.01	0.04	0	0
采矿采石	0	0	0	0.01	0.01	0.01	0.01	0.01	0.01	0.01
食品、饮料及烟草	0.01					0.01	0.01	0	0	0
纺织品、皮革及制鞋	0.01	0.01	0.01	0.01	0	0.28	0.28	0.1	0.06	0.07

续表

年份	德国					韩国				
	1995	2000	2005	2008	2009	1995	2000	2005	2008	2009
木材、造纸及印刷	0.01	0.03	0.04	0.03	0.03	0.05	0.05	0.06	0.04	0.05
化工及非金属矿产品	0.08	0.11	0.22	0.19	0.16	0.26	0.32	0.61	0.47	0.37
基本金属与金属制品	0.04	0.07	0.19	0.16	0.15	0.08	0.12	0.31	0.24	0.19
其他机械设备	0.02	0.05	0.21	0.23	0.23	0.01	0.02	0.06	0.07	0.09
电子与光学设备	0.03	0.27	0.32	0.17	0.16	0.05	0.46	1.17	1.06	1.01
运输设备	0.02	0.02	0.06	0.07	0.07	0.01	0.01	0.12	0.05	0.08
其他加工及回收	0	0.01	0.03	0.05	0.04	0.01	0.01	0.05	0.03	0.03
电、气及水供应	0.01	0.01	0.03	0.03	0.04	0.03	0.05	0.1	0.04	0.07
建筑业	0	0.01	0.01	0.01	0.01	0	0	0.01	0	0.01
批发零售及旅馆餐饮	0.02	0.05	0.1	0.12	0.11	0.06	0.14	0.28	0.17	0.2
运输、仓储与通信	0.03	0.04	0.1	0.09	0.09	0.08	0.07	0.23	0.16	0.19
金融中介	0.01	0.02	0.03	0.03	0.03	0.06	0.08	0.12	0.07	0.09
商业服务	0.06	0.13	0.35	0.33	0.38	0.09	0.12	0.42	0.36	0.42
其他服务	0.01	0.02	0.05	0.05	0.05	0.01	0.02	0.04	0.02	0.03

年份	俄罗斯					巴西				
	1995	2000	2005	2008	2009	1995	2000	2005	2008	2009
农林牧渔	0.02	0.06	0.1	0.1	0.08	0.01	0.02	0.08	0.15	0.17
采矿采石	0.04	0.02	0.28	0.21	0.2	0.02	0.02	0.13	0.2	0.11
食品、饮料及烟草	0	0	0	0	0	0.01	0	0.01	0.02	0.01
纺织品、皮革及制鞋	0	0	0	0	0	0	0.01	0.02	0.03	0.02
木材、造纸及印刷	0.02	0.03	0.06	0.07	0.05	0	0.01	0.03	0.04	0.04
化工及非金属矿产品	0.19	0.1	0.21	0.22	0.14	0.01	0.02	0.06	0.05	0.06
基本金属与金属制品	0.11	0.1	0.19	0.17	0.16	0.02	0.01	0.07	0.1	0.13
其他机械设备	0.02	0.05	0.02	0.07	0.04	0	0	0.01	0.01	0.01
电子与光学设备	0.02	0.01	0.01	0.01	0.01	0	0	0.01	0.01	0.01
运输设备	0.01	0.01	0.01	0.01	0	0	0	0.01	0	0
其他加工及回收	0	0	0	0	0	0	0	0	0	0

续表

年份	俄罗斯					巴西				
	1995	2000	2005	2008	2009	1995	2000	2005	2008	2009
电、气及水供应	0.04	0.03	0.06	0.05	0.05	0	0.01	0.03	0.02	0.02
建筑业	0	0	0	0	0	0	0	0	0	0
批发零售及旅馆餐饮	0.1	0.08	0.14	0.16	0.13	0.01	0.03	0.05	0.08	0.09
运输、仓储与通信	0.06	0.03	0.07	0.07	0.06	0.01	0.01	0.05	0.05	0.06
金融中介	0	0	0.01	0.01	0.01	0.01	0.01	0.02	0.02	0.02
商业服务	0.01	0.01	0.03	0.04	0.04	0.01	0.01	0.04	0.09	0.09
其他服务	0	0.01	0.02	0.02	0.02	0	0	0	0.02	0.02

年份	印度				
	1995	2000	2005	2008	2009
农林牧渔	0.01	0.01	0.03	0.05	0.03
采矿采石	0.01	0.03	0.18	0.16	0.12
食品、饮料及烟草	0	0	0	0	0
纺织品、皮革及制鞋	0.01	0.02	0.01	0.01	0.01
木材、造纸及印刷	0	0	0	0	0
化工及非金属矿产品	0.01	0.02	0.06	0.05	0.04
基本金属与金属制品	0	0.01	0.04	0.03	0.02
其他机械设备	0	0	0.01	0.01	0.01
电子与光学设备	0	0	0.01	0.01	0.02
运输设备	0	0	0	0	0
其他加工及回收	0	0	0.08	0.09	0.09
电、气及水供应	0	0.01	0.01	0.01	0.01
建筑业	0	0	0.01	0.01	0.01
批发零售及旅馆餐饮	0.01	0.02	0.06	0.07	0.06
运输、仓储与通信	0.01	0.01	0.04	0.05	0.04
金融中介	0	0.01	0.04	0.05	0.04
商业服务	0.02	0.01	0.07	0.1	0.09
其他服务	0	0	0.01	0.01	0.01

资料来源:WTO-OECD增加值贸易数据库。

附录三

外国出口中包含的中国增加值

（单位:%）

年份	日本					美国				
	1995	2000	2005	2008	2009	1995	2000	2005	2008	2009
农林牧渔	0.02	0.03	0.06	0.1	0.08	0.01	0.01	0.03	0.05	0.04
采矿采石	0.04	0.06	0.08	0.13	0.08	0.01	0.02	0.03	0.06	0.04
食品、饮料及烟草	0	0.01	0.02	0.03	0.02	0	0	0.01	0.01	0.01
纺织品、皮革及制鞋	0.01	0.04	0.05	0.08	0.07	0.01	0.01	0.01	0.02	0.02
木材、造纸及印刷	0	0.01	0.03	0.05	0.05	0	0.01	0.02	0.03	0.03
化工及非金属矿产品	0.04	0.08	0.15	0.26	0.19	0.03	0.04	0.08	0.14	0.11
基本金属与金属制品	0.06	0.06	0.19	0.24	0.17	0.03	0.04	0.1	0.16	0.13
其他机械设备	0.01	0.01	0.05	0.08	0.05	0.01	0.01	0.03	0.05	0.03
电子与光学设备	0.03	0.1	0.26	0.43	0.4	0.02	0.06	0.11	0.21	0.24
运输设备	0	0.02	0.04	0.09	0.07	0	0.01	0.02	0.04	0.02
其他加工及回收	0	0.01	0.04	0.07	0.05	0	0	0.01	0.02	0.02
电、气及水供应	0.01	0.03	0.05	0.06	0.04	0	0.02	0.02	0.03	0.02
建筑业	0	0	0	0	0	0	0	0	0	0
批发零售及旅馆餐饮	0.02	0.11	0.16	0.23	0.19	0.01	0.03	0.04	0.07	0.07
运输、仓储与通信	0.02	0.04	0.05	0.07	0.05	0.02	0.02	0.02	0.03	0.03
金融中介	0.01	0.03	0.05	0.08	0.08	0.01	0.01	0.02	0.04	0.04
商业服务	0.02	0.02	0.04	0.07	0.06	0.01	0.01	0.02	0.03	0.04
其他服务	0	0	0.01	0.02	0.02	0	0	0.01	0.01	0.01

年份	德国					韩国				
	1995	2000	2005	2008	2009	1995	2000	2005	2008	2009
农林牧渔	0.01	0.02	0.03	0.05	0.05	0.09	0.15	0.2	0.23	0.22
采矿采石	0.01	0.03	0.03	0.06	0.05	0.08	0.21	0.28	0.46	0.29
食品、饮料及烟草	0	0.01	0.01	0.02	0.01	0.02	0.03	0.04	0.07	0.07
纺织品、皮革及制鞋	0.01	0.01	0.02	0.02	0.02	0.19	0.15	0.12	0.11	0.13

年份	德国					韩国				
	1995	2000	2005	2008	2009	1995	2000	2005	2008	2009
木材、造纸及印刷	0	0.01	0.02	0.03	0.03	0.01	0.03	0.06	0.09	0.1
化工及非金属矿产品	0.03	0.06	0.08	0.13	0.11	0.13	0.25	0.43	0.62	0.54
基本金属与金属制品	0.02	0.03	0.08	0.14	0.12	0.13	0.16	0.6	0.98	0.7
其他机械设备	0.01	0.01	0.03	0.05	0.05	0.02	0.03	0.1	0.17	0.15
电子与光学设备	0.01	0.05	0.11	0.15	0.16	0.03	0.26	0.59	1.01	1.02
运输设备	0	0.01	0.01	0.03	0.03	0.01	0.02	0.04	0.09	0.08
其他加工及回收	0	0	0.01	0.02	0.02	0.01	0	0.05	0.09	0.08
电气及水供应	0	0.02	0.03	0.03	0.02	0.03	0.09	0.13	0.16	0.12
建筑业	0	0	0	0	0	0	0	0	0	0
批发零售及旅馆餐饮	0.02	0.04	0.05	0.14	0.16	0.12	0.16	0.21	0.46	0.53
运输、仓储与通信	0.01	0.02	0.03	0.04	0.04	0.1	0.12	0.2	0.29	0.23
金融中介	0.01	0.01	0.02	0.04	0.04	0.04	0.07	0.12	0.21	0.22
商业服务	0.01	0.01	0.03	0.05	0.06	0.04	0.06	0.11	0.17	0.2
其他服务	0	0	0.01	0.02	0.02	0	0.01	0.04	0.07	0.08

年份	俄罗斯					巴西				
	1995	2000	2005	2008	2009	1995	2000	2005	2008	2009
农林牧渔	0.01	0.01	0.01	0.02	0.01	0.01	0.01	0.02	0.03	0.02
采矿采石	0.01	0.02	0.01	0.02	0.01	0.01	0.01	0.02	0.03	0.02
食品、饮料及烟草	0	0	0	0	0	0	0	0	0.01	0.01
纺织品、皮革及制鞋	0.01	0.01	0.01	0.01	0.01	0.01	0.01	0.01	0.02	0.02
木材、造纸及印刷	0	0.01	0.01	0.01	0.01	0	0	0.01	0.01	0.01
化工及非金属矿产品	0.01	0.04	0.03	0.04	0.03	0.01	0.03	0.07	0.1	0.07
基本金属与金属制品	0.01	0.01	0.02	0.04	0.04	0	0.01	0.04	0.07	0.06
其他机械设备	0	0.01	0.02	0.03	0.02	0	0	0.02	0.02	0.02
电子与光学设备	0	0.01	0.01	0.03	0.04	0	0.02	0.07	0.08	0.08
运输设备	0	0	0.01	0.04	0.02	0	0	0.01	0.02	0.01
其他加工及回收	0	0	0	0.01	0.01	0	0	0.01	0.01	0.01

年份	俄罗斯					巴西				
	1995	2000	2005	2008	2009	1995	2000	2005	2008	2009
电、气及水供应	0	0.01	0.01	0.01	0.01	0	0.01	0.02	0.02	0.01
建筑业	0	0	0	0	0	0	0	0	0	0
批发零售及旅馆餐饮	0.02	0.08	0.07	0.08	0.05	0.01	0.03	0.04	0.08	0.08
运输、仓储与通信	0.02	0.02	0.01	0.02	0.01	0.01	0.01	0.01	0.02	0.01
金融中介	0	0.01	0.01	0.01	0.01	0	0.01	0.01	0.01	0.02
商业服务	0.01	0.01	0.01	0.01	0.01	0	0.01	0.01	0.02	0.02
其他服务	0	0	0	0	0	0	0	0	0.01	0.01

年份	印度				
	1995	2000	2005	2008	2009
农林牧渔	0.01	0.02	0.08	0.1	0.11
采矿采石	0.02	0.04	0.06	0.08	0.07
食品、饮料及烟草	0	0.01	0.02	0.02	0.02
纺织品、皮革及制鞋	0.02	0.02	0.08	0.08	0.08
木材、造纸及印刷	0	0.01	0.04	0.06	0.06
化工及非金属矿产品	0.04	0.06	0.16	0.23	0.2
基本金属与金属制品	0.01	0.01	0.09	0.14	0.14
其他机械设备	0	0	0.03	0.06	0.07
电子与光学设备	0	0.02	0.08	0.15	0.21
运输设备	0	0	0.02	0.04	0.03
其他加工及回收	0.01	0.01	0.11	0.17	0.19
电、气及水供应	0	0.01	0.04	0.04	0.04
建筑业	0	0	0	0	0
批发零售及旅馆餐饮	0.02	0.09	0.26	0.29	0.29
运输、仓储与通信	0.02	0.02	0.05	0.06	0.06
金融中介	0.01	0.02	0.04	0.06	0.08
商业服务	0.01	0.01	0.05	0.06	0.08
其他服务	0	0	0.02	0.03	0.03

资料来源：WTO-OECD 增加值贸易数据库。

后 记

时光荏苒，岁月如梭，从大学本科阶段接触国际经济学到后来读研、读博，直到今天继续从事世界经济研究已经很多年，漫漫求索的学术之路充满艰辛与欢乐。10 年前开始专注研究全球价值链、增加值贸易和产品竞争力，小有收获。当时全国范围内关注全球价值链分工和增加值贸易的学者还不算多，然而今天已经高手如云，由衷地为祖国科学研究飞速发展和科研工作者奋发努力点赞。

本书是作者近 10 年来所作经济学研究的阶段性总结，对相关理论体系进行了梳理，在深入研究后有所心得，提出了一系列结论与观点，也算是对经济学领域的微薄贡献，希望对科研同仁开展相关研究有所裨益。本书也可以作为教辅材料，用于本科和研究生课程教学。

本书出版，要感谢学术之路上的众多良师益友，感谢我的父母和家人，还要感谢南京理工大学公共事务学院的领导与同事们的大力支持，也要感谢江苏人民出版社编辑同志的热情帮助与指导！

由于水平有限，书中难免存在疏漏、不足甚至错误，欢迎广大读者批评指正。

辛 炜

2021 年 6 月 17 日